UX 불변의 법칙

사용성 좋은 디자인의 10가지 비밀

에릭 리스 지음

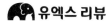
유엑스 리뷰

"이 책에는 사랑받는 제품에 숨어있는 기본적 원리들을 바라보는 저자의 현명하고도 새로운 시각이 있다. 그리고 이런 제품을 만드는 방법에 대한 실용적인 조언들 또한 담겨 있다. 이제 이 책은 내 서가에 두고두고 꽂혀 있게 될 것이다."

_수잔 웨인쉔크 박사, <모든 기획자와 디자이너가 알아야 할 사람에 대한 100가지 사실> 저자

"이 책을 읽고 나면 당신은 시장에 문제를 일으키는 사용성에 문제가 있는 제품들을 다시 보게 될 것이다. 그리고 같은 실수를 저지르지 않게 될 것이다. 에릭 리스는 제품을 사용하기 쉽게 만드는 모든 노하우를 이 책에 담았다. 초보 디자이너와 사용자 경험 전문가들을 위한 유용한 팁과 예시가 가득하다."

_마틴 베럼, 가디언 뉴스앤미디어 수석 UX 디자이너, 정보설계자

"현실적이고 읽기 쉬우며 일상의 경험들이 응축돼 있는 이 책은 당신의 제품이나 웹사이트를 더욱 사용하기 쉽게 만들어 줄 것이다."

_게리 멕고번, <킬러 웹 콘텐츠>, <이방인의 기다란 목> 저자

"사용성에 대한 이해는 디자인 업계에만 국한되어서는 안 된다. 사용성은 아무리 강조해도 지나치지 않다. 우리 삶 속에 존재하는 무수한 제품들은 '두 번째 뇌'가 상상하는 것들이다. 상대적으로 덜 요란한 '첫 번째 뇌'가 대부분의 의사결정을 내리기 때문에 우리는 경험이 우리의 감정을 지배한다는 사실을 망각한다. 에릭의 책은 우리가 꼭 논의해야 할 화두를 던졌다."

_로리 서덜랜드, 영국 '오길비앤매더' 부회장, <더 위키 맨> 저자

"중심 화제에 대한 신선하고 실용적인 관점이 담겨 있어 분명 가치가 있다."

_해리 맥스, '익스피어리언스 디자인', '락스페이스' 부사장

"에릭 리스에게 제품을 더 사용하기 쉽게 만들 방법이 무엇인지 물어라. 그러면 당신은 마비된 거북이, 나쁜 항공 서비스 그리고 공기청정기 가방에 대한 이야기를 들을 수 있을 것이다. 모든 페이지는 에릭의 재치와 지혜를 경험할 기회임과 동시에 사용성에 대한 훌륭한 실무 가이드 서비스의 모든 것이라 할 수 있다."

_댄 윌리스, '사피엔트(Sapient)' 크리에이티브 디렉터

"만약 당신이 훌륭한 '사용자 경험'을 절실히 경험하고 싶다면 이 책을 읽어라! 사용성에 관한 좋은 사례들이 에릭의 통찰력을 뒷받침하고 있으며, 일부 다른 학자들의 견해와 일치하는 스마트 비즈니스의 관점이 함께 제시되고 있다."

_리차드 달톤, 뱅가드그룹 '익스피어리언스 스트래트지 앤 메져먼트' 시니어 매니저

"오늘날, 훌륭한 사용성은 단지 비즈니스에서 '있으면 좋은 것'이 아니라 반드시 있어야 하는 것이다! 이 훌륭하고, 편리하며, 매우 유용한 책에서, 에릭 리스는 당신의 제품과 서비스를 개선하기 위해 무엇이 필요한지를 정확히 설명해 준다. 반드시 읽어라. 당신의 경쟁사가 먼저 사용성을 개선하기 전에!"

_마이클 자이페르트, '사이트코어 코퍼레이션' CEO

"Usable Usability에 이어 에릭 리스는 새로운 고전을 집필했다. 베테랑 UX 전문가뿐만 아니라 막 디자인을 시작한 사람들 그리고 기억되고 싶은 경험 창조에 관심이 있는 모든 사람에게 이야기하고 싶다. 이 책으로 통찰력 있으며, 매력적이며, 영감을 줄 수 있는 경험을 만드는 방법을 찾을 수 있다. 책장과 전자책 리더기에 이 책을 위한 공간을 비워놓아라!"

_메튜 페쯔코, 디지털 전략가

"사용성의 문제는 더이상 단지 몇몇 전문가들이 염려하는 것이 아니라, 지금은 제품이나 서비스 디자인에 참여하는 모든 사람이 알고 있어야 할 영역이다. 이 책은 디자인하려는 것들을 사용하기 좋으면서도 매력적으로 만드는 방법에 대한 아이디어로 가득 차 있다."

_아츠시 하세가와 박사, '콘센트 주식회사' 사장 겸 정보설계자

"저자는 이렇게 말한다. '아주 간단하다. 제품이 효과적이면 당신은 그것을 사용하게 될 것이다.' 나는 이 책 안에 우리가 매일 직면하는 친숙한 상황이 연이어 등장해 정말 놀랐다. 우리가 좌절을 넘은 절망을 하고 소중한 시간이 낭비되고 있다고 느끼는 것은 모두 적절한 사용성 테스트 없이 출시되는 제품들 때문이다. 이 책의 엄선된 일러스트와 예시들은 사용성 테스트를 통과한 것들이며, 에릭의 깔끔한 유머 감각과 함께 독서에 흥미를 북돋아 줄 것이다. 여러분도 그 읽는 재미를 맛보라."

_키란 메라 커펠만, UN 정보센터 이사

"이 얼마나 훌륭한 책인가! 에릭 리스는 사용성에 대해 수년 동안(그리고 전 세계에 대해) 예리하게 관찰해왔다. 이 책은 불확실성을 줄이면서 사용자를 똑똑하게 만드는 요인이 무엇인가를 알려주는 집약체다. 또 제품 제작의 의사결정을 책임지고 있는 사람들을 위한 종합적 안내서다. 여기에는 각종 기구들부터 인터페이스까지 모든 것들을 더 간단하게, 더 눈에 띄기 쉽게, 더 사용하기 좋게 만드는 방법이 포함되어 있다. 혹시 내가 이 책이 정말 끝내준다고 언급했었나?"

_제이 루서포드, 바우하우스대학교 시각커뮤니케이션 전공 교수

열정으로 가득 찬 몇몇 개인의 노력이

어떻게 세상을 바꿀 수 있는지를

보여주신 나의 부모님,

루이스Louise와 에릭 리스Eric Reiss에게

이 책을 바칩니다.

이 책이 탄생하기까지 아주 많은 사람의 도움을 받았다. 수많은 예술가, 작가, 교육자, 정치인, 군인 그리고 성직자들이 내가 사용성이란 분야에 눈 뜰 수 있게 해주었다. 그리고 수많은 디자인 전문가들의 도움으로 훌륭한 사고의 과정에 발을 들일 수 있게 되었다. 이 지면을 빌려 그들에게 감사를 표한다. 당신들의 이름을 항상 기억하지는 못하더라도 그 생각들은 꼭 기억하겠다.

여기서는 이 책을 쓰는 데 특별히 큰 영향을 미친 네 사람을 소개한다. 클라우스 밀러는 내게 1980년대의 스칸디나비아식 서비스 경영을 소개해주었다. 레이 콘사이딘은 서비스와 서비스의 통합 과정이 어떻게 간편하게 이루어지는지 보여주었다. 내 정신적 지주이기도 한 전사적 품질관리의 선구자 필립 크로스비(Philip B. Crosby, 미국과 유럽에서 품질 혁명을 일으킨 세계 최고의 품질관리 컨설턴트)는 '결함이 없는 것'이 왜 모든 사람의 최종 목표가 되어야 하는지 역설했다. 그리고 광고업계에서 수년간 내 멘토 역할을 했던 모건스 쇠렌센은 조형과 기능을 진정 경이로운 것으로 통합시키는 방법을 보여주었다.

전 세계에 있는 내 모든 FatDUX 동료들은 이 프로젝트가 진행되는 내내 크나큰 도움을 주었다. 이곳 덴마크의 마이큰 키에루프는 며칠 동안 사진 최적화와 글의 레이아웃 조정을 담당해주었고, 내 초고에 코멘트도 달아주었다. 이들 모두에게 고마움을 전한다!

오랜 친구이자 언제나 올바른 판단을 내리게 조언해 주는 린 보이든은 이 책의 훌륭한 편집 조력자였다. 나는 그녀의 의견을 대부분 따랐다. 따라서 이 책을 읽다가 마음에 들지 않는 부분이 있다면 그건 모두 내 주장이 반영된 것이다. 린 또한 이렇게 반응할 것이다. "거봐요, 내가 그렇게 말했잖아요."

또 Marcel Douwe Dekker, Matthew Fetchko, Mark Hurst, Kishorekumar62, Peter J. Meyers, Anders Schrøder, SEOmoz, John Smithson에게도 감사를 드리며, 사진과 스크린샷을 비롯한 이미지들을 제공해준 위키피디아 프로젝트에도 감사의 말씀을 드린다.

멋진 협업을 보여준 출판사 팀에도 감사를 전한다. 인내심 넘치는 편집자 메리 제임스는 책의 콘셉트부터 계약에 이르기까지 전반적인 진행을 관리해주었으며, 내 좋은 친구이자 법률 대리인인 데이비드 솔티엘과 긴밀히 협조하며 일을 해주었다. 이 출판 프로젝트의 편집자 마우린 스피어스는 험난한 여정을 무사히 지

날 수 있게 길을 닦아주었으며, 내 원고의 편집인 샤를롯 쿠헨은 문맥과 문장 교정을 맡아주었다. 그리고 수석 제작 편집인 벤 베닝거와 제작 편집인 케이티 와이저, 이 두 사람이 그 모든 것들을 진짜 책으로 만들어주었다! 이들 모두에게 진심으로 깊이 감사하고 있다.

그리고 마지막으로 아내 도르테에게 포옹과 키스를 보낸다. 내 모든 말도 안 되는 짓들을 보고도 참아줘서 고맙다. 물론, 식탁용 소금 통과 문손잡이 사진 따위를 아주 많이 찍는 일도 더는 하지 않을 것을 약속한다. 당분간은.

덴마크 코펜하겐에서

에릭 리스

차례

PART 1 사용 용이성

PART 2 우아함과 명료성

Chapter 11
다음 단계들

역자 서문

국내 최초의 UX 전문 출판사인 유엑스리뷰에서 이 책을 출간하게 된 계기는 단순하다. 이 책이 UX의 핵심이자 좋은 제품의 조건인 사용성을 세계에서 가장 쉽게 설명하기 때문이다. 이 지면을 빌려 이 책의 특징과 출간 의의를 되짚어 보고자 한다.

인간의 근원적 탐구 주제인 경험은 인문학과 사회과학의 영역에서는 오랜 세월 동안 연구되었다. 사용자 경험은 디자인 사용자의 경험에 초점을 맞추고 이것을 비즈니스, 테크놀로지 그리고 디자인이 교차하는 영역으로 끌어들여 새로운 이론을 정립해가고 있는 학문이다. 일찍이 경영, 디자인, 소프트웨어 개발 등에서 그 중요성을 파악하고 있지만 아직도 실무에서의 응용이나 학문적 연구를 위한 명확한 체계를 세우는 일 등이 활발하다고 할 수는 없는 것 같다. 새로운 학문이 자리를 잡기 위해서는 충분한 이론적 토대가 필요하고 이를 위해서는 그 분야에 뛰어들고자 하는 사람들에게 검증된 이론이 보급되어야 한다. UX의 이론이라고 한다면 대표적인 것이 바로 사용성이고, 이 책은 사용성의 원리를 다룬다.

사용성의 원리는 곧 디자인의 원칙이라 할 수 있다. 구체적인 원칙이 정립되지 않은 상태에서, 관습적인 프로세스에만 의존해 제작된 디자인은 완성도도 떨어지지만 개발 과정에서 디자이너를 상당히 혼란스럽게 한다. 좋은 UX 참고서는 디자인의 방향과 원칙을 제공할 수 있어야 한다고 본다. 지금까지 UX 관련 참고서가 꽤 여러 종 출간되어 왔지만 디자인의 원칙이 될 이론적 기틀을 제시하는 책은 손에 꼽을 정도이다. 이 책의 가장 큰 의의는 사용성이란 개념을 누구나 활용할 수 있도록 풀어냈다는 데 있다. 어떤 사람들은 UX와 사용성이 단지 모바일과 웹에서만 통한다고 생각하지만, 이 책의 저자 에릭 리스는 그보다 훨씬 넓은 범위의 일상적 맥락에서 UX를 분석한다. 여러분은 이 책을 통해 UX의 근본적원리가 맥락 속에 있음을 깨닫게 될 것이다.

오늘날 우리가 디자인해야 할 제품과 서비스 대다수는 모니터와 모바일 화면너머에서 경험이라는 개념으로 존재한다. 웹과 모바일의 사용성은 결국 화면 밖의 세상에서 일어나는 일들의 맥락에 달려 있는 것이다. 사용자 경험이 디자인 차별화의 중요한 방안이 되고, 제제품의 기능적 측면이 어느 정도 평준화되면서 제품은 물론 그와 연계된 서비스, 그리고 사용 환경 전반이 디자인의 대상이 되었다. 사용성의 원칙이 더 다방면으로 활용되어야 할 때이다. 즉, 모바일 앱을 디자인하거나 웹사이트를 구축하는 데 국한되지 않은 모든 종류의 제품 및 서비스 개발에 UX 디자인의 법칙이 반드시 필요하다는 것이 이 책이 기획된 배경이다.

저자는 훌륭한 경험을 디자인하기 위한 기본 원칙들을 다루며, 독자들이 자연스럽게 좋은 디자인의 조건인 사용성의 원리를 이해할 수 있도록 흥미롭고 일상적인 사례들을 공유한다. 책의 10개 챕터에는 우리가 일상에서 겪는 사용성 문제들이 등장하며, 문제의 원인과 해결책을 동시에 찾아볼 수 있게 구성되어 있다. 그리고 문제 해결에 대한 방향을 UX의 체계를 이루는 심리학적, 공학적, 디자인적 이론의 토대가 되는 '마음가짐'에서 찾고 있다. 각 챕터의 끝에는 UX 디자인을 이해하고 각종 실무에 적용될 수 있는 불변의 법칙을 10가지로 정리하여 소개한다.

이 책은 디자인의 디지털적 구현에 필요한 테크닉(요새 유행하는 UX용 소프트웨어 사용법)은 알려주지 않는다. 그런 것들이야말로 여러분이 근무하는 회사나 디자인 대상에 따라 천차만별이며 당장 내일이라도 도태될 수 있는 얕은 지식이기 때문이다. 더 지속적으로 활용할 수 있는 '디자인의 법칙'부터 완벽히 숙지해야 한다. 사실 이 책의 내용은 UX라는 학문이 태동할 당시부터 당연히 필요했던 것으로 모든 디자이너들이 외우고 있어야 할 만큼 중요한 원리다. 대단히 기본적인 목표와 원칙에 대한 것들이라 아마 다른 연구자들이 쓴 책과 논문에서도 동일한 원리를 찾을 수 있을 것으로 생각한다. 하지만 이 책만이 가진 다음의 네 가지 특징은 여러분이 사용자 경험의 세계로 보다 빨리 진입할 수 있도록 도와줄 것이다.

첫째, 모든 디자인 개발의 근간이 되는 사용성의 법칙을 사용자의 관점에서 쉬운 언어로 전달한다. 저자는 본인의 경험과 사용자의 입장에서 제품과 서비스를 분석해 마치 사용자가 디자인을 평가하듯 서술했다. 전문용어도 거의 없다. 심지어 'UX'란 용어조차도 쓰지 않는다. 그래서 누구나 쉽게 읽을 수 있는 입문서라 할 수 있다.

둘째, 주변에서 흔히 볼 수 있는 제품과 서비스를 예로 들었다. 기본 원리에 대해 설명하려면 보편적으로 이해될 수 있는 예를 드는 것이 좋다. 여기서는 너무나 일상적이라 미처 생각해보지 못한, 아주 기본적인 기능이나 서비스를 사례로 보여준다. 대부분 일상에서 흔히 겪는 일들로, 저자가 직접 경험한 것들이다. 여러분은 UX에 정통한 전문가가 어떻게 불편한 것을 바라보고 해석하는지 알게 될 것이다.

셋째, 저자는 우리가 평소 한 번쯤 겪어봤을 법한 디자인적 문제점들과 그 원인을 지적한다. 좋은 디자인이란 무엇이고 어떻게 하면 좋은 디자인을 할 수 있는지에 관한 책은 많지만, 그 책을 읽어봐도 나쁜 디자인이 어떻게 만들어지게 되었는지는 다루지 않는다. 반면, 이 책에서는 디자인 실패에 관한 친숙한 사례를 보여주면서 원칙이 지켜지지 않았을 때의 참혹한 결과를 느끼게 해준다. 디자이너들은 이를 본보기로 삼아 더 나은 디자인을 할 수 있다.

넷째, 사용성에 관한 일반적인 지식을 복잡한 이론 없이도 머릿속에 쏙쏙 들어오게 설명한다. 고대 유물을 봐도 알 수 있듯 제품의 원형과 본질적 사용 편의성은 인간이 아주 오랜 옛날부터 사용해왔거나 추구해온 것이다. 다시 말해 사용성은 인간의 본능이자 기본 욕구라 할 수 있다. 최첨단 IT 지식이나 어려운 이론을 끌어들이지 않고도 충분한 설명이 가능하다. 이 책은 오직 인간을 편리하게 하고 만족하게 만드는 디자인이 무엇인가를 탐구한다.

결론적으로 이 책은 사용성 이론을 처음 접하는 기획자, 개발자, 디자이너, 학생들이 독자적으로 지식을 쌓고 스스로 관점을 확장하여 사용성을 응용해 볼 수 있도록 했다. 특히, 끊임없이 변화하는 복잡한 디지털 환경에서 지속적으로 다양한 디자인을 해나가게 해줄 불변의 논리를 제시하며, 여러분 혹은 타인의 디자인에 대한 사용성 평가 기준이 되어준다는 점에서 유용할 것이다.

모쪼록 많은 사람이 이 책을 읽고 사용성에 대한 기본 지식과 노하우를 습득해서, 더욱 향상된 경험을 주는 제품과 서비스 개발에 저마다 이바지하고 그로 인해 좀 더 편리하고 명쾌한 세상이 되었으면 하는 바람이다.

들어가며

'사용성'이라는 단어는 나를 미치게 한다. '사용자 친화적'이라는 말은 더 심하다: 이건 마치 '대박'이란 유행어처럼 그 본래의 의미를 잃을 때까지 과도하게 사용된 표현 중 하나다. www.amazon.com에서 'usability(사용성)'을 검색해보면 조회 수가 4,000개 이상은 나올 것이다. 이는 '웹디자인' 보다도 거의 두 배 이상 많다. 어쩌면 이래서 경험이 없는 웹 디자이너들이 자신의 작업물을 개선하기보다는 자신의 부족한 작업물을 변호하기 위해 사용성 '통계'를 사용하는 것인지도 모르겠다.

물론 '사용성'이라는 용어의 과다 사용 및 잘못된 연구 결과에도 불구하고, 이 산업에 종사하는 많은 이들이 그 용어가 온라인과 오프라인 비즈니스 성공의 비밀임을 오랫동안 알고 있었다. 그렇기에 나는 상식적인 방식으로 더 나은 결과물을 내는 보통 사람들과 생각, 관찰 그리고 팩트를 공유하고 싶다.

먼저 주요 개념을 정의해 보자.

'사용성'이란 무엇인가?

여러분이 이 책을 적절한 관점에서 볼 수 있도록, 내가 내린 정의는 다음과 같다:

사용성은 문의 손잡이나 웹페이지와 같은 '사물'과는 무관한 서비스를 포함하는 개념으로, 무엇인가를 탐구하고 개선하거나, 디자인할 때 그 대상을 '사용해' 구체적인 작업을 수행하거나, 또는 더 높은 목표를 성취할 수 있도록 하는 능력이다.

이해가 쉽지 않은가? 다음은 사용성이 어떻게 활용되는지에 관한 내용이다.

만약 자동차 시동이 걸리지 않는다면, 기본적이고 기능적인 사용성이 나쁜 것이다. 만약 시동은 걸리는데 안전하지 않거나, 믿을 수 없거나, 혹은 단순히 불편하다면, 직접적이지는 않아도 여전히 그 차에는 사용성 문제가 있는 것이다. 하지만 요점은 이것이다: 이 모든 사례에서 차의 사용성은 우리의 상황에 따른 필요와 관련된다. 이는 경험에 대한 우리의 만족도가 사용성의 질에도 영향을 미친다는 뜻이다. 만약 우리가 오랜 기간 느긋한 여행을 떠난다면 편안함이 중요할 것이다. 만약 비가 오는 날 이웃이 출근길에 태워다 준다면 편안함보다 편리함이 중요할 것이다. 그리고 만약 고장 난 차량이라 하더라도 그 차는 휴식처나 놀이터 또는 무언가를 위한 연구 대상이 될 수 있다(빈 차에서 잠든 노숙자, 놀이터에 있는 오래된 소방차에 올라타는 아이들 그리고 자동차 박물관을 생각해보자).

온라인에서는 로딩 시간, 내비게이션, 그래픽 레이아웃, 버튼의 크기 등이 모두 사용성에 관한 것들이다.

이 기본적인 정의를 이해한다면 사용성이 웹사이트 디자인, 모바일 어플리케이션, ATM 그리고 그 밖의 다른 화면상에서의 경험에만 국한되는 개념이 아니라는 것을 알 수 있을 것이다. 개인적으로 나는 생활 곳곳에서 사용성에 관한 문제를 자주 포착한다. 부엌에서 커피 그라인더가 작동하는 방법에서부터 내 여권이 해외[I]에서 작동하는 방법까지 말이다. 이런 것들을 모두 아우르는 용어로(그리고 더 나은 기술적 용어가 없기에) 나는 이런 것들을 '제품(stuff)'이라고 부른다. 내 관점에서 사용성은 "링크는 파란색이어야 해."라는 흔한 조언 그 이상이라는 것이다.

그것은 내가 원하는 일을 하고 있는가?
그리고 내가 그것에 기대하는 것을 하고 있는가?

사용성 문제에는 양면이 있다: 한 면은 쉬운 사용이, 다른 면에는 우아함과 명료함이 있다. 쉬운 사용은 물리적 특성에 대해 다룬다("그것은 내가 원하는 일을 한다."). 우아함과 분명함은 심리적 특성에 대해 다룬다("그것은 내가 기

[I] 최근 과거 소비에트 연방이었던 한 국가에 방문했을 때, 완벽한 유니폼에 커다란 어깨 장식을 매달고 있던 19세의 국경 보안관은 대담하게도 내 출국을 막았다(그녀는 내 여권 사진이 나와 다르다고 생각했다). 결국 나는 한 시간 동안 고위 관리를 설득해야만 했다. 내 여권에는 분명 사용성 문제가 있는 것이다.

* 물리적인 제품이나 서비스 등 모든 것의 사용성은 전적으로 상황에 따라 결정되는 것이다. 이 기계가 화재 진압에 나섰을 때의 사용성은 오늘날 놀이터에서 특별한 기능을 하는 것 이외의 다른 측면을 고려해 판단되었다.
[사진 제공: shoutaboutcarolina.com]

대하는 것을 한다."). 이 책이 두 개의 메인 섹션으로 나누어진 이유가 바로 이것이다. 메인 섹션 내 각각의 주제에서 나는 당신이 고려해야 할 다섯 가지의 주요 이슈를 소개할 것이다. 그리고 이 각각의 섹션 안에서 당신은 중복되는 내용을 자주 발견하게 될 것이다.

먼저 사용성의 대상은 아주 여러 가지 방법으로 나뉠 수 있다는 것을 인정하고 넘어가야겠다. 그래서 당신이 읽게 될 '규칙' – 내 제안 포함 – 들은 당신의 상황에 맞게 마음대로 바꾸길 바란다. 내가 여기서 보여주는 것은 단지 내 개인적

커리어에서 성공적이었던 것들 중 한 방식일 뿐이다. 이 정보를 당신 자신, 당신의 회사 그리고 당신의 클라이언트를 위해 유용하다고 생각하는 방식으로 마음껏 바꾸어 실행하면 좋겠다.

3년 동안 나는 스페인 마드리드에 위치한 '인스티투토 데 엠프레사(Instituto de Empress Business School)'에서 사용성 및 디자인 담당 교수로 재직했다. 디지털 마케팅 석사 과정 내에 있는 수업이었다. 내가 알고 있는 한, 그곳에서 나는 디자인과 관련된 것들을 다루는 유일한 교수였다. 대부분의 프로그램은 기업가정신과 이와 유사한 경영학적 주제들에 대해 다루고 있었다. 이 책에서 제시하는 것은 내가 했던 수업과 아주 비슷한 내용이다. 또 이 말을 하고 싶다. 한 학기가 지나자 내 수업을 들은 많은 경영학도가 전문 사용성 평가자들만큼이나 훌륭한 사용성 연구를 하고 있었다. 만약 이 방법론이 디자인에 대한 배경 지식이 전혀 없는 비즈니스 학생들에게도 효과적이었다면, 아주 적은 실무 가이드만으로도 대부분의 사람들이 가치 있는 사용성 개선을 할 수 있을 것이라 생각한다.

사용성은 왜 중요한가?

아주 단순하게 말해, 제품이 작동하면 당신은 그것을 사용할 것이다. 그리고 작동하지 않으면 사용하지 않을 것이다(물론 우리는 아이튠즈, 페이스북 그리고 마이크로소프트의 여러 가지 잘못된 디자인을 눈감아 주고 있기는 하다). 일반적으로 무언가를 사용하기 위해서는 그것을 구매해야만 하기 때문에, 사용성은 온라인 비즈니스 문제에서는 필수적인 부분이 된다. 적어도 사용자들에게 무료 시험판을 제공할 때도 마찬가지다. 하지만 사용성은 기본적으로 '쉬운 사용'이라는 의미 이상의 개념이다. 사용성 문제에는 동전의 양면과 같은 특성이 있다는 점을 기억하라. 그 다른 한 면이 '심리적 요소'다.

동네에 두 군데의 피자가게가 있다고 가정해 보자. 두 피자집의 피자는 모두 맛있다. 가격도 똑같다. 하지만 한 피자집의 주인은 당신이 주문할 때 당신이 누구인지 모른다. 다른 피자집은 당신의 이름을 부르며 반긴다.

당신은 어디에서 피자를 사고 싶은가? 이것은 서비스-디자인의 문제인가, 아니면 사용성의 문제인가? 내가 보기엔 둘 다 해당된다. 사용성은 사용자의 만족과 직접적인 관계가 있기 때문이다.

물론 이렇게 말할 수 있다.

"그러면 제품이란 게 뭐야? 사용성은 어떤 대상의 물리적/심리적 측면에 관한 상호작용을 다룬다고 당신이 방금 그렇게 말하지 않았나?" 그리고 그렇게 생각했다면 당신이 옳다. 당신의 관점이 필요 이상으로 좁다고 할지라도(이건 우리가 같이 해결할 문제다) 잠시 고려해보자. 고객으로서 당신은 좋은 서비스를 제공하는 피자집을 '이용하는 것'을 더 선호할 것이다. 맞지 않나? 그렇기에 서비스 품질도 사용성 문제의 일부에 들어가는 것이다: 사용성은 단지 제품, 즉 피자의 품질, 포장 등에 관한 문제라고만 할 수 없다. 서비스 역시 제품에 포함된다는 논점으로 이어질 수 있다.

제품과 서비스의 사용성은 서로를 보완해줄 뿐만 아니라, 궁극적으로 브랜드 내의 한 요소에 대한 나쁜 경험이 다른 요소들과 친밀해지고자 하는 생각에도 영향을 미친다. 서비스와 만족도가 사용성의 요소로써 고려될 필요가 있다고 생각하는 이유를 설명해 줄 수 있는 짧은 이야기 하나를 하겠다.

최근 나는 고급 식기세척기를 수리할 일이 있었다(다행히도 보증기간 내였다!). 수리공은 식기세척기에서 유리잔이 너무 많이 깨졌고, 그 유리 조각이 펌프를 손상시켜 식기세척기의 성능이 떨어졌다고 말했다. 몇 시간 동안 펌프, 필터 그리고 튜브를 청소하면서 이 친절한 수리공은 식기세척기에 부서진 유리잔을 넣어서는 안 되며, 우리의 이런 좋지 않은 경험을 회사 전반의 이미지로 확대하지 말아달라고 당부했다.

음…. 뭐라고? 나는 부서진 유리잔을 세척기에 넣지 않고 버린다. 유리잔을 부순 것은 내 성질 나쁜 식기세척기의 짓이고, 심지어 그 조각들마저 잘 세척하지도 않고 삼키는 바람에 펌프가 고장 났다.

각설하자면 내 식기세척기는 그냥 그렇다(하지만 비싸다). 일 년이 넘도록 나는 손으로 유리잔을 닦아야 했다. 내가 이 유명한 회사의 제품을 또 사게 될까? 그럴 리 없다. 넓은 맥락에서 사용성이 이 사례에 영향을 미치는가? 물론이다! 사용성을 무시하는 것은 돈을 잃는 것과 같다. 정말 그만큼이나 단순한 일이다.

누가 신경을 쓴다는 건가?

　　　　　우리 모두 그렇다! 보통 어떤 문제에 대해 즉각적으로 사용성 문제라고 인지하지는 않겠지만 그건 중요하지 않다. 사용성과 관련된 문제는 모두가 느끼는 것이기 때문이다. 고객은 당신의 회사를 사랑하길 원한다. 애초에 상대하고 싶지 않다면 아무도 가게에 들어가거나 웹사이트를 클릭하지 않을 것이다.

　　고객들이 나타났을 때 그들의 마음가짐은 어떤가? 그들은 당신과 거래할 준비가 되어있는가, 아니면 아직도 설득이 필요한가? 그리고 만약 그 고객이 당신과의 거래가 처음이라고 했을 때 당신이 제공하는 제품과 서비스가 그들이 다시 찾을 만큼 만족스러운 것인가? 그렇기를 바라자.

　　항공사들을 보자. 고객의 충성도를 높이기 위한 그토록 다양한 프로그램이 많음에도 불구하고, 여행객들의 충성도는(산업 분석가들에 따르면) 별로 높지 않다고 한다. 대부분의 여행객은 A-B 구간을 가장 쉽게, 저렴하게 그리고 제때 갈 수 있기를 바랄 뿐이다(항공사에 스케줄이 있는 것이 바로 그런 이유가 아닌가?).

　　합리적인 것 같은가? 그래야 하겠지. 하지만 이것을 분석해보자.
'가장 저렴하다는 것' 그리고 '가장 쉽다는 것'은 무슨 뜻일까?

　　기본적인 항공권 가격은 저렴하지만, 붙어 있는 옆 좌석 예매에 추가비용이 들고, 수화물에 추가비용이 들고, 식사에 추가비용이 들고, 이렇게 저렇게 계속

비용이 누적된다면…음…그래도 그것이 여전히 '저렴한' 항공권이란 말인가?

소비자들이 더 많은 결정을 내려야 할수록, '사용성'의 정도는 더 어려워진다는 사실을 명심하라. 만약 항공사가 '저희가 모두 맡아 할 테니 걱정하지 마세요. 추가비용도 없습니다.'라고 했다면 이는 사용성을 더 쉽게 만들려는 의도일 것이다, 그렇지 않나? 그리고 심지어 일부 사람들은 이 편의성을 위해 돈을 낼 의향도 있을 것이다!

반면에 어떤 기업들은 오히려 사용자들이 풀어야 할 문제를 더 어렵게 만듦으로써 이 상황을 호전시켰다. 이 아이디어의 핵심은 만약 기업이 좋은 서비스를 제공하지 않는다면 제품은 완전히 저렴해야 한다는 것이다. 이것은 지난 10년 정도 유럽에서, 특히나 저가형 슈퍼마켓에서 나타났던 경향이다. 이런 곳에서는 복도에 개봉하지 않은 상자들이 잔뜩 쌓여 있고, 제품을 정렬하는 체계도 없고 제품 구성도 엉망이다. 그런데도 계산대에는 항상 줄이 길게 늘어서 있다.

이로부터 우리는 사용성 산업에서는 흑백논리가 적용되지 않는다는 점을 배울 수 있다. 사용성과 관련된 결정은 대부분의 조직에서 수익성에 직접적인 영향을 미치기 때문에 당신은 이 비즈니스의 근본원리를 확인해야만 한다. 만약 당신의 선택지 그리고 행동의 결과를 완전히 이해한다면 더 나은 결정을 내릴 수 있을 것이고 당신의 기업은 더 나은 이익을 창출할 수 있을 것이다. 진짜다.

아주 유용하게 만들어라!

당신은 사용성과 유용함이 얼마나 많이 혼동되는지 알면 놀랄 것이다. 그와 관련된 이야기다:

수년 전 나는 복잡한 인터랙티브 오디오 인터페이스를 평가하기 위해 새벽 5시에 코펜하겐 공항으로 갈 예정이었다. 오디오 시스템은 서비스를 아주 중요시하는 항공사 중 하나인 B-747 일등석 서비스의 하나였다. 시스템은 대단했지만 아무도 그것을 사용하는 것으로 보이지 않았다. 내가 맡은 임무는 동이 트기 전에 그 이유를 파악하는 것이었다.

아이팟이 나오기 전, 좌석 팔걸이에서 수천 가지의 음악을 골라 듣는 아이디어는 정말 놀라움 그 자체였다. 일등석 탑승객들은 유럽에서부터 동아시아 지역의 항공허브로 비행하는 12시간 동안 개인 맞춤 플레이리스트를 짤 수 있었는데, 이것이 이 혁신의 핵심이었다.

검토 결과, 그 시스템은 사용하기도 쉽고 꽤 반응성도 좋았지만 한 가지 주요한 하자가 있었다: 누가 딱 한 번만 듣고 쓰지 않을 플레이리스트를 짜고 싶단 말인가? 그 인터페이스는 사용성이 높았지만 장시간 비행하는 동안 호화롭게 휴식을 취하고 싶은 고객들에게는 딱히 유용하지 않았다.

나는 간단한 제안을 제시했다: 고전적인 방식의 카테고리-락, 재즈, 클래식, 팝 등-를 설정하는 것이다. 버튼 하나만 누르면 다음은 기기가 알아서 한다. 또한 승객들이 듣고 있는 음악이 마음에 들지 않으면 다음 음악으로 넘어갈 수 있도록 스킵 버튼을 만드는 것도 제안했다. 그리고 결과는? 승객들은 새로운 시스템을 사용하기 시작했다 – 그리고 심지어 좋아했다!

여기서 배울 수 있는 교훈은 당신이 무언가를 할 수 있다고 해서 그걸 꼭 해야 한다는 것은 아니라는 것이다. 너무 많은 애플리케이션, 인트라넷 기능 그리고 수많은 웹페이지의 무의미한 내용은 '누군가가 원할지도 몰라서' 생성된 것이다. 페르소나 개념의 창시자이자 우리 산업의 진정한 선구자 중 하나인 Alan Cooper는 이렇게 말했다. "누군가가 이걸 원할지도 모른다는 말은 곧 끔찍한 디자인적 결정으로 이어진다."

그러니, 당신은 사람들이 실제로 사용할 애플리케이션을 디자인했으면 좋겠다. 실제로 사람들이 더 스마트하게 작업할 수 있는 인트라넷 기능을 생성하고, 무의미한 500페이지짜리 콘텐츠 대신에 정말 유익한 100페이지짜리 웹사이트를 만들기 바란다.

보고 바토벡(Bogo Vatovec)의
3단계 사용성 계획

어느 날 저녁, 내 친구 보고는 맥주를 마시면서 이 모델을 설명했다. 그는 어떤 조직에서든, 사용성을 실행하는 방법에는 세 가지 단계가 있다고 했다.

1. 아무도 사용성에 대해 이야기하지 않는다.

2. 모두들 사용성에 대해 이야기를 한다.

3. 다시 아무도 사용성에 대해 이야기하지 않는다.

첫 번째 단계는 명백하다(당신은 이 책을 집어 들었기 때문에 해당되지 않는다). 충격적이게도 대부분의 기업은 말로만 사용성이라는 단어를 이용할 뿐, 아직도 사용성을 무시하고 있는 것으로 보인다. 두 번째 단계에서는 몇몇 외부 전문가를 불러들여 영감을 주는 일련의 워크숍을 진행하고, 기업 전체는 사용성이 그들의 세계를 바꾸는 방식에 관한 이야기를 한다. 세 번째 단계는 다시 다음의 두 가지 방식으로 흐를 수 있기에 다루기가 까다롭다:

가장 좋은 결과는 모든 사람이 사용성의 중요성을 당연하게 받아들여서 더이상 이야기를 꺼내지 않는 것이다. 사용성이 프로젝트 개발 과정의 일부가 되고 비즈니스 계획의 일부가 된다. 시스템에 통합되고, 이 시스템 내에서 일하는 사람들의 마음과 머리에 구축된다.

아주 바람직하다.

나쁜 결과는 비싼 컨설턴트가 가버리고 난 후, 사람들이 모두 열광하며 관심을 가졌던 것을 다 잊어버리는 것이다. 이것이 아마도 더 일반적인 결과일 것이고 그게 사실 내가 이 책을 쓰기로 한 계기다. 한 명의 개인일지라도 단순한 몇몇 아이디어만으로 실질적인 변화를 일으킬 수 있다.

* 보고 바토벡(Bogo Vatovec)의 사용성 계획 3단계는 아주 간단해서 우리는 그 첫 버전을 맥주잔 받침 위에 썼다. 세 번째 단계는 다루기 까다롭기 때문에 완전한 성공 또는 완전한 실패가 될 수 있다. 올바른 결과로 이끄는 것은 바로 당신 몫이다.

당신은 많은 예산이 필요하지 않다

10여 년 전에 웹사이트의 사용성 시험은 테스트 프로토콜을 쓰고, 6명의 테스트 대상을 모집해 이들을 한 명씩 경찰서의 취조실처럼 보이는 곳에 가두고 클라이언트와 디자이너가 한쪽만 보이는 거울의 다른 쪽에서 테스트 대상자의 모든 행동을 관찰하는 것을 뜻했다.

물론 우리는 그 시절로부터 많은 것을 배웠고, 그때 했던 수많은 실수를 더이상 하지 않는다.(물론, 사용성 문제는 여전히 남아있지만) 우리는 상당히 잘 정의된 '모범 사례(best practice)'를 가지고 있으며 웹사이트를 구성할 때 선택할 수 있는 견고한 디자인 패턴이 있기 때문이다. 이는 또한 적어도 웹사이트에 대한 사용성 시험이 상당히 일반화되고 따라서 더 저렴해졌음을 의미한다. 그리고 소형 웹캠의 등장은 한쪽만 보이는 무서운 거울과 경직된 실험실을 필요하지 않게 만들었다.

하지만 모바일 앱이나 산업 인터페이스는? 하수 처리 시설 통제라던가 자동차 대시보드 같은 사용성 실험실로 옮길 수 없는 것들은 어떻게 시험하는가?

만약 당신이 정말로 사용성 시험을 하려고 한다면 – 물론 이는 매우 좋은 생각이다 – 당신은 특수한 프로젝트의 대부분을 '현장에서' 해야 할 것이다. 하지만 중요한 부분은 이것이다: 만일 이러한 원칙들을 마음에 두고 사용성 측면에서 생각하기 시작한다면, 당신은 약간의 상식만으로도 회피할 수 있었던 문제들이 얼마나 많았는지 놀라게 될 것이다. 솔직히 밝히자면 실제로 자신의 디자인에 대해 공식적인 사용성 시험을 실행하는 기업은 얼마 되지 않는다. 그래야 하지만 대부분 그러지 않는다. 이 책을 통해서 내가 경험한 더 이상한 예들을 몇 가지 공유하고 싶다.

대부분의 기업이 가장 힘들어하는 것 중 하나는 이미 출시, 출하 혹은 위탁된 제품의 사용성을 시험하기 위한 예산 확보다. 그것이 웹사이트든 하수 처리 시설이든 말이다. 그래서 이 책의 챕터 각각은 일반적으로 조심해야 할 문제점들을 강조하는 단순한 체크리스트로 끝난다. 문제점을 발견한다면 그것을 고쳐라. 공식적인 테스트 없이도 기존 제품을 훨씬 낫게 만들 수 있을 것이다.

또한 대화형 미디어를 다룰 때는 당신은 그 과정의 일부이지 프로젝트가 아니라는 점도 기억하라. 달리 말하자면 작지만 점진적인 개선의 기회가 있어야 한다. 만약 당신 기업의 돈줄을 쥐고 있는 사람들이 대상을 고정된 프로젝트로만 인지한다면, 사용성 시험에 필요한 예산을 끌어올 확률은 그리 높지 않을 것이다. 그러므로 체크리스트를 확인해라!

* 나는 수많은 산업용 인터페이스들이 사용성에 대해서 생각해 본 적 없는 엔지니어링 팀이 디자인했다고 생각한다. 체르노빌 핵폭발이 부주의하게 누른 버튼 하나 때문이라는 논쟁이 여전히 있다는 것을 알고 있는가? 만약 당신이 그런 중요한 장비를 디자인하는 팀의 일원이라면 여기 바로 정말 좋은 일을 해볼 기회가 있다.

비영어 웹사이트
사례들에 대한 주목

나는 덴마크 코펜하겐에 살고 있다. 국제적 기업에서 일하는 터라 나는 영어 이외의 다양한 언어를 지원하는 사이트와 앱들을 많이 보게 되는데, 이들 중 일부는 여러분과 공유하고 싶다. 긴장하지 않아도 된다. 내가 무엇을 설명하든 급히 구글 번역기를 사용해야 할 필요는 없을 것이다. 광고계에서 이야기하는 것처럼 웹사이트들이 '그리스어로 된' 것들이라고 생각하라(광고에 들어갈 글이 아직 준비되지 않았을 때, 광고를 리얼하게 보이게 하려고 아트 디렉터는 디자인에 라틴어 텍스트를 넣는다). 나는 언어가 문제가 되리라고는 생각하지 않는다. 그리고 이것은 상당히 많은 이슈들이 보편적인 것임을 보여준다.

나는 당신의 뇌를
혼란스럽게 하고 있다

내가 읽은 사용성에 관한 최고의 책 중 하나는 친구인 스티브 크룩Steve Krug이 쓴 『사용자를 생각하게 하지 마!(Don't Make Me Think!)』이다. 내가 왜 스티브를 언급했을까? 바로 그의 책이 사용자의 니즈를 대변하고 있기 때문이다. 당신의 회사, 당신의 팀 그리고 당신 자신에게 쓸모 있고자 한다면 당신은 반드시 생각을 해야 한다. 나는 당신을 생각하게 만들 아이디어들을 공유하려고 한다.

불행히도 당신이 그 점을 생각하기 시작하면 멈추기 어렵다. 이것 때문에 당신의 가족은 당신과 외식하는 걸 싫어하게 될지도 모른다. 식사하는 내내 서비스를 개선할 16가지 방법을 발견하고 식사가 끝나면 이제 매니저를 찾을 것이기 때문이다. 당신은 쇼핑 카트를 찾기보다는 쇼핑사이트 링크를 찾을 것이다. 당신은 아이들을 위해 레모네이드를 만들기보다는 레몬 착즙기를 다시 디자인할 것이다. 이건 마치 잔이 보이거나 두 개의 얼굴이 보이는 루빈^{Rubin}의 화병 착시 그림과 같다. 일단 두 개의 이미지를 발견하고 나면 그때부터는 둘 다 눈에 들어오게 된다.

분명 어려운 일이지만 누군가가 해야 하는 일이기도 하다. 만약 당신이 그 일을 맡은 사람이 아니라면 이 책을 당장 덮고 책장에 도로 꽂아 두어라. 당신이 제일 싫어하는 사람에게 이 책을 주어라. 이 책을 읽으면 당신을 생각하게 될 것이 확실하니 말이다.

특이하게 재밌는 만화 "The Pre-History of The Far Side(Andrews and McMeel, 1989)"의 제작자인 게리 라슨$^{Gary\ Larson}$은 서론에서 이렇게 말한다: "사실이 그래. 물론, 이 모든 게 얼마나 흥미로운지는 잘 모르겠어. 하지만 이제 너의 머릿속에 들어가 버렸기 때문에 넌 거기 사로잡혀 있는 거야."

당신도 계속 읽어 나간다면 '머릿속에 콕' 박힐 것이다.

* 이 유명한 착시효과는 1915년도에 덴마크의 심리학자 에드가 루빈(Edgar Rubin)
이 처음 소개했다. 이것은 매우 다른 두 개의 이미지를 포함하고 있다. 두 개의 이미지
가 보이는가? 보이지 않는다면 계속 보도록 하라. 두 개가 보인다면 앞으로 이 둘을 모
두 보지 않는 것은 어려울 것이다. 사용성에 대한 생각도 같은 방식으로 기능하게 된
다: 당신이 무엇을 찾아야 할지를 발견한다면 다시는 그 생각을 무시하지 못할 것이다.
[사진 제공: John Smithson, 위키피디아 프로젝트]

어떤 조직에서든 변화를 일으키는 것은 힘들 수 있다. 만약 당신의 회사가 업무를 더 잘 하도록 도움과 영감을 얻길 원한다면, 여기 내가 특히 유용하다고 느낀 책 몇 권을 소개하겠다:

- 은밀한 악수: 비즈니스 핵심층의 정치학 정복하기

  The Secret Handshake: Mastering The Politics Of The Business Inner Circle, Kathleen Kelley Reardon, Ph.D., Currency Doubleday, 2000
- 스위치: 변화가 어려울 때 변화하는 법

  Switch: How To Change Things When Change Is Hard, Chip and Dan Heath, Random House Business Books, 2011
- 어려운 사람들 상대하기, 결과 주도적 매니저 시리즈

  Dealing with Difficult People, Results-Driven Manager Series, Harvard Business School Press, 2005

🔍 구글에 검색해볼 것들

- 보고 바토벡 (Bogo Vatovec)
- 앨런 쿠퍼 (Alan Cooper)
- 사용성 계획 (Usability Plan)
- 서비스 디자인 (Service Design)

PART 1

사용 용이성

Part 1의 다섯 개 챕터는 물리적 변수에 관한 것으로, 이는 기본적으로 어떤 대상이 사용자가 원하는 대로 하게 만드는 것에 관한 내용이다. 버튼, 조종 장치 그리고 그 밖의 다른 반응 메커니즘은 사용자가 작업을 완수하도록 도움을 주며, 사용자의 필요와 습관을 예측하는 기능과 성능을 포함할 수도 있다. 요약하자면, 이러한 것들은 무언가를 사용하기 쉽게 만들어 주는 것들이다.

아마 당신은 이런 생각이 쉬운 결정에 관한 것이라고 여길지도 모르겠다. 하지만 그렇지 않다. '사용자 친화성(user-friendliness)'이란 표현이 업계에서 흔히 쓰이고 있음에도 여전히 많은 프로그램과 제품이 사용자 친화적이지 않다. 다음의 다섯 챕터에 걸쳐, 나는 독자들에게 좋은 뜻에서 하는 디자인이 어째서 항상 좋은 기능을 하는 것은 아닌지를 보여줄 것이다.

이 파트에서 다룰 내용

이 파트는 '사용 용이성'에 관한 다음의 측면들을 다룬다:

▶ **기능성**(제품이 실제로 작동하는 것)

▶ **반응성**(사용자는 제품이 작동하고 있음을 알고, 제품도 자기가 작동되고 있음을 아는 것)

▶ **인체공학성**(사용자가 쉽게 보고, 클릭하고, 찔러보고, 비틀고, 끄고 켤 수 있는 것)

▶ **편의성**(모든 것이 사용자가 필요로 하는 곳에 있는 것)

▶ **풀 프루프**(사용자가 실수를 하거나 제품을 부수지 않도록 디자이너가 도와주는 것)

나는 독자들이 이 목록을 보고 "그래, 일리가 있네. 그런데 그게 뭐가 중요한데?"라고 혼잣말을 하지 않을까 하는 바보 같은 희망이 있다. 하지만 내 관점을 설명하기 위해, 당신이 평소 자주 들어가는 웹사이트에 잠깐만 접속해 보길 바란다. 이 주제들을 염두에 두고 몇 분만 여기저기를 클릭해보라. 이 목록에 기반을 두고 개선될 수 있는 무언가가 보이는가? 분명히 찾을 수 있을 것이다. 자, 사용성의 세계에 온 것을 환영한다.

CHAPTER 1

기능성

조명 스위치를 탁 켜면 불이 켜지고, 자동차 키를 돌리면 시동이 걸려야 한다. 냉장고가 차가운 것은 당연하며, 오븐은 뜨거워야 한다. 지금 설명한 것들은 모두 기능적 상호작용이다. 이런 기본적인 수준의 기능들이 작동하지 않는다면, 아무리 디자인이 아름답다 해도 그 제품은 쓸모가 없다. 따라서 사용성은 기능성과 함께 논의되어야 하는 것이 마땅하다.

기능성에 대한 논의와 이 책의 '사용 편의성'에 관한 여러 이슈들에는 겹치는 부분이 있다는 점을 명심하라. 이 책 전반에 걸쳐 여기서 논의된 몇몇 사항을 다시 살펴보겠지만, 지금부터는 사용성의 '작동/작동하지 않음' 측면과 디자인에만 초점을 맞추려 한다.

* 마드리드에서 유행하는 레스토랑에서 맛볼 수 있는 맛있는 스페인 디저트다. 하지만 이렇게 동그란 스푼으로 네모난 그릇 모서리에 남은 디저트를 깨끗이 먹을 수 있을 것이라 생각했던 걸까? 나는 이 재미있는 기능적 실패를 피하려고 손가락을 사용했다.

* 기술적으로 가장 복잡한 환경 중 한 곳인 현대식 공항에서, 밧줄을 매단 목조 받침은 지금도 비행기를 정확하게 주차할 때 사용되는 도구다. 우아할 정도로 단순하면서도 고도로 기능적인 해결책이다.

기능성 확보를 위한
세 가지 열쇠

잠시 싱크대 위의 수도꼭지를 생각해보자. 수도꼭지를 돌리면 당연히 물이 나올 것으로 예상한다. 물의 온도를 쉽게 조절할 수 있으면 더 좋다. 하지만 아주 뜨거운 물이나 차가운 물이 나올 때까지 오랫동안 물을 틀어놓아야 한다면 그건 달갑지 않을 것이다.

더 일반적인 관점에서 다음의 세 가지 기능들 역시 웹사이트상의 기본적 니즈를 잘 정리해준다.

▶ 버튼과 링크는 당신이 클릭하면 반드시 작동해야 한다.

▶ 내비게이션은 즉각적으로 반응해야만 한다.

▶ 처리 속도가 받아들일 수 있는 수준이어야만 한다.

상상을 초월할 만큼 많은 웹사이트, 앱, 서비스 등이 바로 이 세 가지 요건을 충족시키지 못해서 실패한다. 문제 있는 수도꼭지들과 마찬가지로 현실 세계의 많은 제품이 이와 똑같은 일반적인 문제를 가지고 있다.

* 이 프라이팬은 무게 균형이 도대체 어디 있는 건지, 손잡이를 잡고 있지 않고서는 (아니면 진짜 무거운 달걀을 요리하지 않고서는) 요리를 할 수가 없다. 이처럼 기능적 결함은 아주 이상한 방식으로 나타날 수 있다. 보통의 사람들은 매장에서 이런 도구들을 볼 때 무게의 균형까지는 확인할 생각을 하지 않으므로 제품 디자이너들이 고객들을 위해 이와 같은 사항을 미리 확인해야 한다.

클릭에서 전환으로:
버튼은 반드시 작동해야 한다

아마 여러분은 이렇게 말할 것이다. "고장 난 버튼이요? 고쳐야죠. 생각할 필요도 없는 거 아닌가요?" 맞는 말이다. 그리고 놀랍게도 고장 난 버튼은 당신이 생각하는 것보다 더 큰 문제일 수 있다. 단지 링크(link)에 문제가 생긴 것일 수도 있지만, 기본적인 메커니즘조차 작동하지 않는 것일 수도 있다. 다음 일화를 보자.

내 며느리는 한 쥬얼리숍의 웹사이트에서 판매 중인 어떤 귀걸이를 갖고 싶어 했다. 나는 그 귀걸이를 찾아 '장바구니'에 담았다. 그런데 막상 결제하려고 보니 장바구니가 비어 있었다. 내가 실수했다고 생각하고(전문 쇼핑몰 사이트에 이런 기본적인 문제가 있을 리 없지 않은가!) 다시 한번 '장바구니 넣기'를 클릭했지만 결과는 달라지지 않았다. 호기심이 발동해 다른 제품들도 장바구니에 넣어보았지만 결제 페이지에 가면 장바구니는 텅 비어 있었다. 뭔가 잘못된 것이 분명했다.

내가 그 귀걸이를 주문하기 위해 매장에 전화했을 때, 매장 직원은 그들의 모든 비즈니스가 실질적으로는 오프라인 매장을 통해서만 이루어진다고 말해주었다. "웹사이트를 통한 매출은 거의 없는 거나 마찬가집니다." 흠. 물론 사람들이 무언가를 실제로 구입하는 것이 불가능하다면 매장에 직접 전화하거나 방문하게 될 것이고, 그게 없다면 판매는 발생하지 않을 것이다.

전화를 해 보니 나는 이 회사가 온라인 매출이 발생하지 않는 이유를 전혀 모르고 있다는 사실을 깨달았다. 이 회사는 전자상거래를 대수롭지 않게 여기고 있어서, 웹사이트의 기능성을 자세히 검토해보는 사람이 아무도 없었던 것이다.

사람들이 온라인에서 이 회사의 물건을 사지 못하면 이 회사는 어떤 대가를 치르게 될까? 만약 다른 유통경로가 없다면(예를 들어 온라인에서만 사업이 가능하다면),

치러야 할 대가는 어마어마하겠지만, 달리 보면 온라인에서만 사업이 가능한 회사라면 웹사이트가 어떻게 운영되고 있는지를 면밀히 살필 것이며 문제점을 빨리 파악할 것이다. 활용 가능한 대안 경로가 있을 때(가령 오프라인 매장) 기업들은 온라인의 존재를 무시하는 경향이 있다. 이 쥬얼리숍처럼 말이다.

만약 웹사이트 운영자가 "다들 웹사이트 하나쯤은 있으니 우리도 하나 가지고 있는 거지 뭐…"와 같은 태도라면 반드시 이런 문제를 겪게 될 것이다. 물론 보통은 이런 종류의 문제점들을 고치는 것이 어렵지는 않지만, 일단 먼저 문제점부터 찾아야 할 것이다.

 The page cannot be found

The page you are looking for might have been removed, had its name changed, or is temporarily unavailable.

Please try the following:

- If you typed the page address in the Address bar, make sure that it is spelled correctly.
- Open the httpd.apache.org home page, and then look for links to the information you want.
- Click the ⇐ Back button to try another link.
- Click 🔍 Search to look for information on the Internet.

HTTP 404 - File not found
Internet Explorer

* 데드링크(URL이 잘못된 주소로 연결되는 것-역자 주)? 서버 다운? 또 다른 것은? 만약 당신의 웹 분석 프로그램이 404-Page Not Found(페이지를 찾을 수 없습니다) 오류가 아주 많은 페이지뷰(사용자가 특정 웹페이지에 접속하는 것이 브라우저에 나타나는 것-역자 주)를 만들어내고 있다고 알려준다면 이를 즉시 검토해야 한다.

브라우저 전쟁, 하드웨어 골칫거리들

스크린 기반 인터랙티브 제품의 기능성을 확인하기 위해 가장 먼저 해야 할 일은 당연히 그것을 클릭해보는 것이다. 웹사이트의 경우, 구글 애널리틱스와 같은 다양한 도구들이 데드링크 등을 찾아내도록 도움을 준다. 당신이 정말로 찾고자 하는 것은 잘못된 페이지로 이동시키거나, 심지어 같은 페이지로 가게 만드는(이런 일은 정말 흔하다) 프로그래밍 오류다.

또한 여러 다양한 도구에서 모든 것이 동등하게 잘 작동되는 것을 보려면 두 개 이상의 다른 브라우저를 활용해야 한다. 적어도 다음의 브라우저들에서 당신의 사이트를 확인해보도록 하라.

- ▶ 인터넷 익스플로러
- ▶ 크롬
- ▶ 사파리
- ▶ 파이어폭스

그러다 보면 스크린 내의 오디오나 비디오 제어 장치 그리고 애니메이션과 같은 여러 가지 인터랙티브 요소들이 모든 플랫폼에서 작동하는 것은 아니라는 것을 파악하게 될 것이다. 예를 들어 플래시(어도비의 애니메이션 도구)로 프로그래밍이

된 위젯은 일부 애플 제품(악명 높은[1] 아이패드)에서는 보이지 않을 것이다. 만약 인터랙티브 요소가 당신의 사이트에서 아주 중요한 것이라면 다음과 같은 다양한 디바이스에서 그것들의 성능을 확인하라.

- ▶ 스마트폰
- ▶ 태블릿 PC
- ▶ 노트북
- ▶ 스마트 TV

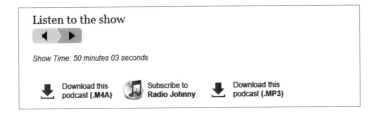

* 대부분의 기기들에서, 작은 플래시 그래픽은 오디오 팟캐스트를 제어할 수 있는 컨트롤러를 보여준다(사진 위). 그러나 아이패드는 플래시를 표시하지 않기 때문에 컨트롤러가 나타나지 않아 웹사이트 자체를 사용할 수 없게 된다. 신기하게도 내 아이패드는 인식을 거부하는 이 소프트웨어를 어디서 다운로드 받을 수 있는지 잘 알려주었다(사진 아래).

---

[1] 월터 아이작슨이 쓴 자서전[Simon & Schuster, 2011]에서 스티브 잡스는 플래시 기술이 다른 프로그래밍 옵션들보다 아이패드의 소중한 배터리 전력을 아주 많이 소모시킨다고 언급했다. 흠. 이건 타당한 기술적 고려사항인가, 아니면 비즈니스적 복수일까? 그 결론은 여전히 확실치 않다.

홈페이지 전면 개편보다는
미세한 형태 조정

나는 디자인 미팅 시간에 웹사이트의 홈페이지를 걱정하는 사람들의 우울한 이야기를 많이 듣는다. 하지만 홈페이지는 거의 틀림없이, 가장 덜 중요한 페이지다. 분명 홈페이지는 그 사이트가 무엇에 관한 것인지를 간결하게 설명하는 역할을 하고, 방문자들이 이용할 수 있는 정보와 기능적 옵션에는 무엇이 있는지를 보여준다. 그러나 정말 잘 디자인된 홈페이지라면, 사실상 방문자가 그 페이지에서 머무는 시간이 짧아야 한다. 방문자가 원하는 정보로 안내해주는 링크를 바로 찾을 수 있어야 하기 때문이다. 또, 검색 엔진에서 바로 원하는 정보로 접속하기도 해서 어쩌면 홈페이지를 거쳐 가지 않는 사람이 더 많을 수도 있다.

비즈니스적 관점에서, 당신의 홈페이지는 아마도 사람들이 당신의 제품을 주문하게 하고, 당신의 뉴스레터에 등록하게 하며, 문서를 내려받고, 블로그에 댓글을 달거나 당신에게 바로 이메일을 보내는 것 등과 같은 온라인상의 전환을 만드는 지점은 아닐 것이다. 온라인 전환은 거의 언제나 최우선 사항이지만 항상 돈과 관련된 것은 아니다(비록 많은 경우 그렇지만). 대부분의 전환은 방문자들에게 몇 가지 종류의 온라인 서식을 작성하기를 요구한다. 그러므로 만약 당신이 사이트의 어떤 페이지를 미세하게 조정하고자 한다면 그 서식에 집중해야 한다.

사이트 내의 어떤 것이 의도된 방법으로 방문자들과 당신의 상호작용을 방해하기 때문에 서식 문제는 고장 난 버튼과 관련이 있다. 하지만 모든 방문자의 접속을 방해하는 고장 난 버튼과는 달리 서식 디자인 문제들 대부분은 발견하기가 훨씬 더 어렵다. 왜냐하면 그 서식이 적어도 한 그룹의 사용자들, 즉, 원래 디자인 팀이 초점을 맞춘 그 대상에는 확실히 작동하기 때문이다.

기능적 서식을 만들기 위한
네 가지 열쇠

서식 디자인의 다른 측면에 대해서 나중에 언급하기는 할 테지만, 기능성의 측면에서 다음 네 가지 사항을 기억할 필요가 있다:

▶ 당신이 요구하는 정보를 사람들이 제공할 수 있어야 한다.

▶ 융통성 없는 입력 양식은 서식이 실패할 가능성을 크게 높인다.

▶ 상호의존적 서식들 및 로그인에 대한 필요성 역시 실패의 가능성을 높인다.

▶ 오해의 소지가 있는 지시사항은 사용자들을 좌절하게 만드는 아주 큰 요인이다.

분명히 비밀번호 보안, 화면상의 메시지 송출 방법, 레이아웃이 쉽게 이해되는지 등의 다른 문제들도 있다. 하지만 한 번에 하나씩 살펴보도록 하자.

필수 기재 사항

필드(특정 데이터를 저장하는 지정 영역-역자 주)는 뭔가를 입력할 수 있는 작은 직사각형 공간으로, 서식의 한 부분이다. 이 용어는 데이터베이스 설계에서 유래했지만, 현재는 디자인 커뮤니티서 꽤 광범위하게 사용되고 있다. 종종 서식을 디자인할 때, 서식 작성을 위해 방문자들이 반드시 작성해야 하는 곳을 표시하기 위해 흔히 필수 기재 사항이라 불리는 특정 필드가 별표(*)로 표시된다. 별표가 없는 필드는 반드시 필요하지 않더라도 사이트 운영자가 수집하고자 하는 추가 정보를 나타내기도 한다. 사실, 유럽 연합 내에서는 이러한 종류의 데이터를 방문자에게 요구하는 것이 불법이다. 최근에 내가 미국의 큰 출판사 웹사이트에서 무료 전자신문 구독을 신청했을 때, 신용 카드 정보를 제공하라는 요청을 받아 신기했다! 하지만 이건 주제에서 좀 벗어난 이야기 같으니 패스!

만약 당신이 주로 미국 방문자들을 위한 웹사이트 작업을 하는 디자이너라면, 주소를 입력할 때 주(State)는 필수적 필드로 만들고 싶을 것이다. 만약 캐나다 방문객들까지도 맞추고 싶다면, '주/도(State-미국의 행정구역/Province-캐나다의 행정구역)'라는 좀 더 포괄적인 단어를 사용하고 싶을 것이다.

공교롭게도, 나는 덴마크에 살고 있다-휴스턴이나 마이애미보다도 인구수가 더 적은 나라를 상상해 보라. 당연히, 덴마크에는 '주'가 없다. 사실, 대부분의 유럽 국가들에는 주(州), 도(province), 또는 지방(region, 영국에서 수도 외의 지방을 가리킴)이 존재하지 않는다. 따라서 만약 당신이 이러한 내용을 필수 기재 사항으로 지정해버리면, 다른 많은 국가의 이용자들은 이 서식을 작성하지 못할 것이다.

이는 프로그래머나 디자이너가 어떤 한 방문자 집단에는 완벽히 잘 맞지만, 다른 방문자들에게는 재앙이 되는 것을 만드는 상황 중 하나다. 대부분 이 주/도 (state/province) 필드에는 드롭다운 리스트가 있기 때문에, 만약 그 리스트에 '없음' 이라는 옵션이 있었다면 유럽인들에게는 확실히 도움이 되었을 것이다. 미국처럼 주(州)는 있지만, 목록에 없는 주를 가진 호주 사람들은 어떨까? 다른 주소 정보를 묻기 전에 먼저 국가를 물어본 뒤 그에 맞는 서식이 나타나도록 하는 것이 하나의 해결책이 될 수 있을 것이다(만약 당신의 프로그래밍 팀이 이 방법을 너무 번거롭다고 생각한다면, 사용성에 대해서 왜 고민하며 시간을 낭비하고 있는지를 스스로에게 물어봐야 할 것이다).

아무튼, 서식을 테스트할 때는 사람들이 서식을 완성하는 데 필요한 모든 정보를 합리적으로 제공할 수 있는지 확인해야 한다. 나는 이것이 틀림없이 전환 실패가 발생하는 가장 큰 이유라고 확신한다.

Russian Federation		
Миграционная карта Migration Card	Серия/ Serial	4608
	№	22
Фамилия/Surname (Family name)		REISS
Имя/Given name(s)		ERIC LEO
Отчество/Patronymic		
Дата рождения/Date of birth		

* 러시아 연방에 들어가기 전에는 이 출입 카드를 작성해야 한다. 하지만 만약 당신이 러시아 사람이 아니라면, 'Patronymic(부칭, 아버지의 이름을 딴 이름)'이라는 개념을 이해하기 힘들 것이다. 따라서 이 서식은 대부분의 외국인들을 당황시킬 것이다.

서식과 비즈니스 원칙

필드 유효성 검사는 컴퓨터가 확실히 데이터를 이해하고 데이터베이스 내에 적절하게 보관할 수 있는 데이터를 얻을 수 있는지 확인하도록 해준다. 필드 검사는 컴퓨터 문법(신택스, syntax)을 확인하고, 신용카드 번호가 충분한지 등을 확인하기 위해 존재한다. 문제는 이러한 규칙이 사용자에게는 보이지 않는다는 것인데, 이는 곧 오류가 발생할 가능성이 엄청나다는 것을 의미한다.

신용카드 번호 입력을 예로 들면, 4자리 숫자 단위로 나누어 입력하는 사람도 있을 것이고, 그냥 16자리를 다 붙여서 입력하는 사람도 있을 것이다. 여기서 만약 당신의 검사 규칙이 융통성 없이 오로지 한가지 입력 방식만 받아들인다면 이 과정에서 포기할 사람들이 많을 것이다. 이 시스템은 분명 16자리 숫자를 요구하는 것이지 그 사이 빈칸까지 셀 필요는 없다. 그것이 적당한 요구조건이다. 사용자가 빈칸에 대해 불평하게 내버려 둬서는 안 된다. 더 유연하게 프로그래밍을 하는 것이 더 쉽고 그렇게 해야만 한다.

전화번호, 주소, 우편번호, 날짜 그리고 모든 종류의 데이터(일반적으로 숫자로 나타낸 것)는 문제를 일으키기 쉽다. 심지어 '(미국의) 주'가 없어도 되는 사이트에 접속해도, 4자리 숫자의 우편번호나 덴마크어로 된 도로명(Strandøre)은 인정하지 않는 경우를 종종 본다.

비즈니스 규칙을 테스트할 때는 어떻게 기능하는지를 보지 말고, 그 시스템에 도전하고 파괴해 보아야 한다. 가족들에게 한 번 시도해보라고 하라. 이것은 일부 기본적 문제점들을 발견하는 데 있어 매우 효과적인 방법이다.

상호의존적 서식들

어떤 이유에선지, 내가 사는 지역에 있는 영화관의 온라인 예매 사이트는 내가 좌석을 고른 다음, 결제 과정까지는 순조롭게 가다가 갑자기 아이디와 비밀번호를 포함한 사용자 등록 정보를 요구한다. 솔직히, 나는 영화관에 자주 가지 않아서 그런 등록 정보를 잊은 지 오래되었다. 그리고 만약 내가 아이디와 비밀번호를 가지고 있지 않다면, 다시 처음부터 해당 정보를 등록하기 위해 (나보다는 회사에 더 이익이 될 것처럼 보이는) 진행중인 단계를 중단해야만 한다.

최근 내 아내는 '디즈니 온 아이스(Disney on Ice)' 티켓을 예매해 손녀를 데리고 갔다. 예매 과정에서 그녀는 매표가 가능한 웹사이트를 찾아 좋은 좌석을 발견해서 막 결제를 하려고 했는데 갑자기 개인정보 제공을 요구받았다고 했다. 데자뷔였다! 이 상황이 더 황당했던 것은 그녀가 단 5분 안에 개인정보 제공을 완료하든지 아니면 이 모든 과정을 처음부터 다시 시작해야 한다는 것이었다. 그런데 등록 과정은 느린 서버와 다른 기술적 제약 때문에 거의 10분이나 소요되었다. 결국, 그녀가 티켓 두 장을 예매하는데 약 30분이 걸렸다. 당연히 격노했고, 다시는 이 짜증 나게 만드는 웹사이트를 이용하지 않겠다고 맹세했다. 심지어 이 예매 사이트와는 실제로 아무 관련 없는 디즈니에도 화를 냈다(여기에서 서비스 디자인의 교훈을 배울 수 있다).

물론, 쇼핑카트에 있는 몇몇 순차적 페이지들 같은 상호의존적 서식들은 생각만큼 끔찍하진 않다. 문제는 사용자가 여정을 지속하기도 전에 웹사이트가 하던 일과 별개의 것을 요청해 순차적 단계를 붕괴시킬 때 발생한다.

사용자 경험에 대한 인식은 사람들이 하나의 상호작용에서 다른 상호작용으로 이어지는 길을 따라 이동하면서 형성된다. 그 길을 막아서는 안 된다.

요약하자면, 완료해야 하는 두 가지 다른 서식이 있다면, 사람들이 적절한 순서에 따라 이것을 보게 해야 한다. 그리고 제발 사람들이 이 두 서식을 모두 작성할 충분한 시간을 주도록 하라!

amazon.com　　　　　　　　　　　Your Account | Help

Sign In

What is your e-mail address?

My e-mail address is: [ ]

Do you have an Amazon.com password?

○ **No, I am a new customer.**

● **Yes, I have a password:** [ ]

　　　　　　　　　Forgot your password?

(Sign in using our secure server ►)

Sign In Help

Forgot your password? Get password help.

Has your e-mail address changed? Update it here.

Conditions of Use Privacy Notice © 1996-2011, Amazon.com, Inc. or its affiliates

* 다행히도 아마존의 로그인 페이지는 일찍 등장해서 결제를 쉽고 간단하게 끝낼 수 있게 한다.

설명서와 기능성

매우 구체적인 액션을 시키고, 그걸 진짜 정확히 해내는데도 제대로 작동하지 않는 웹사이트와 기타 제품을 마주하면 나는 항상 놀라곤 한다. 설명서를 쓴 사람이 디자이너/프로그래머와 접촉을 아예 하지 않았거나, 아니면 너무 많이 얘기했음이 분명하다. 두 가지 간단한 사례를 소개한다.

몇 년 전에 나는 독일 제조사 Saba가 만든 말도 안 되는 비디오카세트리코더를 가지고 있었다. 전면 패널에 버튼이 무려 46개인 과도한 디자인의 전형적인 사례를 보여주는 기기였기 때문에, 계속 가지고 있었다면 좋았겠다는 생각도 한다. 그 버튼 중 대략 절반은 독일어로 표기되어 있었으며 나머지 절반은 영어였다. 예를 들면 주 전원은 영어인 Off/On으로, 타이머 기능은 독일어인 Auf/Zu로 표기되는 식이었다.

사용자가 특별히 독일어를 사용하지 않는 한, 여기에서 이미 기본적 인지 문제가 존재함을 확인할 수 있다. 하지만 상황을 더 악화시키는 것은 커다란 기계에 첨부된 엄청난 분량의 설명서였는데, 이 설명서는 종종 여러 가지 일을 거꾸로 하게 만들었다. 예를 들면 설명서에는 주 전원을 켜려면 Zu를 누르고, 타이머를 활성화하려면 On 버튼을 누르라고 되어있는데, 이는 본체의 버튼과는 완전히 상반되는 것이었다. 그 기계를 작동하기까지 실험 시간이 다소 필요했음은 말할 것도 없다.

여기서 얻을 수 있는 교훈은 이것이다: 뭔가를 시험할 때에는 문자로 주어진 설명서에 따를 것! 만약 설명서대로 작동하지 않거나 설명서가 잘못된 지시를 하고 있다면 기능적인 문제에 봉착할 것이기에 이런 종류의 문제를 세심히 살펴 고치도록 한다. 모든 사항을 하나의 언어로 통일하는 것도 좋은 아이디어다. 다음번에 동일한 페이지에서 여러 언어를 혼합해 사용하는 인터내셔널 웹사이트에 방문하게 된다면 이 점을 기억하도록 하라.

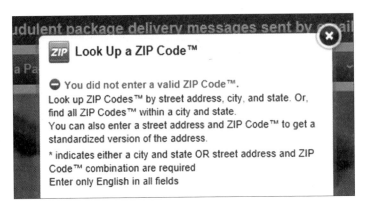

* US 포스탈 서비스(United States Postal Service, 미국 내 우체국들을 관리하고 우편 서비스를 책임지는 비정부 독립기관-역자 주)는 편리한 우편번호 검색기를 보유하고 있다. 하지만 디자이너들은 어째서 우편번호를 필수항목으로 만들었을까? 이것이 정확히 사람들이 찾고 있는 그 정보다!

내가 들려주고 싶은 두 번째 예는 브라질 대사관의 웹사이트에 있는 서식이다. 이 웹사이트는 내가 비자 신청을 할 때 입력해야 하는 여러 가지 날짜를 요구했다. 서식 필드 옆 괄호 안의 지시사항에는 dd/mm/yyyy(슬래시 포함)의 형태로 데이터를 입력하라고 구체적으로 명시되어 있었다. 그러나 오직 백엔드 개발자만이 그 이유를 알겠지만, 슬래시 없이 ddmmyyyy의 형태로 숫자만 기입해야 날짜가 입력되었다. 그래서 최종적으로 신청서를 제출하기까지 무엇이 잘못되었는지 파악하는 데에는 꽤 시간이 걸렸다. 헷갈리는 수준을 넘어 짜증을 유발한다.

VISA SEARCH AND UPDATE

LOCATE VISA

PLEASE FILL THE PROCESSING NUMBER AND APPLICANT'S DATE OF BIRTH OR THE A
BIRTH.

⦿	APPLICATION NUMBER	[?????????]	
	BIRTH DATE (dd/mm/yyyy)	[??????]	▼
○	FULL NAME		
	BIRTH DATE (dd/mm/yyyy)		▼

4 H Y GR   PLEASE FILL THE TEXTBOX WITH THE C

IF YOU CANNOT VISUALIZE THIS IMAGE,
PLEASE CLICK HERE.

SEARCH   BACK

* 솔직히, 데이터베이스가 슬래시, 대시, 빈칸, 그 밖에 사람들이 입력할지도 모르는 다른 정보를 무시하게 만드는 것은 쉬운 문제다. 그리고 실제로 특정 형식을 요구했다가 그 데이터를 거부하는 것은 재앙을 스스로 불러들이는 것이나 마찬가지다.

내비게이션:
사람들이 원하는 곳으로 가게 하라

내가 주장하는 기능성에 대한 세 가지 포인트 중 두 번째는 내비게이션의 반응성을 다루며, 이는 세 번째 포인트인 '처리 속도'와 꽤 밀접하게 관련된다. 사실 이 문제는 두 가지 측면에서 접근할 수 있다. 한 측면에서는 내가 다음 챕터에서 이야기할, 사이트나 기기로부터의 인지적 피드백을 다룬다. 다른 한 측면에서는 속도와 효율성을 다루는데 이에 대한 이야기를 지금 하려고 한다.

내 형편없는 새 TV

최근 나는 손님용 침실에 두기 위해 싸구려 LED TV 한 대를 샀다. 매우 반짝거리고 얇으며 훌륭할 정도로 선명한 화면을 보여준다. 하지만 반응 속도는 마취된 거북이 수준이다. 새로운 채널을 틀면 화면이 바뀌는 데 5초에서 8초가 걸린다. 뭔가 보려고 채널을 빠르게 돌리는 것은 사실상 불가능하다. 오늘은 가족들이 내 앞에 편성표가 없으면 TV를 볼 수 없을 것이라고 말했다: 가족들은 내가 TV를 켜기 전에 무엇을 시청할지 미리 계획하지 않으면 혈압이 올라 뇌출혈로 죽을지도 모른다고 생각할 것이다.

하지만 나만 특별히 인내심이 없는 것이 아니다. 나와 같은 사람이 많다는 것은 어떻게 생각하는가? 웹사이트와 구매전환 요인들 중, 페이지가 당신의 요청에 더 빨리 반응할수록 구매전환이 더 잘 이루어진다는 근거가 늘어나고 있다. 구글과 아마존은 반응 시간을 짧게는 0.5초 정도만 단축해도 구매전환율을 향상시킬 수 있음을 증명했다.

이 문제를 정말 잘 다룬 기사 중 하나는 스티브 사우더스(Steve Souders)가 쓴 것이다. 꽤 예전 기사이긴 하지만(2009년), 분명한 트렌드를 보여주고 있다. 예를 들면, 숍질라(Shopzilla)가 로딩 시간을 대략 7초에서 2초로 시간을 단축하자 페이지 조회 수 25% 증가, 수익은 7%에서 12%로 증가 그리고 하드웨어 리소스는 50%

나 감소하였다. 틀림없이 중요한 이슈라는 건 두말할 것도 없다. 기사 전문을 읽기를 원한다면 구글에 'Velocity and the Bottom Line'이라고 치고 검색해보라.

당신의 제품을 테스트할 때 느리다고 느껴진다면, 장담하건대 다른 사람들은 그것보다 훨씬 더 느리다고 생각할 것이다. 그러니 그 상황을 개선할 방법이 있는지 알아봐야 한다. 사진과 그래픽의 파일 크기를 압축하는 것은 아주 좋은 시작점이다. 그리고 이것은 포토샵과 같은 간단한 그래픽 프로그램을 이용할 수 있는 사람이라면 누구든지 할 수 있다(그런데 경험 법칙에 의하자면 당신이 줄일 수 있는 최대치라고 생각하는 지점에서 항상 조금은 더 사이즈를 줄일 수 있다. 두 사진을 나란히 두고 비교하지 마라. 그러면 파일 크기를 줄일 수 없다. 웹에 최적화된 사진이나 그래픽을 그 자체의 장점으로 판단해라).

당신이 실제로 제품 프로그래밍에 관여하지 않는 한 직접 할 수 있는 일은 그리 많지 않을 것이다. 하지만 적어도 조직 내에서 그 일을 해줄 수 있는 적합한 팀에게 불평할 수는 있을 것이다. 특정 지역의 인터넷 연결과 일부 모바일 네트워크의 속도가 상당히 느릴 수도 있다는 점 또한 기억하라. 꾸준히 속도를 높이는 것은 그저 보기에만 좋은 것을 간소화하거나 제거한다는 것을 뜻한다.

목표를 이해하고
거기에 초점을 맞춰라

당신 제품의 목표를 놓치기는 쉽다. 원래의 목적은 무엇이었는지, 왜 이 프로젝트를 시작했는지, 사용자의 목표를 충족시키는지(만약 아니라면,

아마 우리는 절대로 우리의 비즈니스적 목표를 달성하지 못할 것이다). 이러한 질문에 대한 답은 궁극적으로 성공 여부를 입증하는 데 필요한 기능적 요구사항을 반영한다.

프로젝트가 진행되는 과정에서 목표랑 상관없는 기능이 추가되기도 한다. 누군가가 훌륭한 아이디어를 낼 때인데, 그 아이디어는 제대로 기능하는 서식을 디자인하는 것과 같은 단조로운 작업보다 늘 더 재미있는 것일 때가 많다.

나는 잠시 당신이 사용성의 관점에서 시험해보고자 하는 몇몇 프로젝트를 이미 가지고 있다고 상상할 것이다. 당신은 다음의 두 가지 질문을 자문해봐야 한다.

▶ 목표가 무엇인가?

▶ 우리가 이 목표를 달성했는지 확인하기 위해 어떤 전환을 측정하고 있는가?

예를 들면, 가정용 온도조절기의 목표는 사람들이 편안한 온도를 유지하도록 돕는 것일 수 있다. 온라인 CD 사이트의 목표는 CD와 그와 관련된 물건을 판매하는 것일 수 있다. 또 보이스카우트 웹사이트의 목표는 윤리의식과 리더십을 장려하는 것일 수 있다.

그리고 전환의 측정에 관해서는, 온도조절기의 경우 그것을 얼마나 자주 조정해야 하는지에 따라 판단할 수 있다. CD 사이트는 CD의 판매량으로 측정될 수 있다. 그리고 보이스카우트 사이트에서는 새로운 등록 현황 및 신규 스카우트 단들이 형성되는 것으로 판단할 수 있다. 어떤 종류의 기능성을 평가하든 그것이 당신의 원래 목표를 지지하고 전환을 쉽게 만드는지 확인할 필요가 있다.

꾸며낸 이야기에 관한 실화

우리는 왜 아이들에게 동화를 들려주는가? 그림 형제(Brothers Grimm), 마더 구스(Mother Goose), 안데르센(Hans Christian Andersen) 등의 이야기 말이다. 종종 배울 수 있는 교훈도 있고, 옛날 전통을 흥미롭게 묘사한 것도 있기 때문일 것이다. 하지만 그들 대다수는 단지 대단히 흥미로운 이야기에 지나지 않는다.

* 이 동화집이 귀여울 수는 있겠지만 이 책은 원작이 가진 도덕적, 역사적 그리고 윤리적 교훈 전달에는 실패했다. 때로는 기능성이 어떤 가치 있는 목표를 막기도 한다. 이런 일이 당신이 제품과 서비스에서는 일어나지 않도록 하라.

몇 년 전, 나는 힐러리 로빈슨(Hilary Robinson)과 닉 샤렛(Nick Sharratt)이 쓴 『뒤죽박죽 동화(Mixed Up Fairy tales)』라는 이상한 책을 우연히 발견하고 크게 실망했다. 이 책은 12개 정도의 이야기들(잭과 콩나무, 장화 신은 고양이, 신데렐라 등)이 분리된 페이지의 형태로 제시되어 아이들이 4가지의 이야기 조각을 무작위로 조합해봄으로써 논리적이지는 않더라도 문법적으로는 옳은 형태의 이야기를 만들 수 있게 했다.

책의 뒷 표지를 보면 전형적인 조합의 예시가 나와 있다: "콩나무를 타고 올라가 죽 한 그릇을 발견한 알라딘의 이야기를 들어본 적 있나요?"

이 아이디어는 꽤나 귀엽지만 아이들에게 이야기를 이해시키는 데에는 완전히 실패다. 나는 레스토랑에서도 이런 방식의 메뉴판을 본 적이 있다. 그걸로 자기가 먹을 식사를 묘사하는 메뉴판을 만들 수는 있었지만, 그래서 어떤 메뉴가 제공되고 있는지 전반적으로 알기는 어려웠다.

이 두 개의 예시는 모두 비생산적인 기능성을 완벽하게 보여주는 사례다. 여기에 어떤 조언을 주면 좋을까? 디자인적 우선순위를 분명하게 설정해놓지 않으면 '창의적인' 해결책이라는 것에 휘둘리기 쉽다는 것을 명심하기 바란다.

* 비생산적인 창의성을 경계하라! 덴마크의 건축가 포올 헨닝센(Poul Henningsen, 전통적인 형태와 재료들이 대중적인 제품을 만드는 데 적합함을 보여준 덴마크의 유명한 조명 디자이너-역자 주)은 곡목(가구용으로 휘게 만든 목재) 의자의 상징인 토네트 (Thonet)에 대해 이렇게 말했다. "아무 건축가가 이 의자를 5배 더 비싸고, 3배 더 무겁게 만들고, 편안함은 절반으로 줄이고, 일부분만 아름답게 만드는 것으로 그는 유명해질 수 있다." [사진 제공: Kritisk Revy (1927년도 no.4)]

기능성은 시간에 따라
바뀔 수 있다

우리는 한번쯤 공공장소에서 쓰레기로 넘치는 쓰레기통을 본 적이 있을 것이다. 이 쓰레기통은 기능이 다 한 것이다. 쓰레기가 가득 찬 쓰레기통에는 쓰레기를 더 버릴 수 없기 때문이다. 그렇다면 이것은 기능성의 문제일까? 만약 예상되는 쓰레기의 양에 비해 용기가 작다면 그렇다. 그러나 이것은 서비스 디자인에 관한 문제일 수 있다. 그렇다면 그 용기를 더 자주 비워줘야 할 것이다.

당신의 제품을 평가할 때, 기능과 관련된 문제는 물리적인 디자인 혹은 기술적인 구성이 아니라 다른 것에서부터 기인할 수 있음을 명심하라. 무언가가 '잘못될' 수 있으면 사용자들에게 반드시 미리 알려야 한다. 예를 들어, 사이트를 처음 이용하는 고객이 100달러 이상의 주문을 할 수 없다면, 그 고객들이 마구잡이로 장바구니에 담기 전에 미리 알려주는 것이 좋을 것이다. 혹은 더이상 구할 수 없는 품절 상품을 버젓이 판매하는 것처럼 보이는 사이트도 마찬가지다. 다시 말하지만, 사용자가 무언가를 주문하기 전에 미리 알려주도록 하라.

* 런던 히드로 공항에 있는 이 쓰레기통들은 사용할 수가 없다. 더 자주 비우는 수밖에. 물리적인 디자인의 문제가 아니라 서비스 디자인의 문제다.

불평은 선물이다

며칠 전, 나는 심플한 디지털 시계를 덴마크에 판매하는 것을 막아 놓은 영국 아마존(www.amazon.co.uk) 사이트에서 기능적 오류를 발견했다. 그 시계를 구매하려고 하면 "이 제품은 당신의 지역에서는 구매할 수 없습니다."라는 메시지가 표시되었다. 판매자가 국제배송을 하고 있고, 영국과 덴마크는 모두 유럽 연합 회원국이라 무역 장벽의 영향도 받지 않는다는 점을 고려해보면 정말 이상한 일이었다. 나는 아마존에 이 사실을 알렸고 문제는 몇 시간 내 해결되었다. 잘했어, 아마존!

누군가는 사용자들이 당신의 회사에 보내고 있는 피드백에 집중하고 있다는 것을 명심하라. 이러한 메시지들이 메일 서버 어딘가에 그냥 쌓이게 내버려 두어서는 안 된다. 사람들이 시간을 내서 문제점을 지적하고 이야기한다면 이들이 바라는 도움을 인지하고 그것을 개선시키는 것이 할 수 있는 최소한일 것이다. 내 오래된 멘토이자 서비스 구루인 클라우스 묄러(Claus Møller)는 이렇게 말하곤 했다.

"불평은 선물이다."

이루어지지 못한 기부

60년도 넘는 기간 동안 우리 가족은 미국의 시민권 단체인 NAACP(미국의 대표적 흑인 인권 단체-역자 주)를 지원했다. 2011년도 초반에 우리 가족의 자선 의무를 책임져야 하는 순간이 내게도 찾아왔다.

* 여기까지는 좋다. NAACP는 커다란 '기부' 링크를 홈페이지에 잘 보이게 배치했다.

웹사이트는 기부 페이지로 바로 연결되는 링크를 보내주었다. 좋아! 나는 클릭을 했다. 그리고 서식 작성을 완료하고자 했다. 그러나 잘되지 않았다.

IT'S BEEN A GREAT 2010.
HELP US MAKE 2011 EVEN BETTER!

With the help of loyal supporters like you, 2010 has been an amazing year for the NAACP. Among the top items that we accomplished together were:

- Helping prevent the state of Texas from rewriting America's racial history in its textbooks
- Calling attention to the racist elements of the Tea Party movement, and helping force out racist Tea Party leader Mark Williams
- Help narrow the discriminatory gap between crack and cocaine sentencing
- Helping secure $1.25 billion for upwards of 70,000 black farmers in a settlement with the U.S. Department of Agriculture
- Supporting the Scott sisters in their bid for justice in Mississippi

But we need your help to continue the fight in 2011, to make America a better place for citizens of all colors.

last name
Reiss

suffix

address
Strandøre 15

city
Copenhagen

state/region/province

zip
2100

email address

phone number

* 그리고 나는 서식을 작성하기 시작했다.

우선, 나는 미국의 주를 입력해야 했다. 부모님이 플로리다에 살았기 때문에 일단 플로리다주를 입력했다. 다음은 우편번호였는데, 4자리 덴마크 우편번호가 입력되지 않아 오래된 플로리다의 우편번호를 사용했다. 한바탕 난리를 치고 나서도 사이트가 요구하는 형식의 전화번호를 입력하느라 애썼다. 미국 사이트에서는 필수 입력 정보로 전화번호를 요청하는 것이 합법인지 확실치는 않다. 유럽에서는 이런 종류의 정보를 처리하는 것이 불법이기 때문이다.

With the help of loyal supporters like you, 2010 has been an amazing year for the NAACP. Among the top items that we accomplished together were:

- Helping prevent the state of Texas from rewriting America's racial history in its textbooks
- Calling attention to the racist elements of the Tea Party movement, and helping force out racist Tea Party leader Mark Williams
- Help narrow the discriminatory gap between crack and cocaine sentencing
- Helping secure $1.25 billion for upwards of 70,000 black farmers in a settlement with the U.S. Department of Agriculture
- Supporting the Scott sisters in their bid for justice in Mississippi

But we need your help to continue the fight in 2011, to make America a better place for citizens of all colors.

Donate to the NAACP today by simply filling out the credit card contribution form to your right.

last name
Reiss
suffix

address
Strandøre 15

city
Copenhagen

state/region/province
required field

zip
not a valid zip code
2100

email address

phone number
required field

* 이게 유효하지 않은 우편번호라는데 그 의미가 뭘까? 이건 덴마크 번호라고! 그리고 여기는 미국이 아니라서 '주(state)' 개념은 존재하지 않는다. 게다가 내 전화번호까지 원한다. 이런!

다음 단계는 신용카드 정보 입력이었다. 놀랍게도 이건 받아들여졌다! 고작 1분 동안이었지만. 사이트는 내게 카드 대금 청구 정보상의 주소가(사이트가 이것을 어디에서 얻었는지는 모르겠다) 내가 제공한 주소와 일치하지 않는다고 알려주었다. 당연히 아니겠지. 내가 실제 주소를 쓰고 싶어도 못하게 하니까! 시스템을 이용하려고 애쓴 내 시도는 여기까지였다. 그 사이트는 내 카드가 도난당한 것이 아님을 확인하려고 한 것이었겠지만, 사용자의 주소로 등록되어 있지 않은 카드가 얼마나 많은지 모르고 하는 소리다. 법인카드, 체크카드 등도 모두 마찬가지다. 이런 자동 보안 시스템은 상당히 비효율적이다.

HELP US MAKE 2011 EVEN BETTER!

With the help of loyal supporters like you, 2010 has been an amazing year for the NAACP. Among the top items that we accomplished together were:

- Helping prevent the state of Texas from rewriting America's racial history in its textbooks
- Calling attention to the racist elements of the Tea Party movement, and helping force out racist Tea Party leader Mark Williams
- Help narrow the discriminatory gap between crack and cocaine sentencing
- Helping secure $1.25 billion for upwards of 70,000 black farmers in a settlement with the U.S. Department of Agriculture
- Supporting the Scott sisters in their bid for justice in Mississippi

But we need your help to continue the fight in 2011, to make America a better place for citizens of all colors.

Donate to the NAACP today by simply filling out the credit card contribution form to your right.

last name
Reiss

suffix

address
Strandøre 15

city
Copenhagen

state/region/province
Florida

zip
33156

email address

phone number
not a valid phone number
+45 20 12

* 그래서 나는 이 단계를 넘어갈 수 있는 아무 정보를 입력해서 그 시스템을 테스트해 보기 시작했다.

어쨌든 나는 기부하려고 했지만 불행히도 실패했고, 며칠 뒤에 NAACP로부터 가입 감사 인사를 받았을 때는 놀라움을 금할 수 없었다. 그럼에도 불구하고 기부액이 은행 계좌에서 빠져나가지도 않았고, 신청하지도 않은 단체 광고 이메일만 편지함을 채우고 있었다. 솔직히 나는 현재 회원인지 아닌지도 모른다.

언젠가 수표를 써서 봉투에 넣어 보내야 할까 보다. 미국 수표책을 받는다면 말이다. 그리고 NAACP의 주소를 알게 되면 말이다. 내가 이 다짐을 기억한다면 말이다.

WWW.NAACP.ORG

NAACP

Error Processing Contribution
Your credit card contribution could not be authorized.

This could be because:

1. You accidentally entered your credit card number or expiration date incorrectly.
2. The address you provided does not match the billing address of your credit card.

<< Click here to edit and resubmit your contribution.

If the contribution still does not process, contact your credit card company.

* 이게 뭐야? 이 사진을 보면 NAACP가 내 기부금을 원하지 않는 것 같다. 도대체 이 사이트는 내 카드 청구정보를 어디서 얻은 걸까? 그리고 카드 정보 입력 오류가 왜 모두 내 잘못인 것처럼 보이게 만들까?

❓ 주의해야 할 10가지 기능적 사항들

❶ 당신이 설정한 제품의 목표는 무엇인가? 그에 대한 분명한 아이디어가 있는 가? 아니라면 조용히 30분간 이에 대해 생각해보고 당신이 실제로 시작하는 것을 성취할 수 있는지 확인하기 위한 과업을 테스트해보도록 한다(당신은 목표와 관련 과업을 여러 개 발견할 수도 있다. 그것들을 모두 점검하도록 하라).

❷ 사람들이 작성해야 하는 서식이 있는가? 팩스 번호처럼 사람들이 일반적으로 가지고 있지 않은 정보를 요청하고 있지는 않은가?

❸ 만약 사람들이 당신의 제품과 상호작용하는 중 방해를 받아서 하던 일을 멈춰야 한다면, 그들이 다시 그 일을 시작할 때 하던 위치에서 재개할 수 있는 가? 만약 아니라면 그 과정을 쉽게 만들기 위해 당신은 무엇을 할 수 있는가?

❹ 극단적인 상황을 생각해본 적 있는가? 예를 들어 방문자가 당신의 국가에 살지 않는다면? 그 사람이 5자리 우편번호나 7자리 전화번호가 없거나 숫자와 글자가 모두 있는 우편번호를 사용한다면? 그런데도 방문자가 서식을 채울 수 있는가? 아니라면 이 난관을 제거할 수 있는가?

❺ 당신의 서식은 '융통성 있는' 편인가? 아니면 과도할 정도로 엄격한 입력 패턴을 요구하는 비즈니스 규칙이 있는 것은 아닌가?

❻ 만약 뭔가가 제대로 진행되지 않을 경우, 사용자들이 대안으로 취할 방법이 있는가? 예를 들어, 온라인 연락처 서식을 보완하기 위한 전용 이메일 주소나 전화번호가 있는가?

❼ 만약 온라인 쇼핑사이트에서 장바구니에 뭔가를 담은 경우, 그 물건이 결제

완료 시점까지 담겨 있는가? 결제 과정을 완료하는 것이 어렵지는 않은가? 당신의 어머니도 할 수 있는 일인가?

❽ 당신의 제품은 시간이 지남에 따라 기능이 떨어지는가(가득 찬 쓰레기통처럼)? 실제로 제품에 기능적 문제가 있는가, 아니면 프로세스나 서비스를 다시 디자인하는 것에 대한 문제인가?

❾ 당신의 온라인 사이트는 모든 브라우저에서 잘 작동하는가? 다른 기기들(스마트폰, 태블릿, 노트북)에서도 잘 작동하는가? 온라인 서식, 비디오 및 오디오 조절 장치 그리고 대시보드 타입의 위젯과 같이 과업 수행에 필수적인 것들에 특히 관심을 가지도록 해라.

❿ 사진과 그래픽을 로딩하는데 시간이 너무 오래 걸리지는 않는가? 개별 파일의 크기를 줄이기 위한 최적화가 가능한가?

📙 당신이 좋아할 만한 다른 책들

여기 소개하는 책들은 내가 생각하기에 기본적인 기능성 문제를 효율적으로 다루고 있다(비록 관련 내용만 다루지는 않지만 이 책들에는 좋은 내용이 아주 많다).

- Defensive Design for the Web: How to Improve Error Messages, Help, Forms, and Other Crisis Points. Matthew Linderman with Jason Fried (37 signals), New Riders, 2004
- Forms that Work: Designing Web Forms for Usability. Caroline Jarrett, Gerry Gaffney, Morgan Kaufmann, 2009
- Web Forms Design: filling in the blanks. Luke Wroblewski, Rosenfeld Media, 2008

🔍 구글에 검색해볼 것들

- 방어적 디자인 (Defensive design)
- 서식 디자인 (Forms design)
- 온라인 전환 (Online conversion)
- 서비스 기능성 (Service functionality)
- 속도와 최종 결과 (Velocity and the bottom line)

CHAPTER 2

반응성

대화에 몰두하고 있는 두 사람의 모습을 관찰해 보자. 그러면 당신은 한 사람은 말을 하고 있고, 다른 한 사람은 이 말을 듣고 있는 것을 알아차리게 될 것이다. 이들은 이러한 역할들을 서로 바꾸어가며 대화가 끝날 때까지 이 패턴을 반복할 것이다. 또 당신은 듣는 사람이 말하는 사람에게 반응하며 조심스러운 신호를 보내고 있는 광경을 보게 될 것이다. 이러한 반응의 일부는 시각적이다(고개를 끄덕이거나, 표정을 찌푸리거나, 미소를 짓거나, 손의 제스처를 보여주는 등). 다른 반응은 청각적이다(웃기도 하고, 끙 앓는 소리를 내기도 하고, "흠", 혹은 몇몇 다른 소리 등을 낸다). 가끔 반응은 촉각적이기도 하다(등을 두드린다든가). 모든 사례에 있어서 감각적 피드백은 효과적인 커뮤니케이션의 중요한 부분이며 사용성 향상을 위한 좋은 수단이다.

물론 대화 외의 다른 영역에서 감각적 피드백은 우리의 오감 중 어느 것이라도 포함할 수 있다. 신선하게 내린 커피의 냄새를 맡고서는 커피를 마실 때가 되었다는 것을 알고, 아이들이 손톱을 물어뜯는 것을 막기 위해 부모들은 아이들의 손가락에 쓴맛의 약을 바른다. 그러나 제품에 존재하는 반응 메커니즘은 그것이 무엇이든 적합해야 하고, 시기적절하며, 이해 가능해야만 한다. 예를 들어 회의 중일 때 휴대폰을 무음으로 전환하는 것처럼.

반응 메커니즘이 부적절하거나 아예 존재하지 않을 경우를 생각해보자. 예컨대 진동 기능만 있고 벨이 울리지는 않는 휴대폰을 상상해보라. 말도 안 된다고? 하루 동안에도 적절한 반응이 제공되지 않는 경우가 허다하다는 것을 알면 놀랄 것이다. 카페에서 바리스타가 당신의 카푸치노가 준비되었다고 잊어버리고 말해주지 않는 것 같은 단순한 것부터 당신이 온라인에서 무엇을 구매한 뒤에 확인이 잘 안 되는 것처럼 더 복잡한 문제까지 실로 다양하다.

쌍방향 커뮤니케이션에 대한 통념

솔직히 나는 쌍방향 커뮤니케이션이 존재하는가에 대한 확신이 없다. 물론 우리가 이것에 관해 이야기하고 '전화'의 사전적 정의가 '실시간, 쌍방향 커뮤니케이션'을 제공하는 기기를 의미한다는 것도 잘 알고 있다. 하지만 이 문제를 분석해보면 가장 효과적인 커뮤니케이션은 실제로 예측 가능한, 다음과 같은 고도의 직선적 패턴을 따르고 있음을 알 수 있다.

1. 행동
2. 인지
3. 새로운 행동

인지는 다른 편에서 행동을 주목했다는 '수신'의 기능을 한다. 이는 커뮤니케이션 과정의 핵심이다. 여기에는 내가 이 챕터의 첫 부분에 언급했던 반응들-끙끙 앓는 소리, 미소, 제스처 등이 해당되며, 이는 듣는 사람이 자신이 듣고 있는 것을 이해했다는 것을 상대에게 인지시키려고 사용하는 것들이다.

우리 인간은 피드백에 많이 의존한다. 예를 들어, 전화 통화를 할 때 상대방으로부터 적당한 반응이 느껴지지 않으면 "여보세요? 듣고 있어요?" 하고 묻게 될 것이다. 상대방이 내는 소리는 유용하기도 하고 안심을 시켜 주기도 한다. 이러한 것들을 명심하고, 반응적 요소들이 사용성을 어떻게 개선시키는지 살펴보도록 하자. 혹은 잘못 사용되었을 경우 사용성을 어떻게 망치는지도 알아보자.

반응성 확보를 위한
세 가지 전통적 열쇠

반응성은 넓게 보면 다음과 같은 세 개의 그룹으로 나누어 볼 수 있다.

▶ 초청의 비결: 눈길을 끌고, 뭔가 좋은 것이 있다는 신호를 주기 위해 설계된 것. 배너 광고, 혹은 정적이면서 고도로 맥락적인 '더 알아보기' 링크 등이 이러한 예다. 보통 웹페이지의 우측 칸에 표시된다.

▶ 전환적 기법: 사용자가 한 것에 대해 즉각적으로 반응하는 것 - 예를 들어

웹을 둘러보는 동안 화살표 모양 커서가 상호작용적인 요소에 놓이면 손 모양으로 변하는 것이 그런 것이다. 이런 것을 디자인 비즈니스에서는 상태 변화라고 부른다. 왜냐하면 이것이 상태나 존재의 변화를 나타내기 때문이다. 상호작용적 요소 위에 커서를 두는 것을 '마우스오버(mouseover)'라고 한다.

▶ 반응 메커니즘: 사용자가 한 어떤 의식적인 행동에 따른 진정한 '수신'을 나타내는 것. 예를 들면 화면이 새로운 페이지를 로딩하기 전에 공백 상태로 있거나, 파일이 다운로드되고 있음 혹은 다운로드가 완료되었음을 나타내는 화면상의 메시지가 이에 해당한다.

여기서 나는 초청의 비결(깜빡거리기, 회전하는 로고 등)이 소통에서 수신이 잘 되고 있음을 전달하기보다는 관심을 불러일으키는 것이기 때문에 전환 및 반응 기법에 초점을 맞췄다. 이러한 사용자 초청의 비결이 중요한 만큼 이들은 단지 '피드백'이라기보다는 '자극'이라고 보는 것이 맞을 것이다.

제4의 시각: 반응형 디자인

큰 컴퓨터 화면에서 작동하는 것이 태블릿, 스마트폰, 혹은 차량 대시보드와 같은 더 작은 화면에서는 작동하지 않을 수 있다.

이동에 대한 니즈 역시 화면에 따라 달라진다. 예를 들면 스마트 TV 화면에서 이동하는 것은 마우스나 트랙패드가 없다면 쉽지 않을 것이다. 네 방향의 화살표

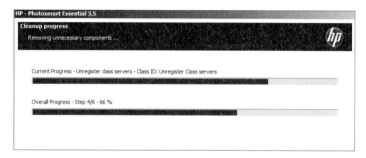

* 이 다운로드 박스는 다운로드/설치 과정을 6개 단계로 나누었다. 두 개의 바(bar, 막대)는 당신이 개별 단계 및 총 과정에서 어느 정도에 있는지를 보여주기 때문에 우수한 피드백을 제공한다고 할 수 있다. 만약 이 다운로드 박스가 작업을 완료하는 데 걸리는 시간 정보까지 준다면, 나는 그 인터페이스에 대한 평가를 '우수함'에서 '대단함'으로 변경할 것이다.

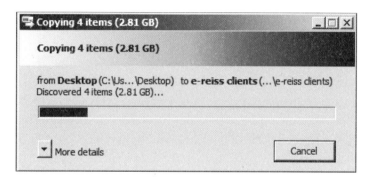

* 파일을 한 폴더에서 다른 폴더로 이동시킬 때, 윈도우7은 이 기본적인 막대 바를 사용해 작업이 진행된 정도를 보여준다. 애플과 안드로이드 제품 모두 유사한 피드백 메커니즘을 사용한다.

버튼만 사용해 커서를 움직여야 하는 일은 상당히 어렵기 때문이다.

오늘날 시장에는 아주 많은 디바이스들이 다양하게 나와 있어서 이들 모두에 적합한 인터페이스를 만들기란 불가능하다. 대신에 반응형 디자인으로 정보가 표시되는 기기의 종류에 따라 자동으로 정보의 표시를 조정해줄 수 있다. 반응형 디자인은 화면 혹은 브라우저 창의 크기에 적합하도록 레이아웃을 확장하거나 축소하는 것을 말하며, 심지어 레이아웃을 극단적으로 바꾸거나 요소를 생략할 수도 있다. 더 중요한 것은, 이제는 정보 자체가 다양한 디스플레이 환경에서 잘 작동하도록 '디자인(사용되고, 우선순위가 정해지고, 포맷되고, 생성되는 등)' 되고 있다는 점이다. 우리는 이것을 반응형 콘텐츠라고 부르고 있으며 분명 앞으로 몇 년간 생각하게 될 주제다.

반응형 콘텐츠 사례 중 하나는 화면에 나타날 수도 있고 나타나지 않을 수도 있는 다른 요소들에 대한 텍스트 참조를 제거하는 것이다. 그래서 독자들에게 '우측 그래프'를 참조하게 만드는 전통적인 신문 기사와는 달리, 이 텍스트는 연관된 시각자료의 물리적 배치(혹은 존재 자체)와는 관련이 없도록 작성된다. 요약하자면, 반응형 콘텐츠의 제작과 반응형 디자인은 특정 기기나 화면의 크기에 부적합한 요소들의 크기 조정, 위치 조정, 축소 혹은 제거하는 능력에 달려있다.

온라인 제품을 시험할 때, 콘텐츠가 계속 적절하게 화면상에 나타나는지 알아보기 위해 기본 브라우저 창의 크기를 조정하는 것은 분명 중요하다. 하지만 오늘날에는 태블릿 컴퓨터 및 스마트폰에서도 이를 확인해야 한다. 만약 페이지가 '반응형'이 아니라면 반응을 하게끔 만드는 것이 중요하다. 비록 이를 실제로 구현시키는 것은 쉽지 않고 또 관련된 기술적 범위가 이 책에서 다루는 내용을 훨씬 넘어설 만큼 방대하지만 말이다.

디자이너가 값비싼 검은색 카드보드지에 귀엽게 꾸민 가짜 스크린을 붙여서 당신과 당신의 팀에게 제시하는 것 따위 필요하지 않다. 중요한 것은 반응성을 어떤 식으로 디자인 템플릿 안에 구축해두었는지, 그것을 설명하게 만드는 것이다.

이와 관련해 콘텐츠의 관점에서 보면, 일반적으로 전체 비율(실제 크기)을 위해 만들어진 요소를 편집하는 것보다 작은 화면을 위해 만들어진 콘텐츠 항목을 확대하는 것이 좋은 사용자 경험을 만들기 더 쉽다.

* 반응형 디자인은 레이아웃과 콘텐츠가 매체에 최적화된다는 것을 의미한다. 이것은 PC에서 본 뉴욕타임스 웹사이트다.

* 이것은 아이패드용 앱에서 보이는 뉴욕타임스 화면이다.

* 내 안드로이드 휴대폰에서 뉴욕타임스 앱은
뉴스의 요점만을 보여준다.

"정신 차려! 이 멍청한 기계야!"

피드백의 부족이 흔하게 나타나는 사용성 문제라는 점은 참 놀랍다. 예를 들어 오프라인에서는, 동네 슈퍼마켓에 갔을 때 당신은 계산원이 "감사합니다. 좋은 하루 보내세요." 또는 다른 흔한 인사말들을 할 것이라 기대하게 된다. 그런 정서가 식상하지만, 그렇다고 당신을 무시하는 것은 무례하다. 그러니 아무리 진부한 반응이더라도 감사하자. 당신이 최근 온라인에서 경험했던 것을 잠깐만 떠올려보아라. 기계, 서버, 사이버공간의 이상한 메커니즘이 진짜 당신의 메시지를 받았는지 아닌지도 알지 못한 채 클릭한 적이 얼마나 많았는가? 꽤 자주 그랬을 것이다. "좋은 하루 보내세요."처럼 간단한 전자 메시지라도 볼 수 있다면 고마울 텐데 말이다.

오늘 아침 일찍 나는 새 노트북 화면 하단 상태 표시줄에 빨간색 X 표시가 뜬 것을 보고 그 X를 클릭했다. 그러자 곧바로 업데이트된 USB 어쩌고저쩌고하는 것을 설치해야 한다는 메시지가 나타났다. 나는 반응 옵션인 저장 버튼과 열기 버튼 두 개를 모두 여러 번 클릭했다. 하지만 그 기계에서는 분명 아무런 응답이 없었다.

문제는 이것이다. 내가 했던 클릭들이 노트북에서 인식된 문제를 해결한 건지 아니면 여전히 뭔가가 잘못된 상태인지를 도대체 내가 어떻게 알겠는가? 이런 문제는 처음 겪어보는 것이었기 때문에 심지어 문제 자체를 어떻게 확인해야 하는지도 몰랐다.

아니, 확실히 반응이 있기는 했다. 몇 시간 뒤, 노트북에는 메시지가 떴다. "이 방법이 당신의 문제를 해결했나요?" 세상에, 그 질문은 나에게 "네가 나를 성가시게 만들기 시작하기 전에는 아무런 문제가 없었어요."라고 대답할 기회를 주지 않았다. 이 챕터 마지막의 '전선으로부터의 이야기'는 피드백이 주어지지 않았을 때 일어날 수 있는 일들에 관한 이야기다.

여기서 얻을 수 있는 교훈은 다음과 같다: 만약 당신이 누군가에게 무엇을 하라고 요청하고 그들이 그 일을 한다면, 상대방에게 그것을 확인했다는 어떤 신호를 주어라.

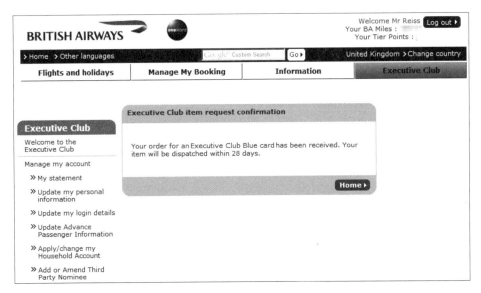

* 브리티시에어(British Airway)의 웹사이트는 항공사 웹 방면에서 최고가 되기 위해 사용성의 지옥과도 같은 곳을 벗어났다. 이 사이트는 응답이 빠르며, 정확하고, 사용하기도 쉽다. 단, 실물 마일리지 카드를 주문하기 전까지는 말이다. 오프라인의 현실이 서비스 효율성에 관한 온라인 이미지에 항상 부합하는 것은 아니다.

FUD: 두려움(Fear), 불확실성(Uncertainty), 의심(Doubt)

앞서 도입부에서 내가 스티브 크룩의 책, 『사용자를 생각하게 하지 마(Don't make me think)』를 언급했던 것을 기억하는가? 그렇다. FUD는 사람들을 생각하게 만드는 것의 일부이며 부정적이고 걱정스러운 방식으로 작동한다. 이 세 가지 문제들을 줄이기 위해 당신이 할 수 있는 일이라면 사용성 개선에 도움을 줄 것이다.

▶ **두려움**(Fear)은 사람들이 시스템을 망가트리거나, 또는 되돌릴 수 없는, 의도치 않은 행위가 시작될까 봐 무서워하는 것이다. 예를 들어, 정보를 전송하면 어떤 일이 일어날까? 단순히 정보를 수정한 것인가? 아니면 결제가 된 것은 아닐까? 하는 두려움이 그것이다.

▶ **불확실성**(Uncertainty)은 두려움과 연관된다. 하지만 이 경우, 당신이 비극적인 결정을 내리게 될 것이라고 꼭 두려워할 필요는 없다. 단지 당신은 애매하게 선택해서 잘못된 결정을 내리지 않을까 염려할 뿐이다.[1]

---

[1] 예를 들어, 여러분은 내가 한 컴퓨터 소매업체의 사이트에서 발견했던 다음과 같은 이상한 메뉴 선택 사항들을 종종 보게 된다.
- 홈 (Home)
- 오피스 (Office)
- 고성능 (High Performance)
- 뛰어난 휴대성 (Extreme Portability)
만약 당신이 비즈니스 목적이나 잦은 여행을 위해 좋은 노트북이 필요하다면 어떤 선택지를 클릭하겠는가? 이것이 중복체크가 가능한 선택지라면 나는 이렇게 대답하고 싶다. "위의 것들 전부."

▶ **의심**(Doubt)은 사람들이 자신이 무엇을 하든 성공적인 결론을 도출하지 못할 것이라는 확신이 들 때 일어난다. 예를 들어, 옵션들 중 그 어떤 것도 내가 고를 수 있는 것이 없을 때 말이다.

수신, 인식에 대한 답, 반응의 메커니즘은 어떤 방법으로 이들을 식별하든 간에 적어도 FUD 문제의 일부분은 완화해 준다. 실제로 문제가 반드시 해결되지는 않더라도 말이다. 만약 어떤 종류의 반응형 동작이 FUD의 영향을 줄이는 데 도움을 준다면, 당신은 사용성의 측면에서 아주 큰 승리를 거둔 것이다! 컴퓨터 매장에서 형편없는 메뉴들 때문에 제품을 선택하기가 어려운 경우라면, 아마도 추가적인 텍스트로도 일부 해결이 가능하다. 조그만 노란색 팝업창(Alt 속성이라고 불린다)들 중 하나에 이 추가 텍스트를 입력하면, 이것이 바로 반응형 메커니즘이 되는 것이다. 하지만, 상세한 라벨을 만드는 것이 결국엔 더 낫다. 사람들이 원하는 정보를 찾기 위해 마우스플로레이션(mouseploration, 역자 주: 필요한 정보 또는 링크를 발견하기 위해 마우스를 이용해 여기저기 탐색하는 과정)에 의지할 필요가 없기 때문이다. 정보설계자(Information Architects)들은 이를 라벨의 '자취 개선하기'라고 부른다. 그리고 비록 이것이 반응성보다는 이해 용이성과 더 많은 관련이 있지만, 사실 이 두 이슈는 절대적으로 관련되어 있으며 이것이 내가 여기서 이를 언급하는 이유다. 마우스플로레이션에 대해서는 이 챕터의 뒷부분, '변화하는 기술 자세히 들여다보기' 부분에서 논의될 것이다.

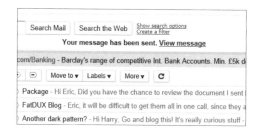

* "당신의 메시지가 전송되었습니다('Your message has been sent.')." 얼마나 멋진가. 얼마나 만족스러운가. 얼마나 안심이 되는가. 여기에 FUD를 암시하는 표시는 전혀 없다.

f your car doesn't have a central locking system
loor with your key and then chek the handle to
s a central locking system, often triggered from
vill probably make a "chirping" sound when it
receipt."

* 나는 삶의 대부분을 전문 작가로 살아왔지만, 여전히 철자법 오류를 내고 있다. 마이크로소프트 워드는 내가 입력한 글자의 철자가 틀리면 빨간색으로 밑줄을 그어준다. 만약 내 문법에 의문이 있다면 녹색 밑줄을 쳐준다. 매우 유용한 반응형 피드백이다.

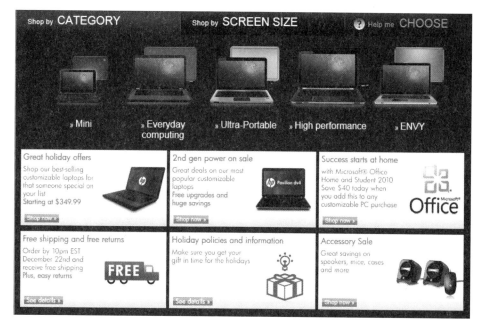

* HP에서 노트북을 선택하는 문제는 컴퓨터 사이트에서 선택의 방향을 결정짓지 못하게 만드는 애매한 옵션의 전형과도 같은 것이다. 두려움, 불확실성, 의심이 솟구친다. 과연 내가 찾는 배터리 수명이 길고 무게는 가벼운 비즈니스용 컴퓨터를 보려면 어디를 클릭해야 하는가?

변화하는 기술
자세히 들여다보기

당신의 마우스 커서가 마우스오버 상태일 때 보이는 반응은 대단히 중요하다. 대체로, 이것은 화살표가 뭔가를 가리키는 손가락 모양으로 변하는데, 무언가를 클릭할 수 있다는 뜻이다. 대부분의 경우 커서 아이콘이(어떤 모양이든) 다른 아이콘으로 변하는 데에는 전혀 시간이 지연되지 않는다.

커서 자체는 그다지 주요한 사용성 문제가 아니다. 왜냐하면, 그것은 웹페이지에서 제공되는 기본적인 시각적 신호에 불과하기 때문이다. 예를 들어, 요즈음 가장 널리 쓰이는 블로그 기록 도구는 워드프레스다. 하지만, 헤드라인을 비롯해 다른 클릭이 가능한 항목들이 화면의 다른 텍스트들과 크게 차이점이 없다. 커서를 그 항목에 갖다 댈 때까지는 말이다. 이는 블로그와 다른 사이트들의 사용자를 감소시킨다. 클릭이 가능한 항목들을 찾기 위해 커서를 이리저리 움직여 제대로 디자인되지 않은 페이지를 스캔해야 하기 때문이다. 이 항목들은 자신이 상호작용이 가능한 요소들이라는 인지적 신호를 강하게 전송하지 않고 있다.

물론, 터치스크린 태블릿 컴퓨터와 스마트폰이 등장하면서 이제 마우스플로레이션은 더이상 가능하지 않다. 최신 스크린 기술은 실제로 화면을 탭하지 않아도 손가락의 존재를 감지할 수 있다고 하지만 대부분의 터치스크린 기기에 중요한 반응 요소가 빠져있으므로 다른 방법으로 시각적 신호를 보낼 필요가 있다. 이 책의 두 번째 파트에는 이러한 가시성을 설명하는 데 통째로 할애된 장이 하나 있다.

지금은, 우리가 평가하거나 디자인하는 것이 무엇이든 사용 중에 즉시 이행
반응을 보여야 한다는 점을 기억하자. 예를 들어, 만약 커서가 모양이 바뀌어야
할 때 바뀌지 않는다면, 여기에는 즉각적으로 해결해야 할 문제가 있다는 것이다.
링크에 하이라이트 표시를 하는 것, 색깔을 바꾸는 것, 마우스를 가져다 댔을 때
밑줄이 처지는 것 등을 고려해보자. 사용자들이 이런 세심함을 정말 고맙게 생각
할 것이니, 나를 믿어라!

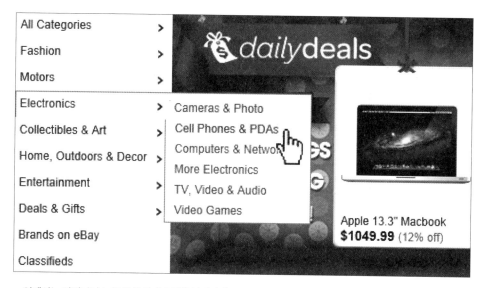

* 이베이는 관련성이 높은 상위 카테고리를 분명하게 표시했으며 펼침 메뉴에서 내가
클릭하려고 하는 하위 카테고리의 라벨을 하이라이트로 표시했다.

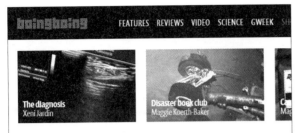

Senior Eurocrat praises the net

BY CORY DOCTOROW AT 10:45 PM SATURDAY, DEC 10

David Weinberger sez, "Neelie Kroes, Vice-President of the European Commission responsible for the Digital Agenda, has followed up her controversial observation that the current copyright laws do not seem to be making things better for creators or for culture with a talk that sketches a reasonable approach to helping the Net serve as an instrument of democracy in unfree nations. Go, Neelie, go!"

First, citizens living in non-democratic regimes need technological tools to help them. Tools which shield them from indiscriminate surveillance. Tools which help them bypass restrictions on their freedom to communicate. Tools which are simple and ready-made. I want the EU to help develop and distribute those tools, in a framework that ensures the legitimacy of our action.

* 코리 닥터로우(Cory Doctorow, 캐나다 출신의 SF 소설가로 자신의 소설을 모두 인터넷에 공개해 이득을 봄-역자 주)의 '보잉 보잉(Boing Boing)'은 인터넷에서 가장 인기가 많은 블로그 중 하나다. 하지만 어느 부분이 클릭 가능한지 그 상호작용성이 눈에 잘 띄지 않는다. 첫 번째 문단에 빨간 링크가 있지만 대부분의 사용자들은 헤드라인과 몇몇 다른 항목 역시 클릭할 수 있는 영역이라는 것을 모를 것이다.

* 코리의 이름 위에 마우스 커서를 올리면 독자들은 팝업 정보 창과 Alt 속성의 조그만 노란색 텍스트 상자가 뜨는 것을 볼 수 있다.

변화하는 기술과
물리적 제품

찰칵 소리를 내는 on/off 스위치, 촉각적 저항을 제공하는 물리적 키보드, 터치할 때 진동하는 터치스크린 키보드. 이런 기술들은 모두 물리적인 기기들을 조작할 때 매우 유용한 즉각적 피드백을 제공한다.

가상현실과 관련된 작업을 하는 사람들이 직면하는 어려움 중 하나는 시각적 신호와 음향 신호를 제외하면 다른 감각적 피드백이 없다는 점이다. 우리가 '가상으로' 무언가를 고를 수는 있다고 하더라도 그것을 느낄 수는 없기 때문이다. 마치 손으로 연기를 잡으려고 하는 것처럼 실체가 없다. '실체'와 관련된 피드백을 재구성할 수 있을 때까지 가상현실은 실제보다는 가상으로 남게 될 것이다.

손잡이, 다이얼, 레버, 스위치, 버튼, 키, 핸들 등 당신의 제품에 있는 물리적 어포던스(affordance, 행동유도장치)에 대한 전환적 피드백 메커니즘을 어떻게 개선할수 있을지 생각해보라. 이처럼 다양한 방식의 '클릭'은 매우 중요한 것이다.

* 나는 브라운사(Braun)에서 만든 이 알람시계를 사랑한다. 위쪽의 조작 장치는 알람
을 켜고 끄는 것을 쉽게 해준다. 그리고 조작 장치가 앞뒤로 움직이기 때문에 알람을
설정했는지 쉽게 확인할 수 있다. 고도로 기능적인 디자인 속에 숨어있는 훌륭한 인지
적 피드백은 아주 많다.

온라인 환경에서의
반응 메커니즘

우리는 항상 기계가 ,생각하고 있다는 것을 알려주어야 비로
소 안심한다. 나는 1983년에 매킨토시의 시조 격인 애플의 첫 컴퓨터 리사(Lisa)
를 보았을 때 화면에 나타나는 귀여운 모래시계 아이콘을 좋아했다. 마치 내게 이

렇게 말을 하는 것 같았다. "안녕 에릭. 당신의 메시지를 받았고 지금 그 일을 처리하고 있어. 시간이 좀 걸리니 여유를 가져. 이 귀엽게 움직이는 아이콘이 보이면 내가 지금 주어진 일을 바쁘게 하고 있다는 거야."

스크린에 있는 조그만 기호에는 상당히 많은 정보가 담겨 있었다. 이것은 뒤로 가기(Back) 버튼과 실행 취소(Undo) 명령과 더불어 지금까지 가장 멋진 것 중 하나라고 생각한다.

이러한 유형의 피드백은 셀 수 없을 만큼 다른 버전들이 많이 나와 있다 - 손가락을 세는 모양, 달려가는 개 모양, 손목시계 모양 그리고 그 악명 높은 애플의 '회전하는 대기 커서'까지. 애플의 이 커서 모양은 기능적으로 느린 반응 때문에 '회전하는 지옥의 비치볼'과 같이 재미있는 별칭을 많이도 얻었다. 여기서 교훈은 피드백 제공 그 자체만으로도 종종 문제를 완화시킬 수는 있지만, 언제나 그 문제를 해결해주지는 않는다는 것이다. 이러한 이유로, 작업이 진행되고 있음을 보여주는 그래픽 기술은 때때로 시간이 너무 오래 걸리는 과정을 표시할 때 훨씬 더 좋은 선택지가 될 수 있다.

"파일이 성공적으로 다운로드 되었습니다."와 같은 기본적인 메시지들뿐만 아니라 여러 가지 움직이는 위젯들을 비롯해 현재는 다양한 과업의 완료와 관련한 디자인 패턴이 여럿 존재한다. 그 중 특히 인기가 많은 것 몇 가지를 소개한다:

▶ **명암**: 현재 활성화가 되었음을 보여주기 위해 특정 부분을 밝게 하거나 조

작이 완료될 때까지 화면의 일부를 어둡게 하는 것

▶ **줌**: 특정 과정이 진행되는 동안 줌을 확대하거나 과정이 완료되면(혹은 창을 종료할 때) 줌을 축소하는 것

▶ **사운드**: 특정 동작과 관련한 독특한 멜로디나 사운드. 우리는 아마 메일이나 문자가 왔음을 알려주는 휴대폰 알람이 가장 익숙할 것이다.

정말 말 그대로 수천 가지 각양각색의 기술들이 있으며, 그들 중 어떤 것은 좋고 어떤 것은 별로다. 그러나 어떤 반응 메커니즘을 사용하기로 하든 간에 사용자가 이를 보고, 듣고, 느낄 수 있다면 그리고 그것의 의미를 이해할 수 있다면, 사용성 측면에서 그 메커니즘은 현명하게 선택된 것이다.

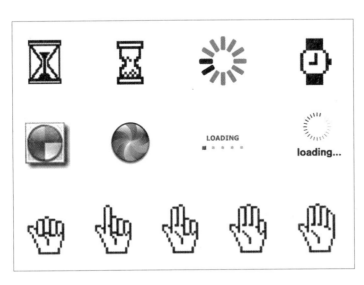

* 1983년에 애플의 원조 컴퓨터 리사(Lisa)에서 선보인 모래시계 모양의 대기 아이콘은 내가 본 가장 창의적인 피드백 메커니즘 중 하나다. 이는 애플과 마이크로소프트 모두에서 다양한 형태로 사용되었다. 이 아이콘이 보내는 신호는 가치가 있다: "지금 너의 작업을 진행하고 있으니 조금 쉬고 있어. 내가 이 문제를 해결해 줄게."

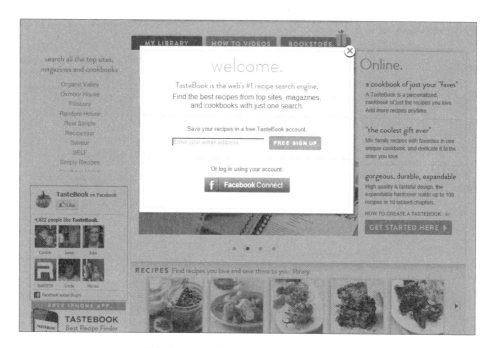

* 화면 일부를 어둡게 하면 애플리케이션이 어떤 식으로든 나에게 상호작용을 기대하는 영역을 쉽게 포착할 수 있다. 화면의 특정 부분을 밝게 하는 것도 비슷한 효과를 낼 수 있다.

물리적 제품의
반응 메커니즘

제품의 화면에서 대응되는 것들과 마찬가지로, 물리적인 반응 메커니즘은 뭔가 일어나고 있거나 완성되었다는 것을 알려주는 귀중한 인지적 피드백을 제공한다. 자동차와 집과 같이 무언가 잠그는 것에 대해 잠시 생각해보자.

만약 차에 중앙 집중 잠금장치가 없다면 당신은 아마 차 문을 열쇠로 잠그고

손잡이를 당겨보며 확인해야만 문이 잠겼는지 확인할 수 있을 것이다. 중앙 집중 잠금장치가 있는 차의 경우 대개는 키의 버튼으로 잠금장치를 작동하고, 문이 잠길 때 특유의 소리를 내면서 당신에게 꼭 필요한 반응 신호를 보낼 것이다. 잠금장치가 잠기는 소리를 듣는 것 역시 사용자를 안심시켜 준다.

대다수의 사람은 집을 나서면서 문이 제대로 잠겼는지 확인하려고 문손잡이를 잡아당겨 본다. 왜냐하면 문의 잠금장치 대부분이 우수한 피드백을 제공하지 않기 때문이다. 어쩌면 집 대문도 자동차처럼 소리를 내는 것이 좋을지도 모른다.

여기에서의 교훈은, 대화와 같은 모든 상호작용에서 감각적인 피드백을 제공하는 반응 메커니즘은 작업을 매끄럽게 해주며 FUD를 제거해준다는 것이다.

* 이 고전적인 계측기는 버튼이 눌러질 때마다 매번 훌륭한 촉각적 피드백을 제공하면서 동시에 찰깍 소리를 낸다. 다시 말해, 사용자가 실제로 수를 셀 때 계측기를 쳐다볼 필요가 없는 것이다.

이런! 롤스로이스를 세 대나 주문해버렸어!

웹 시대 초창기에는 '장바구니' 또는 '쇼핑 카트'라는 개념이 은유보다는 직유로 여겨졌다.

직유란 "...는 ...과 같다."의 형식으로 표현된다. 예를 들어, "내 컴퓨터는 파일 보관함과 같다."라고 했을 때 '파일 보관함'이 바로 직유다.

은유는 "...는 ...이다."와 같은 표현이다. "이 칩은 내 컴퓨터의 기억 저장소다." 와 같은 식으로 쓰인다. 여기서 "기억저장소"가 바로 은유다.

그렇다면, 이제 이런 의미론적인 강의는 접어두고, 이야기를 하나 해주겠다.

지난 1997년 즈음의 어느 날 오후, 동료 한 명이 런던의 한 유명한 자동차 딜러가 지금 온라인으로 롤스로이스를 팔고 있다고 말해주었다. 그가 내게 이런 정보를 준 이유는 두 가지였다. 당시 나는 전자상거래에 빠져있었고, 두 번째 이유는(비용이 많이 드는) 아직도 유효한데, 내가 영국 자동차를 너무 좋아한다는 것이다.

나는 즉시 사이트에 들어갔다.[1]

---

[1] 애석하게도, 오랜 세월이 지난 후에 이 글을 쓰고 있기 때문에 이 이야기를 묘사해줄 스크린샷은 없다. 그

이 사이트에는 재규어, 애스턴 마틴 그리고 롤스로이스의 매력적인 사진들이 가득했다. 페이지 위쪽에는 '장바구니' 아이콘이 다소 어울리지 않게 자리하고 있었다. 1997년에는 '장바구니'가 은유보다는 직유의 개념이 강했다는 것을 기억하자. 어쨌든, 번쩍번쩍 윤이 나는 고급 자동차가 선반에서 내려져 아무 특징 없는 바퀴 달린 장바구니에 휙 담기는 것을 상상하지 않기(또는 그 때문에 웃음을 참기)란 거의 불가능했다.

그 우스꽝스러운 장면을 상상하면서 나는 장바구니를 클릭했다.

하지만 그 페이지는 응답하지 않았다. 난 다시 클릭하고, 또 클릭했다.

당시 서버 응답시간은 괴로울 정도로 느렸다. 따라서 난 기다리는 데 익숙해져 있었다. 요즘은 우리에게 참을성이라곤 남아 있지 않아서 이런 특정 문제(기다리는 것)는 상황을 매우 악화시킨다.

기다리는 동안 전화가 울렸다. 나는 잠깐 통화를 했고, 그 후 커피를 한 잔 마시기 위해 회사 구내식당으로 갔다. 자리로 돌아왔을 때, 마침내 이 웹사이트는 결제 페이지로 넘어가 있었다. 문제는 내가 참을성 없이 클릭했을 때마다 장바구니에 롤스로이스를 추가했다는 것이다. 결국 나는 롤스로이스를 세 대나, 그것도

리고 비록 내가 그 대리점을 기억하고 있기는 하지만, 그 사이트의 디자인이 별로였다고 말하면 해당 업체 입장에서는 억울할 수 있다. 어찌 됐든 이미 오래된 역사다(적어도 인터넷 상에서는 내 계산법으로 온라인과 오프라인 비즈니스 사이클과 비교했을 때 대략 4.7년 정도 지난 것 같다).

똑같은 색깔로 주문하고 말았다.

장바구니에 담긴 세 대의 값비싼 자동차와 나에게 슬픔을 준 결제 시스템(놀랍게도 내 신용카드 한도를 초과하지 않았다!)에 대한 내 해결책은 그냥 컴퓨터를 끄고 집으로 오는 것이었다. 나는 종종 그날 뜻하지 않게 인터넷에서 차를 한 대, 또는 두 대 이상을 구입했다면 어떻게 되었을지를 상상해보곤 한다. 그것이야말로 반응성 없는 시스템을 디자인한 결과가 아니겠는가. 물론, 아내는 우리가 이미 완벽한 차를 가지고 있다고 반응했을 것이다. 이건 완전히 다른 얘기지만 그렇다.

❓ 당신이 고려해야 하는 10가지 반응 메커니즘

❶ 버튼을 눌렀을 때 그것이 반응하는가?

❷ 파일이 저장되었을 때, 그것이 잘 저장되었는지 볼 수 있는가?

❸ 만약 커서를 링크나 다른 상호작용이 가능한 대상 위에 둘 때 커서는 그 대상이 클릭이 가능한 상태임을 표시하는 특정한 모양으로 바뀌는가?

❹ 당신의 사이트는 컴퓨터 화면에 맞게 사이즈가 조절되는가?

❺ 파일을 다운로드하거나 결제 과정을 클릭하는 것과 같은 기본 태스크를 완료해보도록 해라. 그 과정에서 당신이 행한 동작을 사이트가 인지하고 확인을 해주었으면 하고 바랄 때가 있는가?

❻ 파일 다운로드같이 시간이 걸리는 절차들이 진행 상황에 대한 지속적인 피드백을 제공하는가?

❼ 당신이 물리적 제품을 다루고 있다면 그것은 피드백을 제공하고 있는가? 어떤 물건이 언제 스위치가 켜지고 꺼지는지, 혹은 소리 등이 커지고 작아지는지 알 수 있는가?

❽ 피드백은 제때 도착하는가? 아니면 동작이 실행되고 나서 한참 후인가?

❾ 반응 메커니즘은 이해가 가능한 것인가? 아니면 사용자들이 아이콘을 비롯한 다른 신호들을 추측해서 알아내야 하는가? 정립된 모범 사례를 적용하고 있는가, 아니면 처음부터 개발 중인가? 당신의 옆집 이웃이나 당신의 가족들도 그것을 이해할 수 있는가?

❿ 콘텐츠의 레이아웃과 품질은 그것이 출력되는 특정 기기의 한계를 반영하고

있는가? 만약 그 콘텐츠가 기기에 따라 달라진다면, 기기에 맞춰 적절하게 크기가 확대되거나 축소되는가? 일반적으로 확대하는 것이 더 낫다.

📖 당신이 좋아할 만한 다른 책들

당신도 추측했다시피 내가 추천하는 책들은 항상 100% 특정 챕터에만 초점이 맞춰진 것은 아니다. 하지만 그 책들은 제시된 해당 챕터의 맥락에서 모두 밀접한 관련이 있는 것이며, 필수적인 정보를 담고 있는 좋은 책들이다.

- Designing Web Interface, Bill Scott and Theresa Neil, O'Reilly, 2009
- Neuro Web Design, Susan Weinscheck, New Rider, 2009
- Responsive Web Design, Ethan Marcotte, A Book Apart, 2011

🔍 구글에 검색해볼 것들

- 반응형 콘텐츠 (Responsive content)
- 반응형 웹디자인 (Responsive web design)
- 내비게이션 피드백 (Navigation feedback)

CHAPTER 3

인체공학성

인적 요소(휴먼 팩터)라고도 불리는 인체공학은 우리의 신체적, 심리적 능력 모두에 적합하도록 기기를 디자인하는 방법을 연구하는 학문이다. 사람들은 대부분 업무 현장의 인체공학을 논하면서 이 용어와 처음 만나게 된다. 사무실 의자 조정, 책상 높이, 컴퓨터 화면의 위치 등이 그와 관련된 것들이다. 하지만 인체공학의 원칙은 스크린에서 일어나는 것들과 그 주위 환경에도 그대로 적용된다.

헨리 드레이퍼스: 산업디자인에 인체공학을 도입하다

미국의 산업디자이너인 헨리 드레이퍼스(Henry Dreyfuss)는 직접 인체공학을 발명하지는 않았지만 이 주제를 학문 밖으로 끄집어내어 디자인의 세계에 도입했다. 그의 자전적 작품인『사용자를 위한 디자인(Designing for People, Simon & Schuster, 1955)』은 디자인 산업의 고전으로 남아 있다.

* 온라인 디자인이 오프라인 인체공학과 만났을 때: 전자 탑승권을 출력하면 나는 이것을 접어서 재킷 주머니 속에 넣는다. 브리티시에어의 탑승권은 윗부분 가장자리에 바코드를 표시해두는데, 보안 검색대와 게이트에서 스캔하기 쉽게 하기 위해서다. 한편, 스칸디나비아항공의 탑승권은 오른쪽 측면에 세로로 길게 바코드를 표시해 사용자가 탑승권을 펼쳐야만 스캔할 수 있으며, 접히는 부분의 바코드가 닳아 없어지는 경우도 허다하다. 일부 항공사들은 페이지 하단에 바코드를 두는데, 이는 더 멍청한 짓이다.

* 냉장고 타이머에 달린 자석은 본체를 제대로 지탱할 만큼 강력하지 않다. 이것은 기능적인 문제인가, 아니면 인체공학적인 문제인가? 내가 보기엔 두 가지 문제에 모두 해당한다. (뭔가를 억지로, 거꾸로 읽어야 한다면 그것은 분명 인체공학과 관련된 일이지 않겠는가?) 자석은 너무나도 단순하고 분명한 기능을 가진 것이라서 타이머의 디자이너들이 이것을 금속 표면에서 시험해보는 것을 잊어버렸던 모양이다.

드레이퍼스가 디자인업계에 남긴 주된 공헌은 조(Joe)와 조세핀(Josephine)이라는 캐릭터였는데, 이들은 20세기 중반 북미에 거주하는 일반적인 남녀의 신체 사이즈를 측정해 나타낸 가상의 인체모델이었다. 지난 60여 년 동안 디자인 철학에는 많은 변화가 있었지만, 놀라울 정도로 많은 수의 물리적 제품들이 여전히 드레이퍼스의 인체 측정학적 데이터를 기반으로 디자인되고 있다.

다음은 인체공학의 12가지 기본 원칙이다:

1. 중립 자세로 작업하도록 하라.

2. 과도한 힘을 줄여라.

3. 모든 것을 쉽게 닿을 수 있는 곳에 두어라.

4. 적절한 높이에서 작업하라.

5. 과도한 움직임을 줄여라.

6. 피로도와 하중을 최소화하라.

7. 문제가 생길 수 있는 곳을 최소화하라.

8. 여유 공간을 제공하라.

9. 움직이게 하고, 운동을 시키고, 신축성이 있게 하라.

10. 편안한 환경을 유지하라.

11. 명료성과 이해도를 향상시켜라.

12. 작업 구조를 개선하라.

이 원칙들은 사용성에 관한 측면에서 매우 중요한 의미가 있다. 이 원칙들은 물리적인 세계에서의 행동과 효과를 기반으로 하지만, 스크린상의 디자인에도 큰 영향을 미친다. 예를 들면, 커서는 사용자의 전자 손가락 역할을 한다. 실제 손가락과 마찬가지로, 커서를 이용해 확실히 할 수 있는 행동과 확실히 할 수 없는 행동이 있다. 이제 터치스크린의 출현으로 우리의 손가락은 종종 커서의 기능을 하게 되었다. 그러다 보면 온라인/오프라인의 인체공학을 동시에 해결하려고 애쓰는 우리 자신의 모습을 갑자기 발견하곤 한다.

당신이 물리적인 것을 디자인하는 사람이라면 이미 이러한 원칙들에 익숙할 테니 산업디자인에 대한 상세한 논의는 하지 않겠다. 그러나 인터랙티브 미디어 관련 작업을 하고 있다면 인체공학이 스크린상의 경험을 평가하고 개선하는 것과 어떻게 관련이 되는지에 대한 내 생각 일부를 공유하면 좋을 것 같다.

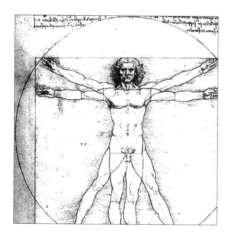

* 레오나르도 다빈치가
그 콘셉트를 분명히 보여주었다.

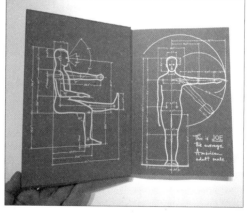

* ...여기에 헨리는 치수를 포함시켰다(헨리 드레이퍼스가 집필한 1955년도 고전, 『사용자를 위한 디자인(Designing for People)』 1판의 마지막 페이지 사진).

* 사진 왼쪽의 휴대용 물병은 유명한 덴마크의 건축가 에릭 마그누센(Erik Magnussen, 주로 주전자와 식기 등 생활용품을 미니멀하게 디자인했던 덴마크의 유명한 산업디자이너-역자 주)이 디자인한 것이다. 그는 병이 주머니 속에서 잡힐 수 있게끔 해주는 뾰족한 부분과 돌출된 부분을 없앴다. 아! 그 결과 뚜껑은 손에 잡히질 않고, 병은 테이블에 세울 수 없게 되었다. 이런. 오른쪽 물병은 저렴하지만 인체공학적인 관점에서 볼 때는 훨씬 더 낫다.

* 허리케인 때문에 정전이 되었을 때, 테이블 중앙에 손전등을 놓아두면 주변광을 낼 수 있지만, 그것은 오직 그 손전등이 평평한 바닥면을 가지고 있을 때만 가능하다. 이 기능은 허리케인 프랜시스, 아이반, 카트리나, 리타 그리고 윌마가 상륙했을 때 플로리다에 있는 가족들에게 도움이 되었다.

버튼: 대체로 클수록 좋다

주변에 인간-컴퓨터 상호작용(Human-Computer Interaction, HCI)을 전공하는 학생들이 있다면 당신에게 피츠의 법칙을 알려줄 수 있을 것이다:

$$MT = a + b \log_2[2A/W + c]$$

다소 복잡한 이 수학 공식은 대상 영역으로 빠르게 이동하는 데 필요한 시간이 대상까지의 거리와 대상의 크기에 대한 함수라고 예측한다. (MT=운동 시간, a, b=실험 상수, A=운동 거리, W=목표물의 폭이다. 목표물의 크기가 작고 움직이는 거리가 증가할수록 운동 시간(MT)은 증가한다는 것을 의미하는데, 속도가 증가할수록 정확성은 떨어짐-역자 주) 상당히 직관적이지 않은가?

사실 복잡하게 생각할 것도 없다-큰 버튼이 작은 버튼보다 찾기도 쉽고 클릭하기에도 빠르다.

이것은 스크린상에서 인체공학을 이야기할 때 중요한 개념이다. 이는 내가 방금 나열했던 두 가지 원칙과 관련이 있다: "모든 것을 쉽게 닿을 수 있는 곳에 두어라." 그리고 "명료함과 이해도를 향상시켜라."

실제로, 클릭할 수 있는 링크는 크기가 클수록 더 누르기 쉽다. 사용성의 현재 문제 중 하나는 내장형 하이퍼링크에 관한 것이다. 일반적으로 큰 스크린에서는 링크를 사용하는 것이 별 문제가 되지 않는다. 하지만 작은 터치스크린 기기에서 큰 손가락을 사용해 링크를 눌러야 한다면? 만약 아직 시도해본 적이 없다면 애플 스토어에 가서 아이패드로 시도해보도록 하라. 태블릿에서 웹사이트 서핑 중 작은 링크 값을 클릭하는 건 쉽지 않은 일이다. 스마트폰에서는 더 말할 것도 없다.

오늘날 우리는 인터랙티브한 스마트 TV의 등장을 지켜보고 있다. 스마트 TV에서는 인터넷에 접속해서 원하는 동영상을 바로 스트리밍할 수 있어서 전통적인 방송물에 대한 의존도가 감소한다.

지금은 스크린에서 커서를 움직이는 것을 도와주는 조작 장치에 대한 표준이 없다. PC와 같은 트랙 패드, 전통적인 화살표 키 그리고 적외선 포인터 정도가 있을 뿐이다. 스마트폰이나 태블릿과 같은 일부 기기들을 연결하고, 그것들을 조작 기기로 사용할 수도 있다. 그렇다고 해도 방의 다른 편에 위치한 스크린에 있는 조그만 버튼을 누르는 것은 분명 어려운 것이 사실이다. 내 경험에서 나온 법칙(또는 최우선 순위)은 이렇다: 만약 당신이 스마트폰에서 무언가를 누르는 것이 쉽지 않다면, 스마트 TV에서도 같은 웹사이트나 앱을 찾는 것이 어려울 것이다. 아무리 큰 TV라도 종종 시청자 전체 시야에서 아주 작은 부분만을 차지하고 손에 들고 있는 스마트폰보다 작은 부분을 차지하는 경우가 많다는 점을 고려하길 바란다.

내가 챕터 2에서 언급했듯이 반응형 디자인은 미래형 인터랙티브 제품의 개발에 있어서 정말 큰 역할을 하고 있다. 이 점을 명심하도록 하라. 그리고 당신이 개인적으로 반응형 디자인을 싫어하거나 대안적 인터페이스를 사용할 수는 있겠지만, 다른 사람들도 당신과 같은 생각을 가진다는 보장은 없다는 것도 기억하라.

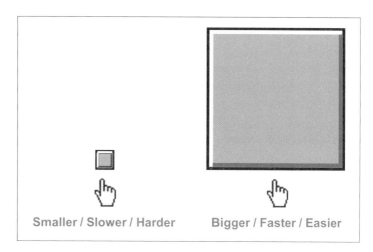

Smaller / Slower / Harder Bigger / Faster / Easier

* 큰 물체는 작은 물체보다 포착이 쉽고 접근도 더 빠르다. 만약 군대의 미사일 시스템을 디자인한다고 하면 이것은 중요한 개념일 수 있다. 마찬가지로 인터랙티브 미디어와 관련된 작업을 하는 사람들에게도 중요하다. 버튼은 클수록 더 좋다.

* 아이팟 셔플의 최신 버전은 크기가 너무나도 작아서 옷에 끼우려고 할 때면 반드시 콘트롤 버튼을 누르게 된다. 이 제품보다 더 초기의 기다란 형태의 버전은 이 점을 고려했다. 그때 얻었던 인체공학적 교훈은 이내 잊혔다.

요약하자면, 제품의 버튼은 크게 만들어서 모든 플랫폼에서 접근하기 쉽도록 하라.

1000분의 1초 계산

요즘은 수많은 웹사이트 운영자들이 '모든 것을 쉽게 접근할 수 있도록' 하는 것은 방문자들이 다른 페이지를 클릭하지 않고도 사이트 내에서 상세한 정보를 찾을 수 있도록 탐색 메뉴를 넣어두는 것을 의미한다고 생각한다. 결과적으로 사용자들은 메인 메뉴의 측면에서 보조 메뉴가 펼쳐지게 하는 드롭 다운 방식의 메뉴를 많이 볼 수 있게 되었다.

자, 단도직입적으로 말해보겠다. 이 기능은 유용할 수는 있지만 유용함과 사용 가능함은 별개의 문제다. 만약 사용자들이 이런 기능을 손가락이나 TV 리모컨을 사용해 탐색해본다면 그들은 곧 디자이너를 욕하게 될 것이다. 그리고 심지어 마우스를 이용할 때에도 사용자가 클릭하고자 하는 단어나 구절을 잡아내기는 어려울 수도 있다. 그렇지만 사용성을 극적으로 개선시킬 수 있는 아주 기본적인 것들이 몇 가지 있기는 하다.

클릭할 수 있는 영역을 링크에 있는 단어들보다 더 크게 만들도록 하라. 사용자들은 이러한 활성 영역이 너무 작은 것을 원하지 않는다.

사용자들에게 커서를 조작하는 시간을 충분히 제공하라. 나는 기술적인 측면으로 파고드는 것을 싫어하지만, 타이밍 문제는 무척 중요하기에 현재 최고의 사례 중 일부를 아래에 공유하도록 하겠다.

▶ 메뉴가 펼쳐지기 전에 커서가 0.5초 정도 링크 위에서 머물 수 있게 하라. 이것은 내가 인터플로라(Interflora) 사이트에서 겪었던 '블루밍 플라워'의 문제를 피할 수 있게 해 준다(이 챕터 끝의 '전선으로부터의 이야기'를 보라).

▶ 애니메이션화된 메뉴가 활성화되고 나면, 메뉴는 최대한 빨리 화면에 나타나야만 한다. 가능하다면 0.1초도 안 되는 시간 내에 말이다.

▶ 방문자가 메뉴로부터 커서를 이동시키면 메뉴를 접기 전에 0.5초 정도 기다리도록 하라. 그렇게 하면 사람들이 커서를 잘못 움직이더라도 메뉴 활성 영역에 커서를 반드시 두어야 할 필요가 없다.

▶ 그렇지만 메뉴가 사라질 때도 나타날 때만큼 빨리 없어져야 한다.

기능성의 관점에서, 엄청나게 빠른 당신의 컴퓨터가 아닌 느린 기기에서도 이러한 동작들의 타이밍을 반드시 확인하도록 하라. 일반적으로 초고속 인터넷뿐 아니라 전화선과 모뎀을 통한 접속으로도 전체적인 서버 반응 시간을 확인해야 한다. 특히 시골 지역에서 얼마나 많은 사람들이 초고속 인터넷에 접속하지 못하는지 안다면 놀랄 것이다. 그리고 만약 당신의 업무 환경이 국제적이라면 북미, 유럽 그리고 태평양 연안의 몇몇 국가를 제외하면 초고속 인터넷에 전혀 접속하지 못한 채 느린 다이얼 접속과 모바일 접속만 가능한 지역이 여전히 많다는 사실을 기억하라.

* 하단으로 펼쳐지면서 옆으로 튀어나오는 메뉴가 다시 접혀 들어가는 것을 지연시킴으로써, 방문자들은 굳이 다른 메뉴 항목을 펼치거나 그들이 클릭하고 싶은 것을 놓치지 않으면서도 커서를 대각선으로 바로 이동시킬 수 있을 것이다.

과학자들을 끌어들여라

학계에서는 스크린에서의 인체공학 영역에 관한 많은 연구가 진행되고 있다. 그리고 그렇게 해서 발견된 일부 연구 결과들은 문자 그대로 눈을 번쩍 뜨게 할 만큼 놀라운 것이다. 아이트래킹(eye-tracking, 사용자들이 웹사이트를 볼 때 무엇을 보는지 시선을 추적해 기록하는 것)에 관한 새로운 연구는 사람들이 같은 화면에서도 매우 다른 방식으로 글을 읽는다는 사실을 증명해준다. 페이지 첫머리에서 시작해 차례로 쭉 전체를 읽어나가는 대신, 사람들은 자신의 관심을 끄는 단어를 먼저 찾아본다. 그리고는 더 큰 인지적 계기를 찾으면서 대충 글을 읽어나간다. 그런 다음에야 대부분의 사람들은 상세하게 글을 읽기 시작한다.

분명 당신은 이 책을 처음 펼치자마자 페이지를 빠르게 넘기다가 시선을 끄는 몇몇 그림 옆에 있는 글을 읽었을 것이다. 그다음, 어쩌면 같은 페이지나 옆 페이지의 문단을 보았을 것이라고 장담한다. 이건 내가 독심술을 부린 것이 아니라 일반적으로 사람들이 보이는 흔한 패턴이다.

강조점 다음의 첫 단어

스크린에서 인체공학과 관련된 가장 중요한 연구 결과 중 하나는 긴 링크들의 리스트를 어떻게 잘 구성하는가에 관한 것이다. 사용성 전문가 제이콥 닐슨(Jakob Nielsen)은 'F 패턴'에 대해 이야기한다. 기본적으로 사람들은 대충 리스트를 훑어볼 때 강조점(bullet symbol, 네모꼴이나 다이아몬드 꼴 또는 원을 앞에 붙여 중요 항목임을 표시한 것-역자 주) 다음에 나오는 첫 단어를 본다. 종종 이 첫 단어는 사람들이 링크 전체를 읽도록 유도한다.

그 결과는 아이트래킹 맵을 보면 알 수 있다. '히트맵(heat map, 방문자의 마우스 클릭을 열의 분포도로 표현해준다. 클릭이 많이 일어나는 곳을 붉은색으로, 클릭이 적게 일어나는 곳은 푸른색으로 표시되며, 주로 웹사이트의 로그 분석에 활용된다.-역자 주)'이라고도 불리는 아이트래킹 맵은 사람들이 많이 응시하는 영역을 붉게 나타내는데, F자 모양처럼 보이는 패턴이 나타나는 것을 보게 될 것이다. 사용자들은 첫 단어를 훑어보고, 몇 개의 링크들을 대강 지나치고, 실제로는 두어 개 정도만 상세하게 읽는다. 다음의 예시를 살펴보자.

이 두 가지 유형의 리스트 중 어떤 것이 더 훑어보기 쉬운가?

첫 번째 리스트:
▶ 중앙아프리카의 소구역 사무실
▶ 동아프리카의 소구역 사무실
▶ 서아프리카의 소구역 사무실
▶ 북아프리카의 소구역 사무실
▶ 남아프리카의 소구역 사무실
▶ 연안 지역의 소구역 사무실

두 번째 리스트:
▶ 중앙아프리카 – 소구역 사무실
▶ 동아프리카 – 소구역 사무실
▶ 서아프리카 – 소구역 사무실
▶ 북아프리카 – 소구역 사무실
▶ 남아프리카 – 소구역 사무실
▶ 연안 지역 – 소구역 사무실

첫 번째 리스트는 스위스 제네바에 있는 국제 노동 기구(ILO)의 오래된 웹사이트에 있던 것이다. 다행히 이 사이트는 2010년도에 대대적인 리뉴얼을 단행했다.

이 사례를 보고 알 수 있는 것은 리스트를 준비할 때 – 특히나 링크들의 리스트라면 – 가장 중요한 단어가 끝이 아니라 시작되는 지점에 바로 나오도록 해야 한다는 것이다. 이것은 검색 결과의 리스트에서 특정 웹 페이지의 이름을 알려주는, 컴퓨터로 해독할 수 있는 메타 타이틀(meta-title, 메타데이터에서 파생된 말. 메타데이터는 데이터의 속성을 설명해주는 정보로, 일정한 규칙에 따라 콘텐츠의 속성을 담고 있는 데이터를 의미한다.-역자 주)에도 적용된다. 그렇기에 가장 중요한 단어로 시작하지 않는 리스트, 메뉴, 혹은 링크는 그것이 무엇이든 비판적으로 보아라. 그리고 당신의 회사 이름이 아마도 리스트에서 가장 중요한 정보는 아니라는 것을 명심하라.

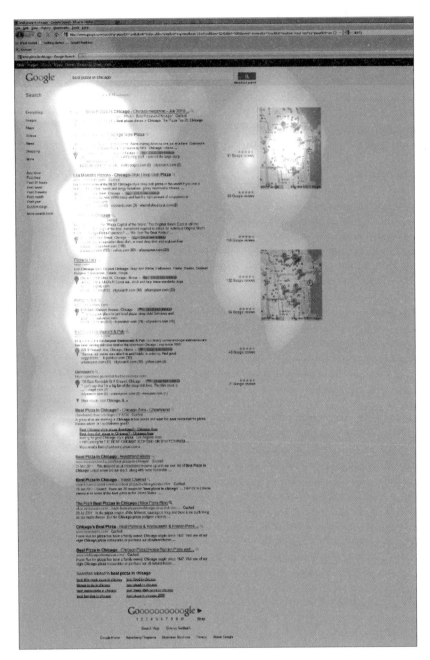

* 이 히트맵은 링크 페이지를 두 눈이 어떻게 스캔하는지를 명확히 보여준다. 리스트 나 헤드라인을 만들 때는 가장 중요한 단어가 앞에 오도록 하라. [사진 제공: Dr. Peter J. Meyers와 SEOmoz]

* 이것은 국제노동기구 (ILO)의 지역 사무소 리스트의 원래 모습으로, 대충 훑어보는 것도 정말 어려웠다.

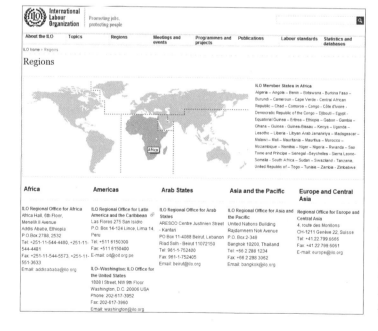

* 다시 디자인된 ILO의 사이트는 더 깔끔한 디자인과 더 인체공학적인 탐색 기능 덕분에 지역 사무소를 찾기가 훨씬 쉬워졌다.

탭 키와 다른 키보드 단축키들

개인용 컴퓨터 시대의 초창기에 빌 게이츠는 대단한 운영체제를 고안해 냈다. 그는 이것을 디스크 운영 체제(Disk Operating System)라고 불렀다. 우리는 이것을 도스(DOS)라고 부른다. 이것으로 빌은 억만장자가 되었고, 마이크로소프트는 소프트웨어 산업에서 세계적 선도 기업이 되었다.

이 모든 것은 애플이 그래픽 사용자 인터페이스(GUI)로 사람들을 매료시키고, 화면에서 마우스를 사용하기 전의 일이라는 점을 알아두기 바란다. 대신에 도스 사용자들은 한 메뉴를 선택하고 다음으로 이동하거나, 한 서식 영역에서 그다음으로 이동하기 위해 탭 키를 눌렀다. 그리고 이 방식은 이후에도 계속되었다.

마우스의 출현에도 불구하고, 수많은 사용자들이 무언가를 할 때 키보드에서 손을 떼지 않는다. 호텔 룸을 예약하면서 한 영역에서 다음 영역으로 이동할 때 탭 키를 누르고, 작업하고 있던 문서를 저장하려고 키보드 단축키를 사용한다. 다음 예를 보자.

우리 회사의 회계 담당자는 오래된 DOS 회계 프로그램이 새 컴퓨터에서는 도저히 작동하지 않아 마지못해 이 프로그램을 포기해야만 했다. 그녀의 작업 루틴은 오른손을 사용해 숫자 키패드로 숫자를 입력하고, 왼손으로는 알맞은 입력 영역으로 탭 키를 누르는 것이었다. 이렇게 하면 확실히 과도한 움직임을 줄일 수 있었다(이 챕터가 시작되는 부분에서 언급했던 인체공학의 원칙들을 기억해 보자). 이것은 또한 편안한 작업 환경을 유지하며, 피로함을 최소화하고, 모든 것이 쉽게 닿을 수 있는 데 있도록 해주었다.

우리는 몇 가지 새로운 장부 관리 프로그램을 평가했다. 그중 우리가 선택했던 것은 마우스의 움직임에 대한 적절한 키보드 기반의 대안을 유일하게 제공했던 프로그램이었다. 갑자기 사용성의 인체공학이 비즈니스 사례에 작용하게 되었다. 그렇기 때문에 수백 가지 유사한 항목들(예를 들자면 영수증)에 대한 데이터를 입력하는 것처럼 반복적인 업무가 포함되는 애플리케이션이 있다면, 그것이 우리가 집중해야 하는 매우 중요한 주제가 될 수 있을 것이다.

키보드 단축키는 단순한 편의성 그 이상의 도움을 준다. 예를 들면 반복사용 긴장성 손상 증후군(Repetitive Strain Injury, RSI) – 손목터널증후군이라고도 알려져 있다 – 은 키보드 단축키를 사용하는 것으로도 개선될 수 있다. 마우스를 지속적으로 사용하는 것은 잠재적으로 해로울 수 있을 뿐만 아니라, 만일 누군가 이미 심각한 부상을 입고 있다면, 키보드 단축키는 음성 인식 도구를 채택하는 것을 훨씬 쉽게 만들어 키보드나 마우스를 전혀 만질 필요가 없게 한다.

만약 탭 키를 이용하는 것과 온라인상의 키보드 단축키에 대한 아이디어를 실험해보고 싶다면, 항공사나 호텔 사이트에 방문해 예약을 해보도록 해라(아니, 당신이 실제로 무언가를 사야 할 필요는 없다 – 단지 예약 엔진을 시험해 보는 것이다). 일부 사이트들은 당신에게 여행 날짜를 입력하게 하고, 어떤 사이트들은 달력에서 날짜를 클릭하게 한다. 두 가지 선택지가 모두 있는 것이 이상적이다.

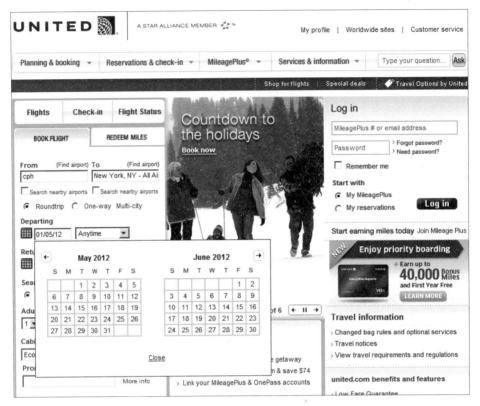

* 유나이티드 항공의 웹사이트는 한 입력 영역에서 다음의 영역으로 탭 해서 넘어가기 쉽게 만들어졌다. 날짜 입력 전까지는 말이다. 아, 이 부분에서는 마우스 없이 어떤 것도 불가능하다. 하지만 이는 유나이티드 항공사만의 문제가 아니다. 대부분의 항공사 및 호텔 사이트들이 그렇다.

여유 공간을 제공하라

인체공학의 기본 원칙에서 여유 공간을 제공하는 것은 두 대의 쇼핑 카트가 슈퍼마켓의 좁은 통로에서 부딪히지 않고 서로 지나칠 수 있게 하라는 것을 의미한다. 혹은 키 큰 사람들이 문틀에 머리를 부딪치지 않도록 하는 것을 의미하기도 한다. 또 버튼을 누르기 편하도록 크게 디자인하는 것도 해당되는데...음...이것에 대해서는 이미 이야기했다.

오늘날 온라인에서는 많은 사이트들이 추가적인 탐색 옵션, 특수 정보, 혹은 추가적인 기능에 대한 액세스를 제공하는 조그만 애니메이션 박스 및 위젯을 포함하고 있다. 이들 중 어떤 것들은 페이지 가장자리에 떠 있지만, 마우스를 올리면 팝업창으로 나타나는 경우가 많다. 문제는 이것들이 가끔 사라지지 않아서 다른 정보를 부분적으로 보기 어렵게 만든다는 것이다.

만약 당신이 과도하게 열정적인 디자인팀 및 개발팀과 함께 일하고 있다면 때때로 레이아웃에 멋진 도구를 도입하느라 인체공학적 기본사항들을 잊어버리기 쉽다. 자, 이제 알 것이다. 그러니 제품에 좋기는커녕 해를 끼치지는 않도록 주의하라!

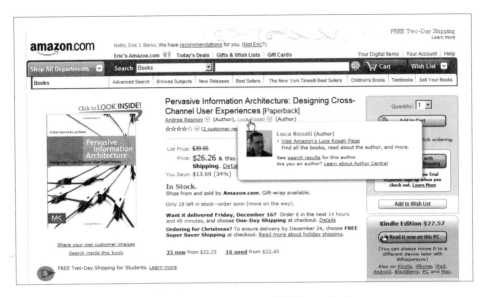

* 아마존은 사진에서처럼 유용한 팝업들을 많이 가지고 있다. 이것들은 나름 잘 작동하고 적절한 때에 다시 사라진다. 특히 이 경우 팝업창이 쇼핑 카트 버튼을 일부만 가려서 좋다.

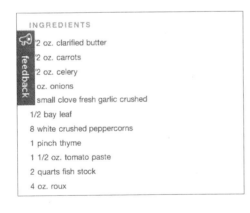

* 아이패드 버전의 Tastebook.com 사이트. 왼쪽에 짜증나는 플로팅 위젯 때문에 레시피에 필요한 계량 데이터를 사실상 볼 수가 없다.

'다시 처음부터'

당신이 서식에 신중하게 입력한 정보를 웹사이트가 폐기해버린 적이 있는가? 아마 한 번 이상은 겪어봤던 일일 것이다. 이런 경우는 대개 서식을 제출했는데 컴퓨터나 웹사이트가 어떤 문제를 탐지했을 때 발생한다. 만약 서식이 친절하다면 오류가 어디서 발생했는지 알려주고, 기꺼이 받아들일 수 있는 정보들은 모두 저장할 것이다.

그러나 대부분의 서식이 그렇듯이 친절하지 않은 서식이라면 뒤로 가기 버튼을 누르고 돌아가서 오류를 수정하라고 할 것이다. 그래서 뒤로 가기 버튼을 누르면, 이전에 입력했던 정보들은 모두 지워져 처음부터 다시 입력해야 할 것이다. 얼마나 끔찍한가!

이것은 시간 낭비일 뿐만 아니라 의욕을 잃게 만든다. 만약 당신의 사이트에 이런 문제가 있다면 당장 고쳐라. 서식(그리고 관련된 비즈니스 규칙)이 잘못 디자인된 탓에 똑같은 정보를 계속 입력하게 하는 것만큼 고객들을 쉽게 짜증나게 만드는 것도 없다.

업무 구조를 향상시켜라

현실 세계에서 인체공학적 작업 구조 개선의 원칙은 합리적인 작업 흐름이 있음을 확인하는 것을 의미한다. 그 흐름이란, 프린터 옆에 프린터 용지를 두는 것, 제품이 조립라인에 따라 이동하는 것처럼 작업 프로세스가 시작되면 방해받지 않고 진행되는 것을 말한다.

그러나 온라인 세계에서는 수많은 사이트와 앱이 아직 이 원칙을 받아들이지 못하고 있는 것 같다. 늘 그렇듯, 범인은 서식이다. 문제는 이럴 때 생긴다. 당신이 여러 페이지의 서식을 작성하기 시작해서 세 번째 페이지의 절반 정도를 완료했는데 당장 제공할 수 없는 정보가 있다. 게다가 필수 기입 정보다! 이런 경우, 사용자가 작업한 내용을 저장할 수 있도록 해서 시간이 좀 지난 후에도 다시 제출할 수 있게 하는 것이 합리적인 선택이다. 레시피의 맨 윗부분에 필요한 모든 재료를 나열해두듯이 사람들이 이 과정을 시작하기 전에 무엇이 필요하게 될지 알고 있는 것이 이상적이다.

어떻게 하면 안 되는지에 대한 대표적인 사례를 들어 보겠다.

미국 국세청을 통과하는 방법

미국 국세청(Internal Revenue Service, IRS)은 당신이 만약 국외로 물품을 운송하려고 할 경우, 직원확인번호(Employee Identification Number, EIN)를 요구한다. 어머니가 돌아가셨을 때 나는 플로리다 마이애미에 있는 어머니의 집을 정리하고 책, 가구 그리고 개인적인 문서들을 코펜하겐에 있는 집으로 옮겨야 했다. 그래서 나는 직원확인번호(EIN)가 필요했다. 아, 이런...

온라인에서 경험한 미국 국세청(IRS)은 내가 15분 안에 서식을 작성을 완료하지 못하면 시간초과로 작성하던 서식을 저장하지 못하고 끝날 것이라는 심각한 경고로 시작된다. 불행히도 내가 무엇을 준비하고 있어야 할지에 대한 설명이 없었으므로 미리 대비하는 것이 어려웠다. 나는 안전책을 강구하면서 그 부동산에 대해 알고 있던 모든 정보를 모아야겠다고 생각했다. 그리고 조심스럽게 온라인으로 신청하기를 클릭했다.

놀랍게도, 나는 그 서식을 일요일에 덴마크에서는 이용할 수가 없었다! 디지털 '온라인 도우미'가 정확히 미국(동부 시간)의 영업시간에만 업무를 했기 때문이었다. 마침내 시스템에 접속해서 몇 개의 페이지를 통과했다. 하지만 그 서식은 그 부동산이 생긴 날짜와 자금을 얻은 날짜, 공증 날짜를 요구하며 더이상 진행이 불가능하게 만들었다. 하...

아무튼 나는 시간 초과로 처음부터 다시 시도했고, 또 다른 문제에 부딪혀 다시 시간 초과가 되었으며, 세 번째 시도에도 시간 초과가 되자 결국 이 일을 인내심이 있고, 유능하며, 비싼 변호사에게 맡겼다. 결국 법률 수수료로 몇백 달러를 내고 나서야 이 일은 모두 해결되었다. 나쁜 서식. 나쁜 인체공학. 나쁜 서비스. 나쁜 경험. 사용성에 관한 책에 들어갈 사례 중 이보다 좋은 사례는 없다.

추신 – 실제로 나는 서식에서 필요로 하는 정보가 무엇인지 확인해보기 위해서 다음 페이지로 넘어가려고 말도 안 되는 것을 입력하는 편법을 써보려고도 했다. 그러나 그건 불가능했다. 사이트는 말이 되는 진짜 정보만 허용했고 그래서 내가 필요로 하는 '레시피의 모든 재료'를 알아낼 수 없었다. 나는 이것이 작업 구조와 직접적인 관련이 있는 분명한 인체공학적 실패라고 생각한다.

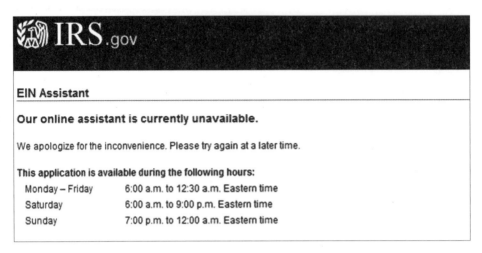

* 놀랍게도, 미국 국세청(IRS)의 온라인 서식에는 운영시간이 있다. 이들이 크리스마스와 신년에도 쉬는지 궁금하다...

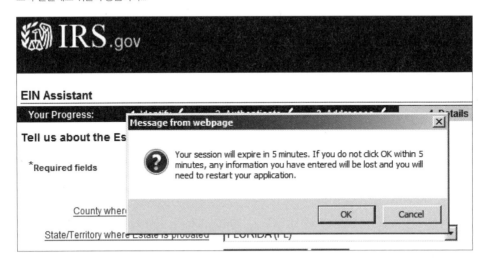

* 내가 아무리 열심히 시도해도 IRS 사이트는 당장 제공할 수 없는 정보를 여러 차례 계속해서 요청했다. 결과적으로 시간이 초과되어 맨 처음부터 다시 시작하는 일을 반복해야만 했다.

'침묵의 안내자'

이 멋진 개념을 맨 처음 떠올린 건축가가 누군지는 모르겠지만, 나는 그것을 오래전 뉴욕의 라디오 시티 뮤직홀(Radio City Music Hall, 맨해튼 록펠러센터 내에 있는 세계 최대의 극장-역자 주) 투어를 하면서 알게 되었다. 홀의 몇몇 계단 아래에는 공연이 끝난 후 한꺼번에 내려오는 관중을 여러 갈래로 분산시키는 큰 기둥들이 있었다. 이 기둥들 중 대다수는 실제로 지붕을 받쳐주는 것이 아니라 관중들을 통제하기 위한 수동적인 장치였다.

온라인에서도 우리는 유사한 문제들과 마주한다. 잠재적으로 '계단을 내려와' 웹사이트 방문자들을 만날 수 있는 정보가 아주 많은 것 같다. 만약 불필요하거나 원치 않은 정보를 초기에 없앨 수 있다면, 관련성 있는 정보들이 남아 있게 될 확률이 높을 것이다. 또한 주의를 산만하게 하는 요소와 링크가 줄어들 것이므로 더욱 눈에 잘 들어올 것이다.

내가 지금 이것을 언급하는 이유는 침묵의 안내자 개념이 웹사이트, 앱 그리고 산업용 인터페이스에도 확실히 적용될 수 있다고 생각하기 때문이다. 또한 당신이 이 점을 생각하기 시작해서 당신의 제품이 훨씬 더 쉽게 사용되도록 도울 수 있는지 생각해보기를 바란다.

* 뉴욕의 라디오 시티 뮤직홀에 있는 '침묵의 안내자'는 계단 아래로 몰려든 군중들을 흩어지도록 만든다. 온라인에서 우리는 또한 방문자들이 너무 많은 우회로 없이 최종 목적지까지 도달하게 할 수 있게 하는 명확히 가시적인 장치를 제공하고 싶다. [사진 제공: Matthew Fetchko]

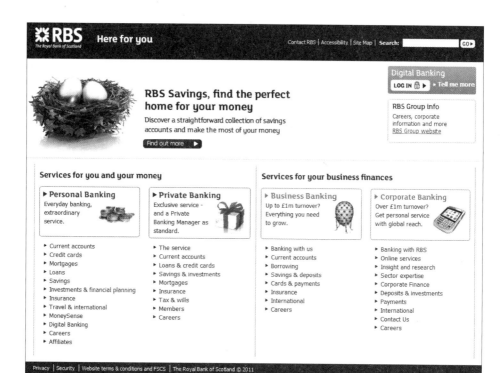

* 스코틀랜드왕립은행의 웹사이트는 방문자들의 용무를 개인과 기업으로 나누어주
는 '침묵의 안내자'를 눈에 잘 띄게 제공한다. 나아가 '침묵의 안내자'가 구분한 세부영
역은 방문자들이 방해를 덜 받으면서 필요한 업무가 있는 구역으로 찾아갈 수 있게
해준다.

스크린에 핀 꽃들

몇 년 전, 나는 깜짝 선물로 아내의 직장에 꽃을 보내기로 했다. 빠른 검색으로 덴마크의 인터플로라라는 사이트를 찾아 접속했는데, 거기에는 귀엽게 움직이는 드롭다운 메뉴가 있었다. 메인 메뉴 하나가 펼쳐지면(클릭했을 때가 아닌), 동시에 작은 꽃들이 만개했다. 약간 진부하긴 했지만 사랑스러운 효과였다.

주문 과정은 아주 쉬웠다. 신용카드 정보를 입력하고 모든 것이 순조롭게 진행되는 것 같았는데...

성공적으로 주문을 접수한 후, 주문 내용을 출력하고 싶냐는 질문을 받았다. 개인적으로 보관하고 싶다면 주문 번호와 세부 사항이 들어간 페이지를 출력해야 하기 때문에 그렇게 했다.

당시에 내가 쓰던 버전의 인터넷 익스플로러에는 브라우저 창 윗부분의 '명령' 툴바 왼쪽에 출력 아이콘이 있었다. 하지만, 커서는 정 반대쪽인 오른쪽 아래 '아래쪽으로 스크롤' 아이콘 옆에 있었다. 큰일이었다.

페이지를 출력하려고 커서를 한쪽에서 다른 쪽으로 움직이는 것이 뭐가 그리 어렵냐고? 생각보다 더 어렵다! 페이지 출력에는 다음과 같은 문제가 있었다.

내가 인터플로라 페이지의 위쪽으로 커서를 움직일 때마다 꽃이 활짝 피면서 드롭다운 메뉴가 나타났다. 이것은 내가 다른 메뉴에 커서를 대거나 브라우저 툴바를 제외한 다른 것을 클릭하기 전에는 없어지지 않았다. 그래서 내가 출력하려고 했던 페이지의 중요한 정보들이 메뉴들에 가려지게 되었다.

이 문제는 커서를 스크린 가장자리를 따라 잠입하듯 이동해 프린터 아이콘을 클릭해서 해결했다. 나는 이 우스꽝스러운 문제와 그 해결방법이 너무 재밌어서 이 과정을 짧은 디지털 영상으로 만들기도 했다. 나는 이 동영상을 전 세계에서 진행되는 내 강의에 사용하고 있는데, 언제나 반응이 좋다.

그리고 분명히 말하지만, 아내는 내가 보낸 실제 꽃을 받고 감동했다.

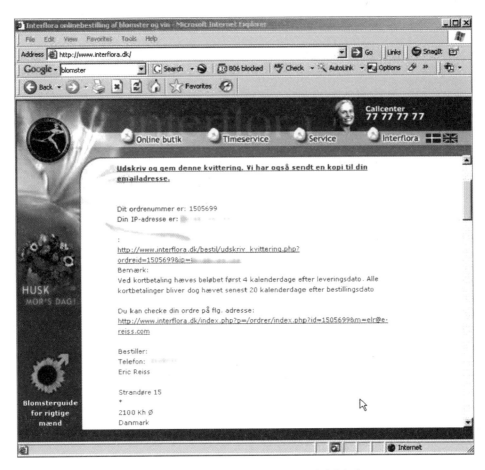

* 출력을 대기 중인 인터플로라의 주문 페이지. 나는 이제 커서를 오른쪽 아래에서 왼쪽 위 프린터 아이콘으로 옮기기만 하면 된다....

* ....그러나 내가 상단 메뉴에 커서를 가져가기만 하면, 중요한 주문 정보의 상당 부분을 가리는 메뉴가 펼쳐지며 꽃이 활짝 피었다. 이 사이트는 대략 2006년경부터 몇 년 동안 운영되었다가 새롭게 디자인되면서 시각적인 장치는 사라지고 지금은 완벽하게 작동하고 있다.

❓ 나쁜 인체공학으로 인한 아픔과 고통을 피할 수 있게 도와주는 10가지 질문들

❶ 마우스로 클릭하기 쉬울 만큼 버튼의 크기는 적당히 큰가?

❷ 만약 손가락으로 터치스크린의 버튼을 눌러야 한다면 버튼의 크기는 충분한가?

❸ 드롭다운 메뉴는 커서로 잡아내기 쉬운가? 검토할만한 타이밍 문제가 있는가?

❹ 당신은 마우스를 대체할 수 있는 키보드 단축키를 제공하고 있는가?

❺ 사용자들이 서식을 작성할 때 탭 키를 이용해서 다음으로 건너뛸 수 있는가?

❻ 동시에 사용되어야 하는 요소들이 또한 동시에 보이는가?

❼ 화면에 서로 방해되는 요소들이 있지는 않은가?

❽ 사람들이 무엇을 해야 하는지 알려주는 '침묵의 안내자'에 해당하는 것을 제공할 수 있는가?

❾ 시각적 장치들이 당신의 제품을 사용하기 어렵게 만들고 있지는 않은가?

❿ 사용자가 작업을 더 쉽게 하도록 변경하거나 방지할 수 있는 비논리적 작업 순서 또는 작업 흐름의 방해물이 있는가?

📖 당신이 좋아할 만한 다른 책들

만약 당신이 디자인에 진지하게 관심이 있다면 여기 읽어 볼만한 몇 권의 뛰어난 책들이 있다.

* Designing for People, Henry Dreyfuss, Simon and Schuster, 1955 [한국어판: 사용자를 위한 디자인, 헨리 드레이퍼스, 유엑스리뷰, 2020]
* Human Factors and Web Development, Julie Ratner, CRC Press, 2002
* Handbook of Human Factors and Ergonomics, Gavriel Salvendy, Wiley, 2006

🔍 구글에 검색해볼 것들

* 인체측정학 (Anthropometrics)
* 죠와 조세핀 ("Joe and Josephine")
* 헨리 드레이퍼스 (Henry Dreyfuss)
* 인적요소(인간공학) (Human Factors)
* 아이트래킹 (Eyetracking)
* 히트맵 (Heat maps)

CHAPTER 4

편의성

편의성은 성가신 표현 중 하나다. 사전을 보면, 두 가지 의미가 있다:

1. 사람들이 이용하기 쉽고 편한 특징
2. 가까이에 있음

여기까지는 좋다. 문제는 '편의성'은 언제나 보는 사람의 입장에 따라 달라진다는 데서 발생한다.

사용성에 있어서 디자이너, 프로그래머, 사이트 운영자, 서비스 제공자 그리고 기타 등등의 사람들을 위한 편의성은 문제의 제품 사용자를 위한 편의성과는 절대적으로 다른 것이다. 예를 하나 들겠다.

2년 전에, 나는 한 사무실에서 진행된 미팅에 참석했다. 이런 미팅을 하기에는 꽤 큰 사무실이었다. 미팅이 열리는 방으로 가기 위해서는 양옆으로 다른 사무실문이 늘어선 긴 복도를 지나가야 했다. 이 중 어떤 문을 열고 들어가더라도 바로 왼쪽 벽에 화이트보드가 있는 것을 보게 될 것이었다. 그 반대편으로 창문이 있었고 창문 주변에 책상들이 있었다.

깔끔하게 정돈된(그리고 상당히 균일한) 이 사무실의 배치를 이상하게 만든 것은 전선, 전화기 그리고 컴퓨터 케이블 콘센트의 위치였다. 콘센트는 책상 옆 창틀 아래쪽에 있지 않고 모든 문틀의 상단에 설치되어 있었다.

나는 이 콘센트의 위치가 너무 우습고 기가 막혀 사진을 찍었는데, 그 사진을 여기 공유하겠다. 어떻게 이런 어리석은 배치가 가능했는지 묻자 내가 들었던 답은 이것이었다. "전기 작업자들한테는 이게 가장 쉽거든요." 전기 작업자의 편의성은 충족시켰으나 사용자의 관점에서는 비상식적인 일이었다.

그렇다면 당신의 디자인팀이 제품 편의성에 취한 관점은 무엇이었나? 그 관점은 프로젝트 소유주의 것인가, 아니면 진짜 사용자의 것인가? 이것은 사용성과 유용성 두 가지 모두에 관해 제품을 평가할 때 스스로 되물을 필요가 있는 정말로 핵심적인 질문 중 하나다.

* 덴마크에 있는 이 사무실은 전기, 네트워크, 전화선 콘센트를 편리하게 모두 한 자리에 설치해두었다. 그러나 불편하게도 화이트보드의 위쪽에 있다! '편의성'은 관점의 문제다. 당신은 제품을 개발하는 사람인가, 사용하는 사람인가?

불편함을 긍정적인 방향으로
돌리려는 꼼수

때때로, '편의성'은 사용자들로 하여금 마치 형편없는 사용성이 실제로 작동하는 것처럼 느끼게 한다. 예를 들어, 누가 내게 '당신의 편의를 위해...'라고 말한다면 그건 이제 내가 어떤 불편한 상황을 경험할 것이라는 의미다. 여기 두 개의 짧은 이야기가 있다.

첫 번째는 백화점 남성복 매장에서 생긴 일이다. 나는 입어보고 싶었던 슬랙스 몇 벌을 발견해서 입어보려고 피팅룸을 찾았다. 마침내 한 군데를 발견했을 때 그곳은 잠겨 있었다. 문 앞에는 이렇게 쓰여 있었다.: "고객의 편의를 위해 피팅룸은 이 층의 반대편에 있습니다." 정말 편의성을 제공하고 싶었다면, 아마 모든 피팅룸 문을 다 열어두었을 것이다.

두 번째 사례는 오리건주 포틀랜드에서 가장 큰 체인 호텔에서 생긴 일이다. 나는 얼음 통을 손에 쥔 채, 다용도실을 찾을 때까지 여러 개의 긴 복도를 헤매고 있었다. 그러다가 발견한 놀라운 메시지, "투숙객의 편의를 위해, 제빙기는 이 층의 위층과 아래층에 있습니다." 미안하지만 이 메시지는 나를 얼어붙게 만들었다(물론 내 음료는 미지근해졌고). 사실 그 호텔은 그들의 제빙기 중 절반을 없애버렸다는 것을 말하고 있는 것이었다.

"당신의 편의를 위해?" 텍사스에는 이런 말이 있다. "내 부츠에 오줌 싸놓고 비 온다고 거짓말하지 마."

실연한 사람들을 위한 저자의 조언

주제를 잠시 벗어난 이야기 같겠지만, 우리는 누군가를 그의 성격적 특성 때문에 좋아한다고 (현명하게) 말하지만 사실 그의 성격적 특성에도 불구하고 사랑하는 게 맞을 것이다.

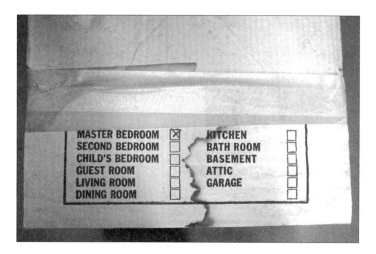

* 이삿짐 상자의 측면에 있는 간단하고 실용적인 체크리스트. 사용성의 좋은 예다.

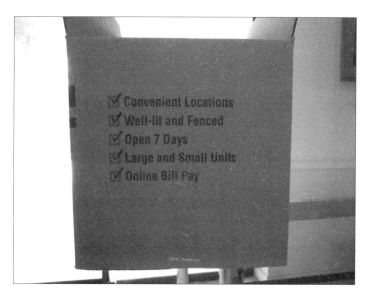

* 이 이삿짐 상자의 디자이너는 유용한 체크리스트 대신 쓸데없는 광고에 공간 낭비를 하고 있다. 사용성의 나쁜 예다. 생각해 봐라. 이건 골판지 상자일 뿐이다.

편의성이 보는 사람의 생각에 달려있다고는 해도 우리가 무언가를 사랑할 때는 -웹사이트, 앱 그리고 움직이지 않는 대상들을 포함해- 너그러워지는 경향이 있다. 예를 들어, 나는 형편없는 인체공학성과 이상한 기능성이 특징적인 별난 영국 자동차들을 너무 사랑해서, 좀 더 평범한 독일 차나 일본 차를 사라고 말하는 내 마음을 꾹꾹 눌러버린다.

사용성의 관점에서, 당신의 고객, 클라이언트, 방문자들이 당신의 회사, 제품, 서비스에 애정이 없다고 가정하고, 적어도 당신을 좋아할 이유를 줘라. 단지 별나다는 이유로 사람들이 당신을 사랑할 것이라는 기대는 애당초 접어라. 바라는 효과를 원한다면 반드시 정확한 이유를 찾아라!

* 사우나 밖에 있는 이 받침대는 당신이 안경을 둘 수 있는 편리한 공간을 제공한다.
누군가가 분명 이 문제를 생각하다가 아주 간단하면서도 사람들이 좋아하는 이
해결책을 떠올렸을 것이다.

멀티모드 경험들

1950년대부터 멀티모드 입력과 출력은 컴퓨터 과학자들 사이에서 인기 있는 관용구가 되었다. 이것이 무슨 말이냐면, 컴퓨터의 멀티모드 입력은 키보드, 마우스 그리고 음성을 포함한다. 멀티모드 출력에는 클릭 소리, 진동 그리고 시각적 신호가 포함될 수 있다.

멀티모드 경험(내가 쓰는 관용구인 것 같다)은 작업을 한창 진행하고 있는 도중에 인터페이스를 바꾸라는 요청이 있을 때 일어난다. 이는 다음 세 가지 뚜렷한 범주로 나뉜다:

▶ **동일한 인터페이스**(동일한 앱, 웹사이트, 또는 물리적 공간 내에 있는 모든 것) 안에서 하나의 루틴을 다른 것으로 변경하는 것
▶ **서로 연관된 인터페이스들**(모든 종류의 온라인 또는 오프라인에 있는 것들) 안에서 하나의 루틴을 다른 것으로 변경하는 것
▶ **서로 연관이 없는 인터페이스들**(온라인에서 오프라인으로, 혹은 그 반대) 안에서 하나의 루틴을 다른 것으로 변경하는 것

이쯤 되면 아마도 잘 이해가 가지 않을 수 있으니 좀 더 상세히 설명하겠다.

동일한 인터페이스 안에서 하나의 루틴을 다른 것으로 변경하는 것은 내가 같은 브라우저의 윈도우, 같은 가게의 코너, 아니면 현실이나 사이버스페이스 어디에서나 내가 있을 수 있는 동일한 범위에서 머무를 수 있음을 의미한다. 예를 들

어 유제품과 채소를 한 곳의 슈퍼마켓에서 구입하는 것과 같다.

서로 연관된 인터페이스들 안에서 하나의 루틴을 다른 것으로 변경하는 것은 컴퓨터 스크린에서 스마트폰으로 이동하는 것이나, 쇼핑몰 내의 한 매장에서 다른 곳으로 이동하는 것을 의미한다. 예를 들어, 이 가게에서는 신발을 사고 다른 가게에서 양말을 사는 것과 같다.

서로 연관이 없는 인터페이스들 안에서 하나의 루틴을 다른 것으로 변경하는 것은 당신의 PC 화면에서 인쇄물로 이동하는 것을 의미한다. 예를 들어, 컴퓨터에서 운전 경로를 찾아서 그것을 종이에 인쇄해서 들고 다니는 것을 말한다.

이 세 가지의 상황 모두는 당신이 그것들을 어떻게 다루는지에 따라 아주 좋거나 아주 나쁜 경험이 될 수 있다.

루틴 변경하기

웹사이트에서 불편함을 느끼게 되는 전형적인 사례는 반드시 별도로 작성해야 하는 두 개의 상호의존적인 서식이 있을 때다. 첫 번째 챕터에서 다루었던 영화 티켓 예매와 관련한 이야기가 이에 해당한다고 볼 수 있다.

오프라인 세상에서는 이런 상황이 어떤 건지 너무도 잘 알 것이다. 긴 줄 뒤에서 오래 기다린 끝에 잘못된 줄이라는 것을 안내받은 경험이라든지, 큰 회사에 전화를 걸면 계속 다른 사람을 연결해주는 것 역시 그런 사례다. 실제로 당신을 도울 수 있는 사람과 통화하기까지 같은 이야기를 얼마나 많이 해야 하는지 생각해보라.

사용자들이 막힘없이 일련의 과정을 완료하고, 각 과정이 정해진 목표에 다가가는 것이 가장 바람직하다. 이것은 이 챕터의 끝부분에서 다시 언급할 중요한 개념이다. 처음부터 계속 다시 해야만 한다면 걷잡을 수 없이 짜증스럽고 포기하고 싶게 만들 것이다.

이제 내가 방금 언급했던 여러 가지 문제를 담고 있는 이야기 하나를 해주겠다.

나는 왜 은행에 전화하는 것을 싫어하는가

나는 한때 플로리다에 은행 계좌를 가지고 있었다. '한때 있었다.'라는 표현이 중요하다. 다음의 대화록을 한번 보자. 말 그대로를 옮기지는 못했지만 실제와 상당히 가까운 내용이다.

어느 날 나는 내 계좌에 대해 물어볼 것이 있어서 입출금 내역서에 있는 전화번호를 찾아 전화를 걸었다.

"어쩌고저쩌고하기 위해서는 1번을 누르세요. (바보 같은) 광고를 듣기 위해서는 2번을 누르세요. 아무것도 모르겠다면 3번을 누르세요. 더 많은 선택 사항을 듣기 위해서는 4번을 누르세요. 이 안내를 스페인어로 듣기를 원한다면 5번을 누르세요. 아니면 수화기를 들고 기다려 주시면 상담원을 곧 연결해드리겠습니다." [이 은행의 '곧'은 아주 긴 시간이다.]

"안녕하세요. 모든 상담원이 상담 중입니다. 잠시만 기다려 주시기 바랍니다. 고객님의 소중한 전화에 곧 응답하겠습니다." [그러나 대기시간을 줄이기 위해 상담원을 늘릴 만큼 소중하진 않지.]

"더 신속한 서비스 제공을 위해, 고객님의 계좌번호를 누른 다음 샵 버튼을 눌러주십시오." [오케이. 어차피 더 신속히 할 수 있는 것도 없으니까.]

"웹사이트 www.crappybank.com에 접속하시면 보다 편리한 서비스를 제공받으실 수 있습니다." [이봐, 난 여기 전화를 한 거야. 난 누군가와 통화를 하고 싶다고. 날 다른 인터페이스로 보낼 생각 마.]

"서비스 품질 관리를 위해 통화 내용은 녹음될 수 있습니다. 통화가 끝난 후 설문 조사에 참여하시겠습니까?" [아니, 그냥 빨리 시작하자.]

"기다려 주셔서 감사합니다. 곧 상담원을 연결하겠습니다." [또 15분을 기다린다.]

"고객님께서는 애틀랜타에 본사가 있는 크래피(Crappy, 형편없는) 은행이 여러분의 편의를 위해 1,658개의 지점을 보유하고 있다는 것을 알고 계셨습니까?"
[그리고 전화 업무를 담당하는 사람은 딱 1명뿐이라는 것도 분명하다. 15분을 더 기다린다.]

"안녕하세요, 상담원 그렉입니다. 무엇을 도와드릴까요?" [드디어 진짜 사람과 통화가 연결된 걸 확인하고 나는 내 문제를 설명했다.]

"좋습니다. 고객님, 계좌번호를 말씀해주시겠습니까?" [저...이미 내가 입력했던 게 보이지 않는 건지?]

"음...네...음...저희는 보안상 계좌번호가 필요합니다..." [내가 계좌번호를 입력한 걸 정말 모르는 건가? 상담 연결을 기다리는 동안 외계인한테라도 납치되어 지금 다른 사람이 전화를 받고 있다고 생각하는 건가?]

"사회보장번호를 알려 주시겠습니까? 그리고 어머님의 결혼하기 전 성(姓)은 무엇인가요? 또 신발 사이즈는 어떻게 되나요?" [왠지 그렉은 박봉의 업무를 하고 있는 것 같다.]

"자, 이제 어떻게 도와드릴까요?" [나는 다시 설명한다]

"죄송합니다. 여기서부터는 제가 담당하는 일이 아닙니다. 월요일에 다시 전화하셔서 재무상담 PB와 상담하십시오." 딸깍. [어이쿠, 나에게 재무상담 PB가 있었나? 나는 그 사실을 몰랐다. 그래서 그 사람 이름이 뭔데요? 직통 번호는? 이봐요, 그렉? 혹시 아나요...? 여보세요? 듣고 있나요? [독한 술을 한잔하고 계좌를

해지할 계획을 세워야겠다.]

나에게 가장 편리한 채널을 통해 일을 처리하려고 노력했음에도 불구하고, 이 은행은 나를 완전히 당황스럽게 했다. 사실, 전화로 한 시간이나 통화를 하고 난 뒤에도 이전보다 더 나은 해결책을 찾지 못했다. 그렇게 상호 작용을 하면서 나는 다음과 같은 요청을 받았다.

▶ 인터페이스 전환(전화에서 웹사이트로)

▶ 다른 라인에서 대기(월요일에 다시 전화하기)

▶ 내 요구보다는 사이트 소유자의 요구 해결(서비스 설문에 참여하기)

그리고 나는

▶ 사기를 당했다("당신의 전화는 우리에게 매우 중요합니다.").

▶ 부적절하고 짜증 나는 내용(온라인 서비스에 대한 정보)을 제시받았다.

▶ 속았다("보안상 당신의 전화번호가 다시 필요합니다.").

또 내가 그 상황을 어느 정도 조정할 수 있다는(메뉴 고르기, 계좌번호 입력하기) 인위적인 느낌도 받았다. 하지만 사실은 아무것도 조정할 수 없었고 유용한 도움도 받지 못했다. "24/7 핫라인 지원의 편리성"이란 말이 전혀 와닿지 않았다. 편리함은 항상 사용자의 마음에 있다는 사실을 기억하라. 당신에게는 편리한 것이 당신의 고객들에게 끔찍할 수 있다.

인터페이스 전환하기

'원 스탑 쇼핑' 개념은 아주 좋고 편리한 아이디어라고 할 수 있다. 하지만 온라인상의 보안이라는 명목으로, 훨씬 더 능률적일 수 있는 운영이 이상한 보안 조치로 방해를 받고 있다. 인터페이스 전환(업무 지원 콜센터에서 웹사이트로)을 제안했던 은행과는 반대로, 지금은 수많은 전자상거래 사이트가 우리의 의사와는 관계없이 무조건 인터페이스 전환을 강요한다. 다음은 실패한 상호작용에 대한 또 다른 이야기다.

이곳 덴마크에서 나는 해외 사용이 가능한 신용카드를 몇 장 가지고 있다. 그중 한 카드가 온라인에서 사용할 때 특히 짜증 나게 했다. 그 카드를 사용할 때면 쇼핑사이트에 데이터를 입력하다가 갑자기 다양한 보안 관련 질문이 있는 페이지로 전환이 되는 것이었다. 그 과정을 거쳐야 원래 사이트로 돌아갈 수 있었다. 한번은 타임아웃이 되어 그조차도 불가능했다. 그래서 나는 이 카드를 다시는 쓰지 않는다. 이는 분명 그 신용카드 회사의 영업에 그리 좋은 일은 아닐 것이다.

많은 사람이 이 이야기를 듣고 "카드회사가 고객 보호 차원에서 그러는 건데 그런 걸 이해 못 해주나."라고 할 수도 있다는 것을 안다. 맞는 말이다. 그러나 이런 보안 대비책에도 불구하고 내가 가진 신용카드 중 실제로 해킹이란 걸 당한 건 이 카드가 지금까지 유일하다.

실제 혹은 가상의 보안 문제는 이 이야기의 일부에 불과하다. 사용자들은 사이트 운영자의 변덕스러운 마음을 충족시키기 위한 추가적인 데이터 제공 요청을 '너무 자주' 받는다.

실제로 유럽연합에서는 사용자에게 필수적이지 않은 정보를 요청하는 것은 불법이다. 심지어 사용자의 성별을 요청하는 것조차도 사용자가 자발적으로 제공할 때를 제외하고 마케터들이 요청하는 것은 제한되어 있다. 미국의 기업들은 이로부터 뭔가 배울 것이 있을 것이다: 웹사이트가 더 많은 정보(필수 영역)를 요구할수록 익명성은 사라지며, 조금이라도 입력을 덜 하는 것이 곧 더 나은 편의성을 의미하기 때문에 요구하는 것이 많을수록 전환율은 떨어진다. 다시 한번 말하는데, 우수한 사용성은 우수한 비즈니스를 뜻한다. 전자상거래에서 스마트폰의 사용이 증가함에 따라, 점점 더 많은 사이트 운영자들은 사용자들이 필요 이상으로 스마트폰을 터치하게 되면 전환율이 뚝 떨어진다는 사실을 발견하고 있다.

요점은 이것이다: 사람들이 작업을 완료할 때까지 방해, 우회, 이탈은 최소한으로 줄여라.

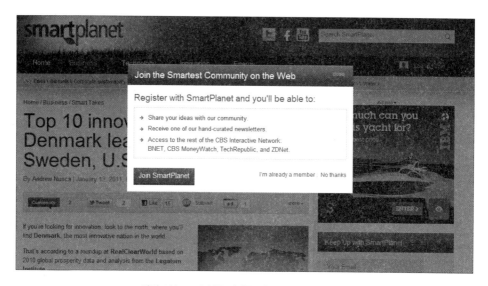

* 이런. 나는 그저 신문 기사를 읽고 싶을 뿐인데 이 사이트는 있는 힘껏 나를 옆길로 새게 만든다. 편리하냐고? 전혀 아니다!

	LOT **17**, SALE 2400, NEW YORK, ROCKEFELLER PLAZA	ESTIMATE
GALILEI, Galileo *Opere* Bologna: HH del Dozza,	$3,000 - $5,000
1656-1655	TRACK LOT PLACE BID

* 좋은 의도에서 스카이프는 갈릴레오가 쓴 이 희귀한 책의 발행일을 전화번호로 바꾸었다! 불편하기 짝이 없다. 특히 이 '유용한 서비스'를 어떻게 끊어야 하는지 모른다면 더 그렇다. 사이트는 권위 있는 경매 전문 회사 크리스티(Christie)의 것이지만 사실 사용자 문제는 스카이프가 겪게 된다.

온라인에서
오프라인으로 전환하기

멀티모드는 온라인에서 오프라인으로 이동할 때 특히 불편을 가중시킨다.

대표적인 예가 웹사이트에 있는 서식을 프린트해서 다시 팩스로 보내라는 요청을 받을 때다. 나는 팩스 없이 산 지 십 년이 넘었다. 실제로 요즘 팩스 기기를 가진 개인이 몇이나 되나? 인쇄된 문서를 스캔해 이를 다시 이메일로 보내는 것은 흔치 않은 옵션이다.

가장 흔한 문제 중 하나는 온라인에 있는 정보가 다른 환경에서 사용되어야 할 때 일어난다. 예를 들면 나는 운전 경로를 탐색해서 직접 핸드폰으로 보낼 수 있는 사이트를 찾으려 애썼지만 실패했다(그러나 수많은 신차에는 자동으로 핸드폰에서 정보를 받아 차의 내비게이션 시스템에 넣을 수 있는 기능이 있다). 또 다른 사례는 온라인으로 영화 티켓을 예매하는 것인데, 상영 시간 30분 전에 티켓을 발권하도록 예매 번호를 적어야만 한다. (그렇다. 멍청한 덴마크의 영화관들은 이런 짓을 한다. 그리고 심지어는 이런 흉측한 서비스에 수수료가 붙기도 한다.)

많은 기업들이 간단한 바코드가 거래의 증거로 충분하다는 사실을 여전히 믿지 못한다. "하지만 바코드를 여러 번 인쇄했다면요? 그게 누구의 것인지 우리가 어떻게 알죠? 도둑맞은 것일 수도 있잖아요. 그럴 수도 있겠죠… 모르겠어요… 새로운 기술이 싫네요." 그렇기에 덴마크의 영화관에서는 바코드를 티켓으로 받아주지 않는다. 바코드는 그저 구매에 대한 증거일 뿐이며 따로 실제 티켓을 발권해야만 한다. 그렇지만 요즘은 비행기에 탑승할 때도 바코드 하나면 충분하다. 어떤 경우가 보안 문제에 더 철저해야 한다고 생각하는가? 뉴욕행 보잉 747에 타는 것? 아니면 해리포터가 호그와트 익스프레스에 타는 것을 보려고 극장에 가는 것?

여기서 얻을 수 있는 메시지: 만약 어떤 것을 동일한 인터페이스 내에서 유지할 수 없다면 최소한 약간의 상식이라도 이용하자.

낯선 상황이 편의성을 부각시킨다

사용성의 관점에서, '편의성' 문제는 고전적인 문제와 밀접한 관련이 있다: 비가 오기 전까지는 우산을 어디에 두고 왔는지 절대 알지 못한다. 그리고 스마트폰 배터리가 거의 다 닳을 때까지는 공공장소에서 콘센트를 찾기가 얼마나 어려운지 절대 깨닫지 못한다. 특히나 여행은 편의성에 집중하게 하며, 그러한 이유로 이 책 여기저기에는 호텔과 공항에 대한 언급이 많이 있다.

우리는 낯선 영역에 들어갈 때, 컴포트 존(편안한 곳, comfort zone)을 찾는 경향이 있다. 그것은 이미 정립된 우리의 개인적인 일상에 맞는 것들이 분명 어떤 편안함을 제공해주기 때문이다. 어떤 것이 그에 부합하면 우리는 그것을 '편리하다'고 생각한다. 내가 이런 말을 했던 걸 기억하는가? 어떤 이유로 누군가를 좋아하고,

그럼에도 불구하고 누군가를 사랑한다는. 그렇다. 우리는 익숙한 루틴을 좋아한다. 그래서 다른 사람을 위해 디자인하는 것은 무엇이든 익숙함을 제공해야 한다. 이에 대해서는 챕터 7에서 더 알아보자.

호텔 룸에 들어가면 나는 침대 옆에 전기 콘센트가 있는지 찾아본다. 스마트폰은 알람 시계 역할을 해줄 뿐이지만, 자는 동안 충전도 하고 싶고 다음 날 아침 폰에서 울리는 알람을 끄려고 낯선 방을 더듬거리고 싶지도 않다. 별로 특별할 것도 없는 이야기 같지만, 이러한 편의성을 제공하지 않는 호텔이 많다는 사실을 알게 된다면 놀랄 것이다. 실제로 내가 2011년도에 묵었던 호텔 30곳 중 침대 옆에 콘센트가 있었던 호텔은 10개도 채 되지 않았다. 아, 물론 모든 호텔 룸에는 디지털 알람 시계가 있었지만 내가 그걸 제대로 설정할 수 있는지 확신이 들지 않았다. 나는 내 휴대폰 알람을 더 선호한다. 이것이 내 컴포트 존이다.

디자이너이자 디자인 평가자로서 우리는 개인적인 컴포트 존 바깥으로 나가야 한다. 사용성에 대해 논할 때 다른 사람들의 도움을 요청함으로써 그렇게 할 수 있다. 디자이너들은 자신의 니즈를 먼저 다루는 경향이 있지만 그렇게 하다가는 다른 사람들의 니즈를 놓칠 수도 있다.[1] 평가자로서, 우리는 대안적 사용 패턴을 찾아내야만 한다.

---

[1] 디자이너들에게는 미안하지만 이것은 사실이다. 그리고 이것 때문에 일부 디자이너는 우수하다는 소리를 듣는다. 만약 당신이 완전히 중립적이라면 디자인 패턴 및 최고의 사례들만을 기반으로 하는 프로그램을 만들어 컴퓨터가 당신의 작업을 하게 할 수도 있을 것이다. 디자이너들은 이런 점에 신경을 쓸 필요가 있다. 하지만 신경을 쓰는 것이 또 편견을 낳기도 한다.

적절한 사례: 아이팟은 지난 25년간 나온 가장 성공적인 전자기기 중 하나다. 그리고 '셔플' 기능은 플레이리스트를 사용하기 귀찮아하는 사람에겐 너무나도 훌륭한 기능이다. 그러나 아이팟은 팝 뮤직을 타깃으로 나온 것이지 몇 개의 악장으로 구성된 클래식 음악을 타깃으로 한 것이 아니다. 설상가상으로, 아이튠즈는 클래식 음악에는 '가수' 같은 타이틀이 없으며 작곡가, 오케스트라, 독주자 및 지휘자와 같이 더 구체적인 정보가 필요하다는 것을 몰랐던 것 같다.

* 코펜하겐의 고급호텔 로비에서 조금 떨어진 화장실에 있는 이 불에 탄 자국이 있는 벽은 호텔이 화재경보기나 재떨이 중 하나를 설치해야 한다는 것을 보여준다.

페르소나와 다른 유용한 도구들

'디자이너의 자부심' 문제를 피할 수 있도록 많은 디자인 팀에서 사용자 페르소나를 만들고 있다. 페르소나는 전형적 특징(스테레오타입이 아니다)을 대표하는 허구의 캐릭터를 의미한다. 무슨 말인지 알아보자.

마케팅의 타깃 그룹에 대한 스테레오타입은 매우 일반적이다. 예를 들면 '크게 힘들이지 않고 체중을 조절하고 싶은 비만의 중년 남성'과 같이 말이다. 반면에 전형적 특징은 구체적이다. 예를 들면 "잭은 약간 비만이 있는 48세의 비즈니스 분석가로, 시카고 외곽에 있는 그의 집에서 차로 10분 이내의 거리에 있는 피트니스 센터를 찾고 있다." 편의성을(그리고 다른 문제들까지) 고려할 때, 전형적 특징은 언제나 훨씬 더 유용하다. 여기 그 이유를 제시한다.

실제 인물을 대상으로 그들에 대한 것을 조사해서 알아낸 다음 4개에서 8개의 페르소나를 만든다. 그리고 당신의 제품을 이용하는 동안 이들이 성취하길 원하는 작업을 기반으로 하는 시나리오를 작성할 수 있다(자는 동안 휴대폰을 충전하는 것과 같은). 스테레오타입을 기반으로 시나리오를 작성하는 것은 훨씬 어렵다. 게다가 좋은 페르소나는 디자인 팀이 다음과 같은 것에 집중하는 것을 도와준다: "메리는 이 기능을 사용하고 싶을까?" 만약 메리가 관심이 없다면 다른 페르소나 중 하나가 관심을 가지도록 해야 한다. 그렇지 않다면 당신은 문제를 해결하기보다는 상황을 더 악화시키는 결과를 초래할 수도 있다. 도입부에 있는 앨런 쿠퍼의 말을 기억하라. "당신이 '누군가가 이것을 원할 수도 있다'는 말을 들었을 때가 정말 나쁜 디자인 결정을 듣게 되는 순간이다." 이 말은 마음에 새겨 둘 가치가 있다. 아무튼 페르소나 개념을 만든 사람이 바로 앨런이다.

여기 잠깐 주의사항이 있다: 새로운 작업에 매번 새로운 페르소나가 필요한 것은 아니다. 내 경험에 의하면, 8명 이상의 페르소나는 너무 구체적이라서 전형적인 특징이 덜 유용해질 것이다. 그러나 일단 훌륭한 페르소나 집합을 구성해둔다면, 특정 작업을 완료하고자 할 때 무슨 일이 일어날지 작성해보는 짧은 시나리오나 관련된 작업의 범위를 묘사하는 고객 여정 지도(customer journey map)와 같은 다른 도구들을 개발하는 데 활용하기도 좋을 것이다.

맥락은 왕국이다

몇 년 동안 전문가들[1]은 "콘텐츠가 왕이다."라는 말을 해오고 있다. 이 말은 절대적으로 진리다. 괜찮은 콘텐츠가 없다면 당신이 가진 제품이 무엇이든 그것들은 쓸모없는 것들이다. 훌륭하게 이용 가능한 웹사이트라 해도 페이지마다 질 낮은 내용으로 도배가 되어있다면 시장 점유율을 움직이지는 못할 것이다. 아무리 근사한 호텔이라도 돌처럼 딱딱한 침대를 쓴다면 투숙객이 다시는 찾지 않을 것이다. 음식점이라면 고급스러운 식기보다는 음식의 맛이 성공을 보장하는 열쇠가 될 것이다.

---

[1] 디자이너들, 작가들, 블로거들, 전문가들, 컨설턴트들, 강사들 그리고 시카고에 있는 내 친구 린다.

* 영국 브라이튼에 있는 이 호텔은 친절하게도 헤어드라이기를 비치해 두었다. 하지만 가장 가까운 콘센트는 룸에서 딱 하나뿐인 거울의 맞은편 벽에 있었다(화장실에도 플러그가 없었다). 콘텐츠(거울과 헤어드라이기)는 괜찮았다. 하지만 맥락이 정말 별로였다.

하지만 개별적인 것들이 결합해 더욱 큰 가치를 만드는 방식인 맥락으로 한 단계 더 나아가보자.

호텔 룸의 콘센트처럼, 맥락은 물리적 세계와 가상 세계 모두에서 실제 디자인의 가치가 존재하는 것을 의미한다. 만약 콘텐츠가 왕이라면 맥락은 왕국임이 틀림없다.

오늘날 보편적으로 볼 수 있는 웹사이트 스타일은 페이지 상단에 메인 메뉴, 하단에는 검색 옵션들, 가운데 넓은 공간에는 콘텐츠 그리고 오른쪽 열에는 관련 콘텐츠의 리스트(맥락적 링크)를 두는 것이다. 이러한 스타일은 화면이 작은 기기에는 잘 적용되지 않지만, 관련 콘텐츠를 강조하는 콘셉트는 엄청나게 중요하고 실질적인 가치를 제공한다. 많은 디자이너들이 이 레이아웃을 클라이언트에게 '판매'하고 있지만, 불행히도 이 중요한 기능을 활용하는 웹사이트 소유자는 별로 없다. 그 결과 웹사이트의 오른쪽에는 말도 안 되는 것들만 가득하다. 공간은 빈 채로 남아 있는 법이 없다!

더 최악인 것은, 명백하게 관련 있는 물건들, 가령 진공청소기와 여기에 사용되는 먼지봉투가 한 웹페이지에서 보이지 않는다는 것이다. 이것은 미친 짓이다. 만약 사용성 문제를 조사하고 있다면, 함께 묶어서 나타내야 하는 콘텐츠를 주의 깊게 살펴라. 온라인과 관련된 것들을 작업할 때 특히 그렇게 해야 한다. 서둘러서 웹사이트를 출시하려고 하는 과정에서 이런 문제들은 미루어지고 마침내 완전히 잊히기도 한다. 이처럼 맥락이 있는 그룹을 만드는 일은 당신이 무엇을 창조

* 이 바는 위스키, 베르무트, 리큐어(진, 보드카 등) 그리고 코냑을 각각 편리하게 묶어서 분류해 두었다. 그뿐만 아니라, 블러디 메리를 만들 때 필요한 재료는 카운터 왼쪽 아랫단에 모두 모아 두었다. 이런 분류를 '정보 구조(IA, Information Architecture)'라고 부르는 사람도 있다. 나는 그에 따른 결과를 '유용하다'고 부른다.

* 서비스 마인드가 훌륭한 독일 베를린 아들론 호텔의 리모컨. 침대 옆 서랍을 열면 보이는 이 조작 장치로 방 안의 모든 조명을 켜고 끌 수 있으며, 문밖에 "방해하지 마시오"라는 표시를 해주는 사인과 야간 조명까지도 모두 버튼 하나로 해결할 수 있게 한다.

해내든 간에 편의성을 위해서 필수적으로 해야 한다.

사람들이 필요로 하는 모든 것을
사용할 수 있게 해라

잠시 후 "딱 한 번만 클릭하라."라는 것에 대해 논의하도록 하겠다. 지금은 사용자들이 이해할 수 있는 방식으로 그룹화하기 위해 당신이 할 수 있는 모든 것을 할 것을 제안한다. 이것은 내가 이 챕터 시작부에 보여준 편의성의 사전적 정의에서 두 번째에 해당한다: '가까이에 있음'

만약 당신이 차를 수리한다면, 필요한 모든 도구와 부품을 가까이에 둘 것이다. 식사를 준비한다면 아마도 요리를 시작하기 전에 모든 필요한 모든 재료를 사서 준비할 것이다. 그리고 아마존에서 뭔가를 검색하려 한다면 아마도 브라우저 창을 수십 개쯤 열어서 필요한 모든 링크를 모을 것이다.

음....아니다. 마지막 예시처럼은 하지 않을 것 같다. 당신은 아마존이 이 모든 일-사용 가능한 링크들을 찾고 모으는 힘든 작업-을 해주길 기대할 것이다. 만약 일반적인 아마존 페이지를 본다면, 모든 링크와 결제를 위해 필요한 다른 정보가 한 곳에 모여 있으며, 제품 정보는 또 한 곳에 정리되어 있고, 관련 링크는 또 다른 곳에 있음을 발견할 것이다. 아마존은 이 모든 것을 당신을 위해 멋지게 조직화해두었다. 심지어 아마존은 다른 색상의 배경을 사용해 연관된 품목들을 그룹화해서 그것이 서로 관련이 있는지 쉽게 알 수 있게 한다.

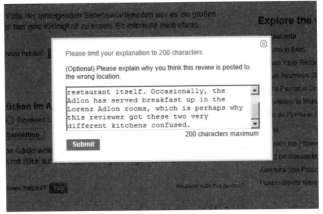

* 만약 트립어드바이저(TripAdvisor, 여행 정보제공 사이트-역자 주)가 내가 메시지를 쓰기 전에 글자 수가 200자로 제한되어 있다는 것을 미리 알려주었다면 메시지 입력이 더 편하지 않았을까. 트위터에서 쓰는 것과 같은 '자동 글자 세기' 기능은 특히나 유용했을 것 같다.

* 아마존의 우측 열은 각각 다른 색깔의 상자에 관련 항목들을 편리하게 분류해 두었다. 이 상자들은 책의 구매, 교환 및 배송과 관련이 있으며, 빠르면서도 편리하다.

14. I am a U.S. citizen and want to take on Danish citizenship — will I lose my U.S. citizenship?

  • Please see our section on Dual Nationality. It is possible that Danish immigration authorities may require you to give up your U.S. citizenship as a condition for granting Danish citizenship. An individual may exercise his/her right to formally renounce U.S. citizenship in accordance with INA Section 349(a)(5). Renunciation of U.S. citizenship, is a very serious and irrevocable exercise and should therefore only be undertaken after serious consideration of the consequences. This can be done at the Embassy by appointment only.

15. How do I obtain a certified copy of my U.S. birth/marriage/divorce certificate?

Please see our section on How to obtain vital records from the U.S. — please note that the Embassy cannot obtain records on your behalf.

* 이것은 덴마크 코펜하겐의 미국 대사관 FAQ 목록으로, 15번 질문에는 유용한 링크가 제공되어 있다. 하지만 이중 국적에 관한 질문을 하는 14번에는 왜 그러한 링크가 없는가? 당신의 웹사이트도 이렇게 일관적이지 않은 면이 있는가?

시사하는 바는? 만약 누군가 당신의 사이트 어딘가에 있는 콘텐츠를 필요로 한다면 그것에 접근하기 쉽게 만들어라.

클릭 세 번으로 끝내기

우리는 종종 이런 말을 하곤 했지만 오늘날에는 더 잘 알고 있다. 모든 것이 꼭 세 번 클릭해야만 할 필요는 없다는 것을. 인터넷의 기억력은 영원하다. 아, 이 말은 모범 사례에 대한 수많은 조언 중 상당수는 슬프게도 시대에 뒤떨어졌는데 여전히 구글에서 찾을 수 있다는 뜻이다.[1]

편의성과 편의성에 대한 아이디어는 밀접한 관련이 있다. 지난 몇 년 동안 세계 각 지역은 광대역 통신이 가능하게 되었다. 그 결과 PC로 웹페이지를 다운로드하는 데는 오랜 시간이 걸리지 않게 되었다. 그리고 4세대 이동통신망과 고속 무선 인터넷은 모바일폰이나 태블릿에서도 콘텐츠를 쉽게 다운로드할 수 있게 한다. 적어도 일부 국가에서는 그렇다.

그래서 이게 무슨 역할을 하는 걸까? 몇 년 전만 하더라도 화면에서 뭐라도 하나를 클릭하면 반응이 오는 데 10초에서 30초가량이 걸렸다. 그래서 보통 사람들

---

[1] 모범 사례(best practice)라는 개념은 톰 피터스(Tom Peters)와 로버트 워터먼(Robert H.Waterman)이 쓴 베스트셀러, 『초우량 기업의 조건(In Search of Excellence, Harper Collins, 1982)』에 의해 대중화되었다. 기본적으로 '모범 사례'는 지속적으로 우수한 결과를 내는 방식이나 기술을 말하며, 따라서 벤치마크로 사용된다.

은 뭔가를 클릭하기 전에 신중하게 생각해야 했다. 하지만 오늘날에는 그 정도의 시간이 필요하지 않다. 그러니 사람들은 원하는 콘텐츠를 찾기 위해 여러 번 클릭하는 것을 마다하지 않는다. 하지만 여기서 중요한 점은 사람들이 클릭할 때마다 그들이 원하는 콘텐츠에 가까이 다가갈 수 있게 해주어야 한다는 것이다. 그렇지 않다면 사람들은 시간 낭비를 하고 있다고 생각할 텐데, 이는 종종 있는 일이다.

오프라인에서도 마찬가지다: 만약 상담이 필요해 고객센터에 전화했는데 처음 상담원에서 다른 부서로 연결되고, 그렇게 연결된 전화가 당신이 상담을 받는 목적에 순조롭게 다가가는 것이라면 기분이 좋을 것이다. 반면, 연결된 전화에 다시 똑같은 이야기를 하고 또 해야 한다면 결국 참다못해 짜증이 날 것이다.

끔찍한 진공청소기 먼지봉투 구입기

효도하는 아들이 되고자 나는 일 년에 몇 번씩 코펜하겐의 내 집을 떠나 마이애미를 방문한다. 연세 많으신 어머니를 도와드리기 위해서다. 몇 년 전에 내가 어머니를 위해 해야 했던 일은 시어스 캔모어^{Sears Kenmore}의 진공청소기에 들어가는 리필용 먼지봉투를 사는 것이었다. 누가 이런 일을 특별히 어려울 것으로 생각하겠는가.

문제의 발단은 청소기에 봉투가 남아 있지 않았다는 것이었다. 어머니는 봉투가 가득 차서 버렸고 난 이 품목의 재고번호를 알 길이 없게 되었다. 심지어 어떻게 생겼는지도 몰랐다. 하지만 청소기 모델 번호가 있었으니까 시어스의 웹사이트에서 알아보면 될 일이었다. 홈페이지에 접속하고 청소기 모델명을 입력하면 봉투의 종류와 가장 가까운 서비스 센터의 주소를 금방 찾을 수 있으리라 확신했다.

청소기 모델은 금방 찾았다. 그런데 리필용 봉투 페이지로 이동하는 링크가 없었다. 제품 제원에 대한 설명은 도움이 되지 않을 만큼 개략적이었고, 그런 상황에 맞는 안내가 없었다. 이런. 카탈로그 마케팅이 어떤 식으로 돌아가는지를 알려주는 회사의 슬픈 현실이다.

게임을 시작해야 했다.

나는 순서를 바꿔 사이트에서 봉투를 먼저 찾아보고, 봉투에서부터 구체적인 모델을 찾기로 결정했다. 봉투를 찾을 수는 있었다. 그런데 봉투에 대한 정보가 고작 '고급형 캔모어 청소기에 적합'하다는 것이었다. 모델 번호도, 링크도 없었다. 어머니의 청소기가 그 '고급형' 모델인지 아닌지 누가 알겠는가?

하지만 멀지 않은 곳에 위치한 서비스 센터의 주소를 확인할 수는 있었다. 그곳은 아침 9시, 당시 상황에서 15분 후에 문을 열었다. 나는 혹시 몰라 청소기의 사진을 찍고 모델의 정보를 적어 차에 탔다. 시어스가 그들이 매우 가치 있게 생각하는 (웹사이트에 그렇게 적혀 있었다) 고객들을 맞이하기 위해 문을 열고 나서 몇 분 지나지 않아 나는 그곳에 도착했다.

거대한 헛간 같은 그 공간에 들어서자, 줄줄이 늘어선 세탁기들 및 다른 가전 제품들이 눈에 들어왔다. 하지만 청소기는 없었다. 나는 도움을 요청했다.

시어스 종업원: "죄송하지만, 여기에서는 청소기 봉투는 판매하지 않습니다. 시어스 직판점으로 가셔야 합니다."
나: "여기가 시어스 직판점이라고 생각했어요...."
시어스 종업원: "아닙니다. 여기는 직판점이 아니라 서비스 센터입니다."
나: "알겠어요. 그럼 가장 가까운 시어스 직판점은 어디죠?"
시어스 종업원: "모르겠어요. 전 이 근처에 살지 않거든요."
나: "주소를 알아봐 주실 수 있나요?"

슬프게도 이 마지막 질문은 너무 늦었다. 참으로 도움이 되었던 그 종업원은 이미 다른 손님을 돕고 있었다. 고맙게도, 나와 같은 고난을 겪었던 다른 고객이 나에게 길 아래로 10마일을 가면 직판점을 찾을 수 있다고 알려주었다. 난 다시 차에 올라탄 뒤 직판점으로 갔다.

시어스 서비스 센터는 9시에 문을 열었지만, 직판점은 10시에 문을 열었다. 그래서 나는 차에 앉아서 기다렸다. 마침내 직판점에 들어선 나는 평생 쓸 수 있을 만큼의 봉투를 샀다. 이러한 복잡한 절차를 다시 겪고 싶지 않았기 때문이다.

그 온라인은 편리한 경험을 제공했는가? 아니다.
오프라인은 편리한 경험을 제공했는가? 아니다.

일 년쯤 후, 시어스는 마침내 인터넷 사이트를 개선했다. 오프라인 서비스도 개선했을까? 나에게는 묻지 마라. 당분간 거기 갈 일은 없으니까.

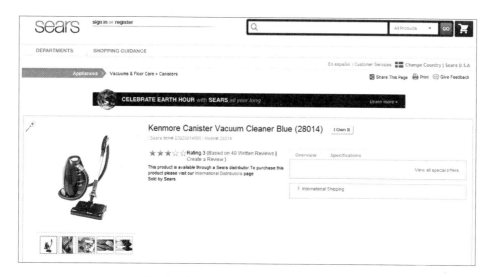

* 청소기를 찾는 데까진 괜찮았다. 그런데 어떤 봉투를 사용하는지에 대한 언급은 일
절 없었다. 제품 제원, 설명, 또는 개요에도 그 내용은 찾을 수 없었다. 연결된 링크조차
없었다.

* "고급형 캔모어 진공청소기에 적합함." 좋아! 하지만 이게 캔모어 모델 #28014에도
적합한 것일까? 이봐, 시어스, 힌트를 좀 줘!

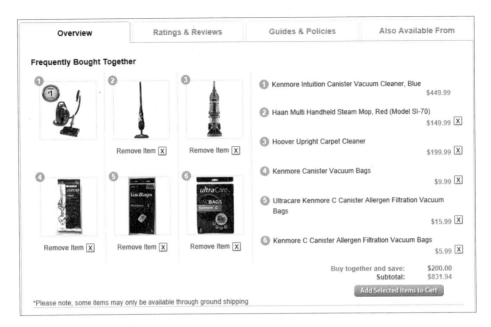

* 2011년 여름 즈음에, 시어스는 마침내 이 문제를 현명하게 바로 잡아서 그 사이트에 필요한 개선사항들을 반영했다. 이제 나는 알맞은 봉투를 쉽게 찾을 수 있게 되었다. 그런데 어떤 이유에서인지, 작은 상자에 관련 아이템들이 미리 체크되어 있다. 시어스는 왜 내가 봉투를 세 가지 종류나 사고, 또 카펫 청소기를 살 것이라고 생각했는지 모르겠다. 하나의 불편함을 개선하자 또 다른 불편함이 생겼고, 이는 결국 수많은 주문 오류로 이어지게 되었다.

❓ 제품을 더 편리하게 만드는 10가지 방법들

❶ 사용자들이 완료하고자 하는 작업을 고려하라. 당신의 제품은 보지 말고 각 작업의 완료에 필요한 세 가지 항목의 리스트를 작성하라. 그런 다음 당신의 제품을 확인하라. 사용자가 필요로 하는 모든 것을 이용할 수 있는가?

❷ 서로 관련된 콘텐츠들을 묶어서 더 찾기 쉽게끔 만들 수 있는가?

❸ 인터랙티브한 페이지나 기기에 있는 영역들을 구분하기 위해 색깔이나 다른 시각적 신호를 사용할 수 있는가?

❹ 만약 멀티모드 경험이 있는 제품이 있다면 각각의 프로세스가 서로 방해하지 않는다는 것을 보장할 수 있는가?

❺ 당신의 제품을 사용하는 다양한 사용자들에 관해 얼마나 많이 알고 있는가? 눈을 감고 사용자 중 한 사람을 떠올려볼 수 있는가? 그럴 수 없다면 사용자들에 대해 더 알도록 해야 한다. 누군가가 떠오른다면 그 사람으로 페르소나를 만들어 봐라. 주변에 알고 있는 사람으로부터 세부 사항을 더해가며 페르소나를 더 입체적으로 만들 수 있다. 이제 1번 질문으로 되돌아가서 이 사람이 어떤 것을 성취하고자 하는지 자신에게 물어라.

❻ 온라인에서 오프라인으로 불필요하게 넘나들어야 하는 일이 있다면 그것을 제거할 수 있는가? 예를 들어, 사용자들에게 출력해서 팩스로 보낼 것을 요청하는 대신, 이메일로 보내라고 할 수 있는가?

❼ 사용자가 당신의 제품을 좋아해야만 하는 이유를 다섯 가지만 적어 봐라. 다섯 가지를 대기가 힘들다면, 몇 가지 이유만이라도 만들어 낼 수 있는가? 이

제 돌아가서 새로운 이유들을 실행할 수 있게 해줄 콘텐츠 또는 맥락에서 빠진 것이 있는지 찾아봐라.

⑧ 당신의 제품은 유용한 내용을 제공하고 있는가? 그렇지 않다면 무엇이 빠져 있는가? 영업시간? 연락처 정보? 상세한 제품 설명? 연관 링크? 그 밖의 무언가? 잘 떠오르지 않는다면 1번 질문을 참고하라.

⑨ "고객님의 편의를 위해~"라고 말하면서 그와 반대로 불편함만 제공하고 있지는 않은가? 만약 그렇다면 그렇게 돌려 말하지 말고 당장 개선하라!

⑩ 사용자들이 동일한 정보를 여러 차례 제공하게 만드는 불편함을 없앨 수 있는가?

📖 당신이 좋아할 만한 다른 책들

아래의 책들은 잡동사니처럼 보이는 것들이지만 내가 정말 좋아하고 독자 여러분이 읽기를 바라는 책들이다. 이 책들은 모두 편의성과 관련된 독특한 통찰력을 제공할 뿐만 아니라 그 이상의 훨씬 많은 무언가를 준다. 꼭 읽어 보기 바란다!

- In Search of Excellence, Tom Peters and Robert H. Waterman, Harper-Collins, 1982.
- WAYMISH: Why Are You Making It So Hard For Me To Give You My Money?, Ray Considine and Ted Cohn, Waymish Publishing, 2000
- Web Design for ROI, Lance Loveday and Sandra Niehaus, New Riders, 2008

- Contextual Design: Defining Customer-Centered Systems, Hugh Beyer and Karen Holtzblatt, Morgan Kaufmann, 1998
- The User Is Always Right: A Practical Guide to Creating and Using Personas for the Web, Steve Mulder with Ziv Yaar, New Riders, 2006

🔍 구글에 검색해볼 것들

- 베스트 프랙티스(다른 기업들이 본받을 만한 모범적 경영 활동-역자 주) (Best practice)
- 맥락적 조사 (Contextual enquiry)
- 페르소나 (Personas)
- 사용자 시나리오 (User scenarios)
- WAYMISH

CHAPTER 5

풀 프루프

누군가 이런 말을 한 적이 있다. "어떻게 해도 풀 프루프(foolproof, 역자 주: 누구나 실수 없이 제품을 사용할 수 있도록 하는 장치)를 만드는 것은 불가능하다. 바보들은 너무나도 독창적이기 때문이다."[1] 맞는 말이기는 하지만, 사용성에 관한 한 당신은 '실패할 염려가 없는' 제품을 만들고자 하는 노력을 멈추면 안 된다. 물론 이것이 좌절감을 주기도 하겠지만.

기본적으로 당신이 해야 할 일은 사람들이 뭔가를 할 때 실수하는 것을 막고, 그들이 올바른 방향으로 가도록 가볍게 안내하는 것이다. 여기서 '가볍게'는 중요한 의미가 있다. 일반적으로 사람들은 무언가를 하도록 지시받는 것을 좋아하지 않기 때문이다. 이는 사람들이 뭔가를 하고 있을 때 절대로 중간에 끼어들어서는 안 된다는 것을 의미한다. 적어도 그들이 당신을 '지나치게 강요'한다거나 '거슬린다'고 생각해서는 안 된다. 반면 당신은 사람들이 너무 큰 문제에 계속 부딪히

---

[1] 누가 이 말을 처음 했는지 아무도 모른다. 에이브러햄 링컨, 마크 트웨인, 마틴 루서 킹-이들 중 한 명일지도.

는 것은 원하지 않는다. 그러므로 당신의 안내는 최대한 섬세하면서도 효과적이어야 한다. 이 개념에 대해서는 이 챕터의 뒷부분에서 다시 다룰 것이다.

이렇게 균형 있는 경험을 성취하는 것은 매우 어렵다는 것을 미리 알고 가자.

개선을 위한 비장의 무기 RAF

몇 년 동안, 나는 사람들이 문제를 겪는 것을 막기 위해 세 가지 주요한 방법에 의지해왔다. 나는 이 방법들을 RAF라는 약어로 칭한다. 그것은 다음과 같다.

▶ Remind: 상기
▶ Alert: 경고
▶ Force: 강제

상기(Remind)는 사람들이 문서를 닫기 전 저장하기나 이메일에 파일을 첨부하는 것과 같이 뭔가를 해야 할 것을 무심코 잊어버렸을 때 가볍게 알려준다.

경고(Alert)는 사용자가 다음 단계로 넘어가기 전에 완료해야 하는 것을 구체적으로 표시하거나 태그하는 것을 의미한다. 예를 들어 비밀번호를 입력한다거나 이용 약관에 동의하는 것이 이런 것들이다.

강제(Force)는 이용할 수 없는 옵션들을 제거하는 것을 의미한다. 예를 들어 사용될 수 없거나 특정 시점에 적절하지 않은 메뉴 항목들을 비활성화 상태로 만드는 것이 이에 해당한다.

이 챕터의 상당한 부분은 이 세 가지 주제를 다루면서 무엇이 효과가 있고 무엇이 그렇지 않은지를 알아보고 있다.

사람들은 해야 할 일을 잊어버린다. 그러니 상기시켜라.

최근에 나는 컴퓨터를 업그레이드했다. 새 운영체제는 끊임없이 내가 무엇을 하길 원하는지, 내가 할 일을 기억하고 있는지 묻는다. 귀찮기는 해도 여러 상황에서 내가 빠질지도 모를 곤경을 막아주고는 있다. 특히 파일 저장하는 것을 잊을 때 유용하다.

일반적으로 내가 알고 있는 시스템 리마인더(system reminder, 역자 주: 무언가를 상기시켜주는 장치)에는 두 가지 종류가 있다. 하나는 상당히 표준화된 것으로, "이 문서를 닫기 전 변경사항을 저장하시겠습니까?"와 같은 메시지가 있다. 참으로 유용한 메시지라고 생각한다. 다른 하나는 작업 진행을 방해하며 많은 선택을 강요한다. "당신의 바탕화면에 사용하지 않는 아이콘들이 있습니다. 이것들을 삭제하시겠습니까?"(아니! 나 일하는 중이니까 저리 좀 가!) 때로는 이런 불필요한 질문을 던진다, "정말로 이 문서를 지우고 싶습니까?"(당연하지!) "확실한가요? 이 동작은 취소할 수 없습니다."(한 번만 더 물어보면 너를 지워버리겠어. 이 멍청한 기계야!)

아무튼, 핵심은 사람들이 순조롭게 진행하는 일들을 방해하지 않으면서 도움이 되어야 한다는 것이다. 작업과 직접 관련이 없는 리마인더는 사람들을 방해한다. (바탕화면의 아이콘 정리와 같은 것이 그렇다. 사람들은 대부분 컴퓨터를 켜자마자 바로 일을 시작하길 원한다.) 그러니, 당신의 앱이나 인터페이스 내에 리마인더가 있다면, 그것들을 당신의 업무와 연관시키거나, 아니면 아예 제거해버리는 것이 좋다.

'현실' 세상에서, 우리는 작업을 방해하는 온갖 종류의 메시지들을 받는다. 메뉴를 선택하기 전에 지루한 연설처럼 긴 광고성 음성 메시지 시스템은 우울하게도 오늘날 매우 흔한 것이다. 그리고 내가 봐왔던 모든 자동차 내비게이션 시스템은 운전 중에 화면을 보는 것이 위험하다고 상기시키는 올바른 헛소리를 내가 무시해버릴 것을 아는 것이 뻔하다. 이 경고는 대개 이미 운전을 시작해서 운행 중에 나타나 신경 쓰게 만든다. 실제로 운전을 하면서 이 화면을 꺼야만 하니 이 경고 자체가 위험을 유발한다.

요컨대, 만약 도움이 필요 없는 상황이라면, 방해하지 말라.

주의와 그 밖의 다른 경고들

주의는 당신에게 오류(잘못 입력한 비밀번호와 같은 것), 상태 변화(낮은 배터리 양과 같은 것), 그 밖에 당신이 신경을 써야만 하는 것들을 알려준다. 하지만 불행히도 몇몇 종류의 주의는 나가 놀게 해달라고 끈질기게 허락을 구하는 어린아이처럼, 컴퓨터가 뭔가를 했다는 사실을 내가 인식하도록 고집을 부리기

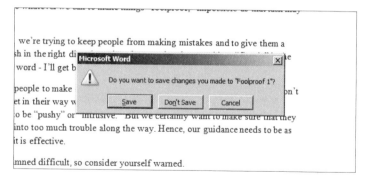

we're trying to keep people from making mistakes and to give them a
sh in the right di ...
word - I'll get b ...

people to make ... on't
et in their way w ...
o be "pushy" or intrusive. But we certainly want to make sure that they
into too much trouble along the way. Hence, our guidance needs to be as
it is effective.

mned difficult, so consider yourself warned.

* 이런, 문서를 저장하는 것을 잊었었군. 알려줘서 고마워, 마이크로소프트!

* 대형 매장에서 집을 수리하는 데 필요한 물건을 사서 집으로 돌아왔는데 짐을 풀고
서야 뭔가를 빠뜨렸다는 것을 알면 힘이 쭉 빠진다. 미국의 홈디포 웨어하우스의 친절
한 리마인더는 고객들에게 유용한 체크리스트를 제공하며, 이로 인해 당연히 매출도
증가했다. 윈-윈의 좋은 사례다.

도 한다. 한 가지 예를 들어보겠다.

내가 발견하고선 특히 웃겼던 (그러면서 짜증났던) 것 하나는 이어폰을 컴퓨터 헤드셋 잭에 연결하거나 분리할 때 나오는 메시지였다. 그럴 때마다 컴퓨터는 생각할 필요도 없는 다음의 메시지를 보여준다.

"당신은 방금 기기를 오디오 잭에 연결했습니다."

아, 내가 그랬으니 알고 있지. 다른 누군가가 몰래 다가와 그럴 일은 없지 않은가.

"당신은 방금 오디오 잭에서 기기를 분리했습니다."

음... 그렇다. 내가 실수로 분리했다면, 소리가 나지 않는 것으로 이미 알아차렸을 것이다. 아니면 다른 이유로 내가 분리했을 수도 있다. 이 메시지는 완전히 바보 같다.

사람들이 실수하지 않도록 예방하려는 자세는 좋다. 하지만 누가 봐도 뻔한 사실을 반복해서 말하는 것은 좋아 보이지 않는다. 늘 그렇듯, 이러한 종류의 제품들을 디자인할 때, 실제로 쓸모 있는 목적을 위한 것인지 확인하기 위해 관련성을 지속적으로 평가하는 것이 중요하다.

우리는 현실 세계에서 의미 있는 경고를 더 잘 만드는 것 같다. 예를 들면, 자동차에 연료가 충분하지 않을 때, 브레이크가 잘 작동하지 않을 때, 문이 제대로 닫히지 않았을 때 등을 알려주는 여러 경고등이 있다. 현대의 많은 가전제품은 동일한 기능을 제공한다. 냉장고와 냉동고 온도가 너무 높으면 경고를 하는 것처럼 말이다. 그리고 아마 그중에서 가장 잘 알려진 것은 전화벨 소리일 것이다.

내 경험에 근거한 규칙은 다음과 같다: 임무 수행에 필수적인 것일수록(냉장고 온도를 유지하는 것 등), 관련한 뭔가가 잘못되었을 때 사람들에게 이를 알려줄 효과 적인 방법이 더 필요하다.

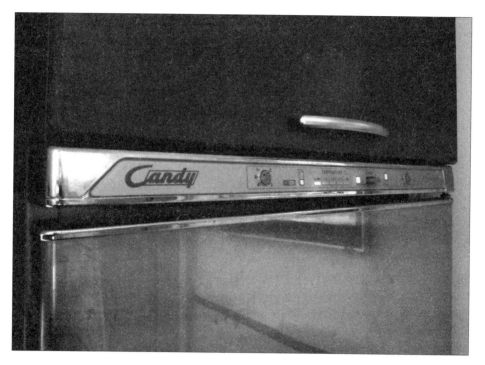

* 우리 집 냉장고 위쪽에 있는 빨간색 경고 불빛은 냉동고 온도가 너무 높다는 것을 의미한다. 얼음이 필요하다면 나쁜 소식이지만, 사용성 도서에 필요한 사진에는 제격 이다.

* 내 로그인 정보에서 뭔가 잘못되었음을 알려주는 링크드인 사이트의 경고 메시지.

* 쓸모없고 성가신 이 두 메시지의 요점은 무엇인가? 때때로 컴퓨터 프로그램은 친절
이 지나치다.

양치기 소년 신드롬

어떤 상황에서도 '양치기 소년 신드롬'을 주의하라. 이는 관련성 없는 메시지들과 다른 공지문들이 너무 많아서 놓쳐서는 안 될 정말 중요한 메시지까지 습관적으로 무시해버리는 현상을 말한다. 나 또한 이런 실수를 주로

소프트웨어 설치할 때 여러 번 저질렀다. 설치 과정 완료까지 아무 생각 없이 '다음' 버튼을 기계적으로 누른 것이다. 이 때문에 가끔 '새 프로그램이 설치될 위치' 처럼 주의를 기울여야 하는 사항을 놓치고 만다.

다른 실수 중에 내가 자주 목격하는 것은 전자상거래 사이트에 있는 작은 플래시 팝업창이다. 이 팝업 창은 내 서식이 제출되었다거나 이와 유사한 내용의 메시지를 보여준다. 팝업창은 아이디어 자체는 꼭 나쁜 것은 아니다. 하지만 만약 팝업창이 컴퓨터 시스템의 대화창과 똑같이 생겼다면, 많은 사람이 이것이 사이트의 팝업창인지 컴퓨터 자체의 대화창인지 혼란스러워 할 것이다. 대화창은 대부분 어떤 종류의 오류를 나타내기 위해 등장하므로, 이런 형식의 팝업창은 사람들에게 괜한 불안감만 조성할 수 있다. 특히 이런 팝업창이 익숙하지 않은 사람들에게 더 그렇다.

* 나에게 구매 확인을 요청하는 이 메시지는 한 웹사이트에 실제로 있는 것이다. 컴퓨터에서 오류가 발생할 때 뜨는 메시지와 형태가 똑같아서 아주 혼란스럽다.

결정을 강제하기

RAF 중 세 번째 파트인 '강제'는 프로그램, 앱, 또는 물리적 제품이 내 부적절한 행동을 거부하는 것을 말한다. 예를 들어, 자동 변속기가 있는 차를 생각해보자. 기어를 주차 또는 중립에 놓지 않고 차에 시동을 거는 것은 불가능하다. 여러 최신 모델들에서는 여기에 브레이크까지 동시에 밟게 되어 있다. 이는 차가 예상치 못하게 앞뒤로 휘청거리는 것을 막기 위한 것이다.

컴퓨터의 세계에서, 선택의 기술은 사용할 수 없는 메뉴들을 비활성화-희미하게 보이도록 만드는 것이다. 예를 들어, 작성하던 문서를 방금 저장했다면, 이 문서에 다른 변경사항이 생기지 않는 한 저장 버튼은 비활성화되어 사용할 수 없을 것이다. 개인적으로 나는 사용할 수 없는 선택 사항을 보여주는 것을 어떻게 생각해야 할지 모르겠다. 문제는 때때로 내가 하고자 하는 작업이 비활성화 상태일 때 그 이유를 나는 모른다는 것이다. 나만 이런 문제를 겪는 것이 아니다. 사람들이 컴퓨터로 작업하다가 비활성화된 메뉴 때문에 화가 나서 소리 지르는 모습을 자주 목격했기 때문이다.

물론, 이 메뉴들을 완전히 사라지게 만드는 대안 또한 완벽한 해결책은 아니다. 사람들은 좀 전까지 보였던 메뉴가 갑자기 사라지면 궁금해할 것이기 때문이다. 이렇게 되면 사람들은 특별한 목적 없이도 사라진 그 메뉴를 찾으려고 여기저기 클릭을 하게 될 것이다. 이는 좋은 사용성이라고 볼 수 없으며 그냥 사람들을 미치게 할 뿐이다. 우연인지 알베르트 아인슈타인은 광기를 '똑같은 것을 계속 다시 하면서 다른 결과를 기대하는 것'이라고 정의한 바 있다. 그런데 바로 그 짓을 우리가 하고 있지 않은가. 우리가 찾는 메뉴가 마법처럼 다시 나타나길 기대하며 같은 메뉴를 계속해서 클릭하는 것 말이다.[1]

모든 것을 고려해 볼 때, 메뉴를 희미하게 나타내는 것이 더 나은 선택인 것 같다. 하지만 앞으로는 이 옵션이 왜 비활성화 상태로 바뀌었는지에 대한 약간의 설명을 제공하는 프로그램이 생겼으면 좋겠다.

예컨대, 마우스를 갖다 댔을 때 설명이 있는 작은 팝업창이 나타나는 프로그램 같은 것이다. 지금까지는 이런 걸 본 적이 없다. 그러나 분명히 훨씬 더 나은 해결책이 나올 것이다.

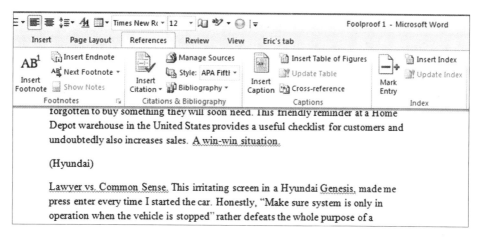

* 마이크로소프트 워드에서 메뉴의 몇몇 선택 사항들이 희미해진 상태다. 이를 통해 우리는 이 메뉴들을 지금은 사용할 수 없다는 것을 안다. 이것이 바로 우리가 누군가의 행동을 어떻게 "강제"할 수 있는지 보여주는 전형적인 예다.

---

[1] 스마트폰을 두세 번 다시 재부팅 하는 것이 가끔은 문제 해결에 도움이 되는 것 같긴 하다.

개인화의 위험

이제 우리가 쓰는 용어를 정확히 짚고 가보자. 개인화는 컴퓨터나 앱이 우리의 요구를 충족시키기를 바라며 하는 것을 말한다. 비밀번호를 기억하거나 서식에서 주소를 자동으로 완성하는 것이 개인화의 두 가지 좋은 사례다. 반면, 사용자 설정(customization)이란 기기를 우리의 필요에 맞춰 우리가 직접 조정하는 것을 말한다. 여기에는 워드 프로그램에서 기본 설정을 변경하거나, 벨소리를 바꾸고, 좋아하는 사진을 배경화면으로 설정하는 것 등이 있다.

대부분의 경우, 사용자 설정은 적어도 풀 프루프(fool-proofing, 실패할 염려가 없게 하는 것)의 측면에서는 사용성 문제를 많이 일으키지는 않는다. 왜냐하면, 사실상 모든 사용자 설정은 우리가 의도적으로 하는 것이기 때문이다. 하지만 개인화는 어려운 문제다. 그것 때문에 프로그램, 애플리케이션, 기기들이 때로 우리를 당황하게 만든다.

웹사이트나 앱이 우리가 보고 싶어 한다고 생각하는 것에 따라 바뀌어버리는 적응형 메뉴('어댑티브 메뉴'라고도 하며, 사용 빈도수가 높은 항목들이 메뉴에 우선적으로 보이게 하는 것-역자 주)는 큰 골칫거리다. 컴퓨터 소프트웨어가 더 정교해짐에 따라, 우리는 개인화가 만들어내는 이러한 유형의 혼란스러운 것들을 더욱더 많이 보게 된다. 하지만 내가 오늘 흥미를 느꼈다고 해서 내일도 그것에 흥미를 느낄까? 이런 점이 여전히 어렵다. 여기 한 가지 사례가 있다.

내가 차를 사고 싶어 한다고 가정해보자. 그래서 제조사의 웹사이트에 들어간다. 그 사이트 방문이 처음이라고 가정하자. 난 소형차를 할부로 구입하길 원한다. 그러나 나중에 비용을 일시불로 지불하는 것이 더 이익이며 심지어 더 크고 더 많은 옵션을 추가한 모델을 살 수도 있다는 걸 알게 된다. 이때 이 앱 또는 웹사이트는 내가 이제 소형차 할부에는 관심이 없다는 것을 어떻게 알 수 있을까? 만약 메뉴 옵션이 내가 첫 번째 방문했을 때를 기준으로 바뀐다면, 아마 다음번에 이 사이트에 방문할 때, 내가 필요한 것을 찾는 데 어려움을 겪을 수도 있다.

지금의 생각으로서는 메인 메뉴를 건드는 것은 좋은 것은 아닌 것 같다. 하지만 내 요구를 충족시키기 위해 맥락을 고려한 메뉴(아마도 주요한 내용까지도) 수정은 유익할 수도 있다. 그래도 솔직해지자면, 아직 이 문제에 대한 경험이 충분하지 않아서 정확한 판단을 내리기는 어려운 것 같다.

요약하자면, 다음의 세 가지 사항을 기억하도록 노력해야 한다: 메인 메뉴는 일관성 있게 유지할 것, 개인화로 인해 선택지가 제한되지 않게 할 것, 방문자가 웹사이트나 앱에 이전에 방문했던 이력이 있다고 해도 각각의 방문은 그때마다 새로운 것임을 명심할 것.

* 내가 직접 기본 설정을 통해 필요한 것을 조정하는 사용자 설정과는 반대로, 개인화는 웹사이트나 앱이 스스로 인식한 필요를 충족시키려고 하는 것이다. 사진의 Amazon.com은 나의 최근 검색 히스토리를 분석해 내가 선호할만한 책들을 제안하고 있다.

가외성의 마법

가외성이란 사람들에게 상호 보완적 기능을 하는 여러 개의 유사한 선택지들을 제공하는 것을 의미한다. 예컨대 휴대폰 번호와 이메일 주소를 함께 제공하는 것이 그렇다. 이것은 또한 커다란 방의 양쪽 끝에 불을 끄고 켤 수 있는 스위치가 있는 것처럼 여러 군데의 편리한 장소에서 같은 링크나 기능을 반복적으로 제공하는 것을 의미하기도 한다.

사용성 전문가들은 대부분의 사람들이 웹페이지 내의 '공식적인' 페이지 메뉴 화면은 보지 않는다는 것에 동의한다. 그 대신, 사람들은 메인 콘텐츠-보통 웹페이지의 중간 부분에 위치하는-의 정보에 집중한다. 이 말은 사람들이 어떤 구체적인 행동(당신의 제품을 구입하는 것)을 하기를 바라거나, 사람들이 무언가를 하기를 원한다(PDF 자료를 다운로드하는 것)고 생각된다면, 확실히 눈에 띄는 콘텐츠 내에 링크를 위치시켜야 한다는 것을 뜻한다. 유사한 링크가 웹페이지의 다른 어딘가에 이미 존재한다고 해도 말이다.

지금까지 말한 것에 조심스럽게 덧붙이자면, 이런 유형은 2005년 즈음에 아주 많았다. 오늘날, 사이트 방문자들은 메뉴 옵션들, 특히 웹페이지 오른쪽에 있는 관련 링크들을 눈여겨보는 것 같다. 그렇긴 하지만, 웹페이지 하단은 콘텐츠의 맨 아랫부분까지 스크롤을 내리며 내용을 읽은 사람들을 위해 관련 링크들을 다시 중복으로 배치하기에 아주 좋은 장소다. 그들이 다시 페이지 위쪽으로 스크롤을 올리고, 다른 곳으로 관심을 돌리거나 그냥 관두고 커피나 마시러 가버리기 전에.

가외성은 재난 상황을 극복하는 데도 중요하다. 예를 들어 만약 사람들과 소통할 수 있는 통로가 웹페이지의 연락처(contact) 서식뿐이라면, 그 통로는 업무 수행에 절대적인 필수요건이 된다. 만약 이 소통 창구에 문제가 생긴다면, 당신은 사업을 접어야 할지도 모른다. 하지만 다른 연락처나 '인적'요소까지 제공한다면 문제가 생긴 링크로 인해 매출액이 감소하지는 않을 것이다. (챕터 1의 쥬얼리샵을 기억하는가?) 간단한 이메일 주소는 훨씬 더 편리할 것이다. 아니면 페이스북이나 트위터와 같은 소셜미디어를 통한 채팅 옵션도 있다. 그리고 만약 실제 주소까지 제공할 수 있다면, 사람들에게 꽤 괜찮은 범위의 옵션들을 주게 되는 것이다. 당신의 제품을 평가할 때, 위험을 분산할 수 있는 것이 전환(conversion) 또한 개선할 수 있다는 것을 기억하도록 하라.

도움이 되는
오류 메시지를 적어라

첫 번째 챕터에서 언급했듯이, 서식에서 무언가가 없거나 잘
못되었음을 알려주는 작은 경고 메시지는 상당히 도움이 된다. 일반적으로, 구체
적일수록 더 유용하다.

많은 웹사이트가 로그인을 필요로 한다. 만약 사용자가 로그인 입력을 잘못하
면, 다음과 같은 간단한 메시지가 나타난다, "당신의 로그인 정보가 잘못되었습
니다."

전형적인 로그인은 ID와 비밀번호로 구성되어 있기 때문에, 이 두 가지 사항
중 어떤 것이 잘못 입력되었는지를 알려주면 더욱 유용할 것이다. "이러한 ID는
존재하지 않습니다. 아마도 당신의 계정은 다른 이메일 주소로 등록되어 있는 것
같습니다."와 같은 메시지가 훨씬 더 나을 것이다. 그러면 사용자가 어디에서부
터 문제 해결을 시작해야 할지를 알 수 있을 뿐만 아니라, 어떤 점에 문제가 있는
지 의견 제시까지 해주기 때문이다.

힌트와 제안사항을 제공하는 것은 언제나 좋다. 너무 지나치지만 않다면 말이
다. 메시지는 간결하고 요점을 명확히 전달해야 한다. 친절한 말투와 사람들이 이

해하기 쉬운 언어를 사용해야 한다. 낯선 약어나 기술적 용어를 사용하는 것을 피해야 한다는 의미다. 이는 "다음의 인증서를 ROOT 스토어로 ADD하기를 원하십니까?"(나는 이 메시지를 자주 보지만 아직도 무슨 의미인지 전혀 모르겠다. 구글에 검색하면 되겠지만... 사실은 그다지 신경 쓰지 않는다.)와 같은 표현을 자제하라는 말이다.

웹 개발 과정에서, 디자인 팀이 웹사이트 홈페이지에 있는 텍스트에 대해 고민하며 몇 주씩 보내는 것은 드문 일이 아니지만 그런 오류 메시지의 작성은 대체로 불행한 프로그래머들의 일로 남겨진다. 이것을 확인하고 싶다면, 아무 사이트의 URL(페이지 주소)을 입력해 보아라. 그런 다음 뒤에 슬래시를 붙이고 아무 문자나 입력해 보라. (예시: www.something.com/asdf) 그 악명 높은 '404 페이지를 찾을 수 없음(404 Page Not Found)' 오류가 나타날 것이다. 내용을 읽어보자. 그리고 그것이 프로그래머에 의해 작성된 것이라면, 이는 우리가 팀 내에 전문 작가가 버린 그 밖의 사항들이 있는지 찾아봐야 한다는 것을 의미한다. 만약 프로그래머들에게 다정하게 이야기를 한다면, 그들은 당신을 위해 전체 오류 메시지를 출력해 줄 것이다. 다행히도, 대개 이런 문제를 해결하는 것이 어려운 일은 아니다.

* 대부분의 404 오류 페이지는 표준적이고 지루한 텍스트를 연결하는 프로그래머들이 만든다. 사진은 우리 회사가 만든 바보 같은 페이지인데, 이 페이지는 블로그를 통해 유명해져서 실제로 우리는 두 명의 새로운 고객을 확보하기도 했다.

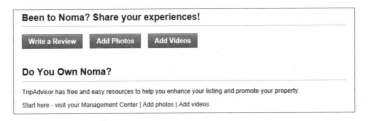

* 트립어드바이저(TripAdvisor.com) 사이트의 하단에서 볼 수 있는, 자동으로 생성된 표준 메시지. 콘텐츠의 품질을 높여줄 수도 있겠으나....

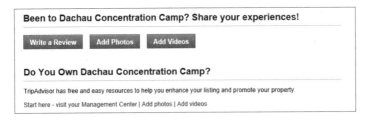

* ....그 결과는 때때로 충격적일 수 있다. 인간의 개입과 편집이 항상 나쁜 것은 아니다.

사람들이 더 나은 결정을
하도록 돕기

화면상의 메시지 대부분은 어떤 종류의 결정을 하도록 요구하는 것들이다. 그냥 OK 버튼을 클릭하라고 하는 것도 내가 실제로 승인하려고 하는 어떤 것을 고려해야 한다는 의미다. 내가 1970년대 후반부터 프로그래밍과 인터랙티브 프로그램들을 만드는 일에 종사해왔다는 사실을 기억하는가? 그런데도 아직 어떤 오류 메시지들을 보면 완전히 당황한다. 앞에서 언급했던 ADD 메시지가 대표적이다. 내가 나름 전문가라고 생각하는 분야에서 결정을 내리는 데도 이런 곤란을 겪는다면, 나머지 세상 사람들은 도대체 어쩌라는 걸까? 여기 당신이 화면상의 메시지들을 평가할 때 스스로 할 수 있는 몇 가지 간단한 질문이 있다.

- ▶ 사용자들은 왜 그 메시지가 나타났는지 알고 있는가?
- ▶ 사용자들은 그 메시지를 이해하는가?
- ▶ 사용자들은 그 메시지에 현명하게 대응하는 법을 잘 알고 있는가?
- ▶ 그 메시지에 있는 정보는 유용한가, 아니면 혼란스럽게 하는가?
- ▶ 사용자들은 이 결정과 결과를 이해하는가?
- ▶ 경험이 부족한 사용자들이 내린 결정은 그 상황에 알맞을 것 같은가?

이 질문 중 어느 것 하나에도 "아니!"라고 답한다면 손봐야 할 곳이 있다는 뜻이다. 만약 무언가가 미심쩍다면, 누군가에게 물어라(숙련된 프로그래머는 제외하자).

그 사람으로부터 좋은 조언을 구할 수 있을 것이다. 그런데 나는 메시지에 대응하는 방식이 나이에 따라 다르게 나타난다는 사실을 확인했다. 나와 같은 세대(중년의 베이비붐 세대)는 혹시라도 뭔가를 고장 낼까 봐 클릭하는 것을 매우 조심스러워하는 경향이 있다. 반대로, 더 젊은 사람들은 일단 그냥 클릭해서 무슨 일이 일어나는지 보려고 한다. 요약하면, 나이 많은 사람들에게 질문하면 아마도 더 인지적인 문제들을 발견할 수 있을 것이고, 그냥 앱을 망가뜨리고 싶으면 10대들에게 물어보면 된다.

모든 사람이 맞춤법을 올바르게 쓰는 것은 아니다

실수를 많이 없앨 수 있는 가장 간단한 방법 하나는 철자를 맞게 쓰지 않는 사람이나 부주의하게 오타를 입력하는 사람들을 봐주는 것이다. 이는 URL(인터넷상의 파일 주소)을 다룰 때 가장 중요하다.

W를 너무 많이 치거나 너무 적게 치는 것이 흔한 오류다. 아래의 예를 보자.

▶ www.fardux.com

▶ ww.fatdux.com

이런 문제를 해결하는 것은 어렵지 않다. 호스팅 서비스 회사에 연락해 '서브 도메인 와일드카드(임의 문자 기호)'라고 알려진 것을 서버에 설치해달라고 요청하

라. 그러면 그들이 알아서 해줄 것이다. 이 아이디어는 기본적으로 사용자들이 당신의 사이트 이름에 실수로 어떤 문자를 치더라도 올바른 페이지로 연결해주는 기능을 한다.

또한 단순한 철자 입력의 오류도 문제를 야기할 수 있다. 이러한 이유로 특이한 이름을 가진 회사들은 종종 몇몇 다른 도메인 주소들을 등록하고 그 주소들을 모두 하나의 URL로 연결해두기도 한다. 예를 들어 아래의 단어들은 덴마크 왕립 발레단의 전 멤버이자 현재 전문 무용수를 위한 운동복 디자이너로 잘 알려진 메테 뵈드트셰르(Mette Bødtcher)의 이름을 조금씩 변형한 것이다

▶ Bodtker

▶ Boedtker

▶ Boedcher

▶ Boedtcher

연관된 맥락에서, 만약 웹사이트에 검색 엔진이 있다면 철자 입력 오류나 동의어를 모두 올바른 페이지로 연결해주는 유의어 사전을 만드는 것도 생각해볼 수 있다. 예를 들어 당신이 '차', '자동차' 그리고 '승용차' 중 어떤 것을 입력해도 그것이 모두 의미하는 검색 결과인 자동차가 나타나도록 만드는 것이다.

그러나 괜찮은 유의어 사전은 만드는 데 시간이 걸릴 수 있고, 정보 설계자(information architect)로부터의 전문적인 지원이 필요하다. 빠른 해결책으로써 할

수 있는 것은 특정 페이지와 연관된 키워드들에서 발생할 수 있는 여러 가지 철자 오류들을 포함시키는 것이다.[1]

이 방법이 항상 내부 검색 엔진에 도움이 되지는 않겠지만, 적어도 구글은 사용자들이 실수했을 때 무엇을 해야 할지 알게 될 것이다. 만약 어떤 철자 오류가 발생하는지 확실히 알고 싶다면 쿼리 로그(query logs, 서버가 웹사이트에 대해 수집하는 통계)를 확인하라. 쿼리 로그에서는 사용자들이 가장 많이 검색한 키워드, 다른 유사한 키워드, 가장 실수한 키워드 모두를 찾아봄으로써 틀린 철자나 동의어들에 최적화할 수 있을 것이다. 검색 전문가 리치 위긴스(Rich Wiggins)는 이를 '우연의 유의어 사전'이라고 부른다.

사람들은 안내문을 읽지 않는다

조금 전에도 말했듯이, 사람들은 긴 메시지를 싫어한다. 그들은 처음 한두 문장 읽은 다음, 낯선 단어, 약어, 전문용어를 보면 무시해버리는 경향이 있다. 그러니 메시지가 제대로 기능하기를 원한다면 짧고 간단하게 구성하라.

---

[1] 여기서 키워드는 메타데이터-데이터에 관한 데이터-라고 알려진 세 가지 종류 중 하나다. 이것은 구글, MSN, 모질라 등 여러 가지 검색 엔진이 웹사이트에서 무언가를 찾을 수 있게 해주는 코드에 내장된 기계 판독형 데이터다. 나머지 두 종류의 메타데이터는 타이틀[브라우저의 최상단 표시줄에 쓰여 있는 것과 구글 검색 결과 페이지에 있는 링크]과 디스크립션[검색 결과 페이지에서 보이는 140자의 설명]이다.

사람들이 당신의 안내문을 자세히 읽을 것이라고 기대하지 마라. 기껏해야 무언가 대단히 잘못된 결정을 내리려는 것은 아닌지 확인하기 위해 대강 훑어보는 정도일 것이다. 웹사이트에서 무언가의 거래약관에 동의해야 했을 때 어떻게 했는지를 떠올려보라. 99.99%의 사람들이 그러하듯 당신도 그 약관을 읽지 않고 '동의' 박스에 클릭해서 다음 단계로 넘어갔을 것이다.[1]

무슨 까닭인지 자동차들은 놀라울 정도로 상세한 설명서 책자를 가지고 있다. 사실 몇 년 전 나는 마쯔다 자동차의 운전자 매뉴얼 책자에 있는 단어를 세어 보았고 그 단어 수가 미국 헌법에 있는 것보다도 37배나 더 많다는 사실을 발견했다. 놀랍지 않은가! 그 전까지만 해도 나는 슈퍼마켓으로 운전해서 가는 것이 한 국가를 세우는 것보다 더 어려운 일이 될 수도 있다는 생각은 못 했다.

자동차 소유주들은 무엇보다도 알맞은 타이어 압력이라든지, 엔진에는 어떤 오일을 넣어야 좋은지, 그밖에 다양한 소모품을 어떻게 확인해야 하는지를 알고 싶어 한다. 그것을 제외하고는 책자에 있는 나머지 부분은 사실상 별로 쓸모가 없는 것들이다. 몇 년 전 나는 렌터카를 이용하면서 이런 사실을 절감했다. 내가 알고 싶었던 건 연료 캡을 여는 방법이었을 뿐인데 안내 책자에서는 그 내용을 찾을 수가 없었다. 결국 자동차의 연료가 바닥 나서 차를 반납해야 했다.

---

[1] 애플의 아이튠즈(iTunes) 거래약관은 변호사들이나 좋아할 법한 단어 17,000여 개를 40장이나 되는 분량에 늘어놓았다. 이건 아이텀즈(iTerms–Terms[텀즈]는 약관이란 뜻–역자 주) 아닐까?

요즘 대부분의 설명서에는 제품에 문제가 있을 경우를 대비한 보장 내용을 법률적 용어를 이용해 설명하고 있다. 거래약관도 마찬가지다. 라디오와 TV에 나오는 미국 광고들은 이 점에 있어서 특히 별나다. 법적으로 필요한 글을 이해가 불가능할 정도로 빠르게 줄줄 말하기 때문이다. 또 이 내용을 책자에는 깨알같이 작은 글씨로 출력해 분명 그 글을 쓴 당사자도 제대로 읽어내지 못할 정도다. 법이라는 것이 반드시 준수되어야 하지만 당신이 이런 의미 없는 헛소리를 피할 수만 있다면 훨씬 더 편할 것이고 사용성 역시 반드시 향상될 것이다.

간단히 말해, 당신이 설명서를 작성하고 있다면 실제로 누군가 그 내용을 읽고 그에 따라 행동할 것을 예상하고 써야 한다. 설명은 정보를 알려주는 역할을 하는 것이지 변호사가 상당한 주의를 기울였다는 것을 증명하는 내용은 아니다.

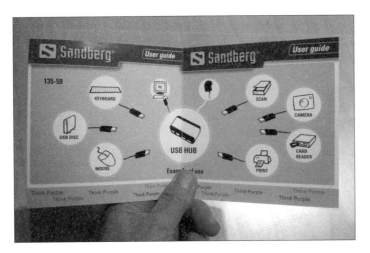

* 내가 새로 산 USB 허브 설명서다. 설명서를 보자마자 나는 빵 터졌다. 누가 봐도 알기 쉬운 설명이다.

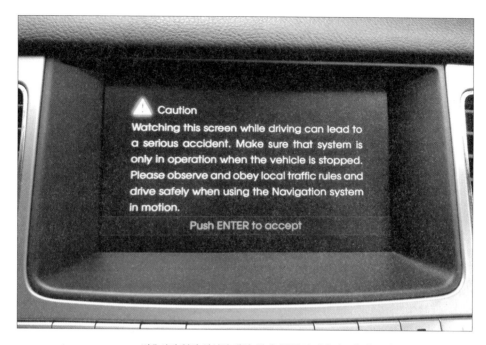

* 변호사와 일반 상식의 대결. 현대자동차의 제네시스에 있는 이 짜증나는 화면은 차량 시동을 걸 때마다 엔터(ENTER)를 누르게 되어있다. 솔직히, 화면 속 "차량이 멈추었을 때만 시스템을 사용하라."라는 표현은 내비게이션 시스템의 목적과는 어긋나는 것이다! 그리고 사실 이 문장은 그다음에 나오는 마지막 문장(번역: 지역 교통 법규를 준수하고 차량 운행 중 내비게이션 시스템을 사용할 때는 안전 운전하시기 바랍니다)과도 모순된다. 누가 이런 말도 안 되는 글을 썼을까?

사람들이 당신의 메시지를 기억하게 만들지 마라

우리가 흔히 보는 경고문, 알림 그리고 기타 메시지들은 클릭하면 사라지는 팝업창 형태로 나타난다. 이것이 큰 문제가 되는 이유 중 하나는 이 팝업창에는 사이트의 다른 곳, 심지어는 다른 장치에서 꼭 필요한 정보가 있다는 것이다. 그러므로 이런 메시지를 '이동이 쉽게' 만들어라. 사용자들이 지시나 정보를 항상 기억하지는 않는다. 그러니 그런 기대를 해서는 안 된다. 여기 전형적인 실수 두 가지가 있다.

첫 번째는 서식과 관련이 있다. 예를 들어 세부 사항이 가득한 긴 페이지의 서식을 막 작성해서 제출 버튼을 눌렀다고 해보자. 다음 페이지에서 당신은 전화번호와 몇 가지 세부 사항을 빠뜨렸다는 안내를 받을 것이다(챕터 1에서 NAACP에 관한 '전선으로부터의 이야기'를 참고하자). 그러면 당신은 뒤로 가기 버튼을 눌러서 그 안내대로 빠트린 부분을 채워 넣으려 할 것이다.

이런. 갑자기 어떤 부분이 빠졌는지 알려주는 메시지가 없다. 페이지는 제출했을 때의 모습과 정확히 똑같다. 당신은 오류 메시지의 내용을 가능한 한 많이 떠올려 보려고 할 것이다. 그러다가 다시 한번 제출 버튼을 눌러서 빠뜨린 모든 것을 확인하려 할 것이다. 솔직히 말하는데, 이것은 서식의 필요에 사용자들이 순응하게 하기 위한 풀 프루프 방법은 아니다. 명심하라. 사용자들이 당신의 메시지나 지시를 외우게 하지 마라.

두 번째 대표적 실수는 다른 곳에 기록해야 하거나 붙여넣기를 해야 하는 정보를 팝업창에 넣는 것이다. 때때로 주문 번호와 회원등록 번호조차도 이런 식으로 나타나 사람을 미치게 만든다. 이런 종류의 정보는 훨씬 더 영구적인 위치에 있어야 하며, 이메일 발송을 통한 확인이 추가로 제공되어야 할 것이다.

아비스(Avis) 렌터카는 고객들에게 예약과 관련한 특정 페이지를 출력할지를 물을 때 이런 점을 특히 잘 활용하고 있다. 게다가 아비스는 사람들 대부분이 읽지도 않을 난해한 법률 용어들이 담긴 내용은 출력하지 않아도 되도록 선택지를 제공해 종이도 절약하게 한다. 그리고 마지막으로 아비스는 이메일까지 보내준다. 고객들이 필요로 하는 서류를 정리할 수 있게 하는 나쁘지 않은 방법이다. 물론 QR(Quick Response) 코드[1]와 문자 메시지 덕분에 이제는 서류조차 필요하지 않겠지만.

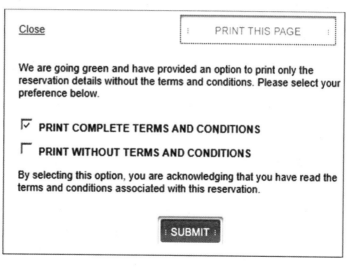

* 아비스 렌터카의 이 팝업창은 사용자가 예약 관련 세부 사항을 출력할 때 필요 없는 법률 용어를 제외할지 말지 선택할 수 있게 해준다.

---

[1] QR 코드는 작은 사각형의 디지털 바코드로, 스마트폰으로 쉽게 인식할 수 있고 작은 화면에서도 세부적 내용을 볼 수 있다. 휴대폰으로 정보를 읽을 수 있게 해주는 QR 코드는 현재 많은 공항들에서 전통적인 종이 탑승권을 대체하고 있다.

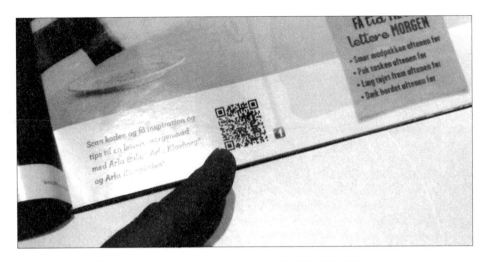

* 이제는 종이를 사용할 필요도 없다! QR 코드는 스마트폰으로 전송되어 예약, 티켓 등을 확인할 수 있도록 해준다. 휴대폰을 이용해 QR 코드를 스캔해서 관련 내용을 바로 볼 수 있는 링크로 접속할 수 있다. 사진은 어느 덴마크 잡지에 실린 유제품 광고에 등장한 QR 코드다.

때로는 당연한 것도 말해줘야만 한다

　　　　　　몇 년 전에 나는 네덜란드에 있는 필립스에서 근무하는 수석 테크니컬라이터와 함께 점심을 먹었다. 당시 그는 다양한 사용자 매뉴얼을 검토하고 있었으며 되도록 설명서의 용어를 단순하고 명료하게 만드는 작업을 하고 있다고 말했다. 작업을 시작하기 전에 그는 필립스의 고객지원센터 사람들과 답변을 작성해야 하는 핵심 질문들을 파악하느라 상당한 시간을 보냈다고 한다. 이 질문들은 이제는 사용자 매뉴얼의 내용 중에서 '꼭 알아야 할 정보'를 추려서 간단히 인쇄한 '빠른 시작 안내서'에서 찾을 수 있는 종류의 것들이다.

그 과정에서 그는 아주 많은 사람들이 TV, DVD, 혹은 CD 플레이어의 플러그를 꽂는 것을 잊어버린다는 사실을 발견하고는 놀랐다고 했다. 사실, 나도 포장을 뜯을 때 잔뜩 들떠서 그것이 작동하는지 확인하려는 데 열중한 나머지 플러그를 꽂는 것을 잊은 적이 있다. 말도 안 되는 것 같은 이런 실수는 생각보다 흔하다. 그래서 필립스의 문제 해결 가이드에는 '기기의 플러그를 꽂았고 전원을 켰나요?'가 맨 처음 등장한다. 그러고 나서부터는 고객지원센터로 걸려오는 전화의 수가 줄었다고 한다.

사람들은 일일이 기억하지 않는다

파트 2의 '우아함과 명료성' 부분에서 나는 제품을 더 직관적으로 만드는 방법을 보여주는 데 시간을 많이 할애했다. 하지만 이러한 기술들 일부는 풀 프루프와도 관련 있기 때문에 그에 관한 논의를 여기서부터 시작하려고 한다.

사람들은 일반적으로 지시사항을 읽지 않기 때문에, 디자인은 사람들이 언제라도 무엇을 해야 하는지 알려주는 강한 신호를 보낼 필요가 있다. 불운하게도 디자이너들은 그들이 만든 우아한 해결책이 종종 생각보다 더 명확한 신호를 준다고 여기는 것 같다. 결론은 다음과 같다. 사람들이 일단 어떤 것을 사용하는 법을 알아냈다 하더라도 다음에 사용할 때 그 방법을 기억한다는 보장은 없다.

우리는 어떤 환경에서 뭔가 배우고 나면 그 기술을 유사한 환경에서 사용할 수 있으리라 기대하는 경향이 있다. 예를 들면 공항에는 상당히 표준화된 사이니지가 있다. 비행기는 '게이트'에 있고, 게이트에는 번호가 매겨져 'A', 'B', 'C' 등으로 라벨이 붙은 통로를 따라 그룹으로 묶여있다. 그렇기 때문에 일단 한 공항의 시스템을 이해하고 나면 대부분의 다른 공항에서도 길을 찾는 데 큰 어려움이 없을 것이다.

웹사이트도 이와 동일한 방식으로 기능해야겠지만, 만약 '창의적'이거나 '혁신적'인 디자인팀이 새롭고 독특한 방식으로 다양한 문제를 해결하고자 한다면 그렇게 기능하지는 못할 것이다. 사람들이 별난 디자인 해결책을 모두 기억할 것이라는 기대를 해선 안 된다.

나는 지금까지 이와 똑같은 실수를 두 번이나 했는데, 회사의 콘텐츠 관리 시스템에서 사용하던 것을 자체 제작 블로깅 툴로 통합했던 것이 그것이다. 처음 내가 이 작업을 했을 때는 이것을 오픈 소스 CMS로 제공했고, 두 번째에는 값비싼 유료 시스템으로 제공했다. 이 두 가지 블로깅 솔루션은 모두 블로그와 워드 프레스(Wordpress) 같은 주요 플랫폼들이 이미 정립한 모범 사례에는 적합하지 않았다. 결과적으로 우리 회사의 신입 블로거들은 당시 사용되던 툴을 활용하기 위해 많은 설명이 필요했으며 다시 사용할 때는 아무도 그 사용법을 몰랐다. 이 두 가지 실수로 우리 회사는 수천 달러의 손해를 봤고 영업권이 감소했다. 우리 회사의 블로깅이 너무 불규칙적이었기 때문이었다(도대체 누가 이런 데 신경을 쓰고 싶겠나?). 나는 이런 실수를 절대 다시는 하지 않을 것이다! 내가 해줄 수 있는 조언은 이것이다. 사용자가 예측할 수 있게 제품을 만들고, 순서나 방법을 반복적이게 만들어라. 사용성 전문가 스티브 크룩(Steve Krug)이 말했듯이, "사용자를 생각하게 하지 마라!"

물리적 제지장치

이 챕터의 상당 부분은 온라인 (적어도 스크린 기반의) 애플리케이션을 위한 것이다. 그러나 물리적인 환경에서도 풀 프루프를 활용할 수 있는 여러 가지 방법들이 있다. 이 중 가장 효과적인 기법은 물리적 제지장치를 이용하는 것이다.

* 에스컬레이터로 카트를 끌고 가는 것은 위험하다. 공항에서 볼 수 있는 이 단순한 장애물은 일반적인 여행 가방은 쉽게 통과할 수 있게 하지만 카트는 통과할 수 없게 한다.

기본적으로 대부분의 물리적 제지장치들은 다음의 다섯 가지 항목 중 하나에 해당한다.

- ▶ 사용자가 어떤 잘못된 행위를 하기 직전이라고 알려주는 것
- ▶ 사용자가 하고자 하는 잘못된 행동의 가치를 무효화하는 것
- ▶ 사용자가 올바른 행동을 하게 만드는 것
- ▶ 행동하지 않으면 사용자에게 불편함을 주는 것
- ▶ 행동하지 않으면 사용자에게 고통을 유발하는 것

첫 번째 경우의 사례는 교통 관리 체계에서 종종 찾아볼 수 있다. 영국에서는 횡단보도에 "왼쪽을 보세요." 혹은 "오른쪽을 보세요."라는 표시가 명확히 되어 있다. 단언컨대 이것은 단순히 관광객들만을 위한 배려가 아니다: 런던의 교통은 너무나도 복잡해서 거기 사는 사람들에게도 때때로 상기시킬 필요가 있다.

또 우리는 과속방지턱이나 노면의 변화가 운전자가 졸음운전을 하며 반대 차선으로 넘어가는 것을 막거나 자전거 타는 사람들이 자전거전용도로에서 벗어나지 않게 하는 효과가 있다는 것을 안다. 물론 표지판도 있다. 하지만 표지판은 사람들이 대체로 간과한다. 과속방지턱보다 무시하기 쉽기 때문이다.

물리적 크기 역시 제지장치의 역할을 할 수 있다. 커다란 막대기 같은 것이 달린 옛날 스타일의 호텔 열쇠는 사람들이 그것을 가지고 달아나지 못하게 한다. 이와 같은 이유로 주유소의 화장실은 종종 열쇠를 매우 큰 나무토막에 묶어 놓는다.

* 런던의 횡단보도에 있는 표시는 관광객과 주민의 목숨을 구해준다.

* 커다란 열쇠와 열쇠고리는 사람들이 실수로 열쇠를 가지고 가버리는 일을 방지한다.
나는 이 사진 속 열쇠들이 모두 다른 사람들로부터 받은 선물임을 얼른 덧붙여야겠다.
남자 화장실 열쇠 역시 마찬가지다. 여기에는 긴 사연이 있다....

이 해결책은 놋쇠로 된 열쇠고리보다 회수하는 일은 좀 성가시지만 효과는 동등하게 낼 수 있다. 혹은 아마 더 효과적일 수도 있다. 아예 열쇠를 회수조차 할 필요가 없기 때문이다.

행동의 가치를 무효화시키는 것과 관련해서는 상점에서 사용하는 보안 태그가 그 전형적인 예다. 대부분의 보안 태그는 누군가 훔친 물건을 가지고 나가려고 하면 알람을 울릴 뿐만 아니라, 적절한 장비 없이 그것을 제거하려고 시도하면 옷과 다른 물건에 지워지지 않는 잉크를 터뜨리는 것도 있다. 이는 그 누구도 귀찮고 위험한 뒷일을 감수하면서까지 이와 같은 일을 하려고 하지는 않을 것이라는 생각에서 착안한 것이다.

사용자가 올바른 행동을 하게 만드는 것은 대개 다양한 물리적 장애물을 도입해 특정 행동을 방지하는 것을 의미한다. 대표적인 사례는 핸드폰의 SIM 카드인데, 카드를 잘못 삽입하는 것을 방지해주는 모서리의 잘라낸 부분이 이에 해당한다. 보행자 도로에 있는 게이트와 차단기는 자전거 타는 사람의 진입을 어렵게 만든다. 그리고 다양한 제어장치를 눈에 띄지 않는 곳에 설치하거나 잠금장치로 고정하는 것은 일반적으로 사람들이 해서는 안 되는 행위를 하지 못하게 한다. 예를 들면, 공공건물의 엘리베이터에서 사람들이 특정 층에 접근하는 것을 막고자 할 때 이런 방법을 사용한다.

이러한 '강제성'과 밀접한 관련이 있는 것은 '안내하는 것'이다. 여기에는 일방통행 도로, 콘서트장의 펜스 그리고 디즈니월드의 가드레일처럼 실수를 없애고 흐름을 개선하기 위해 사람들을 같은 방향으로 움직이도록 하는 것이 해당한다.

사용자에게 불편을 주는 제지장치는 어떻게 해서든 우리의 속도를 늦춘다. 이것은 과속방지턱 같은 효과는 아니고 "양파를 뺀 맥버거를 먹으려면 10분을 더 기다려야 한다."는 방식에 가깝다. 패스트푸드의 속도를 늦추는 것은 비록 강력한 풀 프루프 수단은 아니더라도 정해진 규칙을 따르게 만드는 좋은 방법이다.

그리고 사용자의 고통을 유발시키는 것에 대해 말하자면, 건물 외벽 위에 깨진 유리병 조각들을 박아둔 것 혹은 교도소 울타리의 철조망을 본 적이 있을 것이다. 이것들은 분명 물리적인 제지장치 중 하나다. 언젠가 나는 1937년도 내셔널지오그래픽 잡지에 나온 베를린 동물원 사진 한 장을 본 적이 있다. 거대하고 못생긴 못을 이용해 코끼리들이 도망가지 못하도록 한 것이었다. 오늘날에는 동물원에서 이런 것을 절대 사용할 수 없다 – 오직 나치만이 이런 잔인한 짓을 떠올릴 수 있을 것이다. 하지만 렌터카 사무실에서도 타이어 스파이크라는 장치를 이용해 사람들이 자동차를 몰고 도망갈 시도를 하지 못하게 막아 둔다.

CHANGING BERLIN

© Douglas Chandler

NOT EVEN AN ELEPHANT WANTS TO STEP ON A TACK!

* 오늘날 우리는 이 해결책이 잔인하다고 말할 것이다. 하지만 히틀러가 지배하던 시절의 베를린에서 이것은 코끼리들의 탈출을 막는 제지장치로써 허용되는 것이었다. 이 사진은 더글라스 챈들러(Douglas Chandler)가 촬영한 것으로 내셔널지오그래픽 잡지의 1938년도 2월호에 실렸다.

알프레도 치킨의 폭발

나는 요리를 좋아한다. 하지만 내가 게으르다는 것은 인정한다. 사무실에서 긴 하루를 보낸 후에 주방에서 다시 오랜 시간을 보내고 싶지는 않다. 특히 가족들이 외출하고 나 혼자 식사를 할 때는 더욱 그렇다. 마법의 전자레인지 만세!

2005년도 즈음, 난 전자레인지에 데워 먹을 수 있는 근사한 이탈리안 음식 시리즈를 우연히 발견했다. 대부분의 남자들이 그렇듯이 나도 설명서를 읽지 않는 경향이 있다. 하지만 전자레인지 음식은 타이밍이 중요하므로 데우는 시간을 확인하기 위해 냉동 치킨 알프레도의 패키지를 읽었다.

설명서는 7개의 언어로 되어있어 유럽 대부분 지역에서 누구나 쉽게 이용할 수 있을 것 같았지만 음식을 만드는 과정에서 문제가 될 것 같은 무언가를 발견할 수 있었다. 그 설명서는 다음의 세 가지 주요 부분으로 나누어져 있었다.

▶ 조리법
▶ 오븐 사용 시
▶ 전자레인지 사용 시

'전자레인지 사용 시' 아래에, 첫 줄에는 '용기를 전자레인지 안에 놓으세요.'

라고 적혀 있었다. 하지만 나는 전자레인지에 음식을 조리할 때 우선 비닐 포장에 구멍을 내야 한다는 것을 잘 알고 있었다. 그래서 왜 이것이 처음에 명시되지 않았는지 궁금했다. 패키지에 적힌 아주 작은 글씨들을 주의 깊게 읽고 나서야, 이것이 가장 위 '조리법' 아래에 적혀져 있는 것을 발견했다.

설명서에서 발견한 치명적인 단절, 이것이 바로 문제였다. 일반 오븐과 전자레인지를 사용하는 두 경우에 모두 필요한 설명이 맨 위에 따로 명시되어 있었다. "외부 포장지를 제거하고 포크를 사용해 비닐 포장에 구멍을 내세요. 제품이 뜨거우니 섭취 시 주의하세요."와 같은 것 말이다. 하지만 대부분의 사람들은 이 설명을 뛰어넘고 바로 그들이 필요한 부분-일반 오븐 또는 전자레인지 요리법-을 볼 것이다. 즉, 중요한 정보를 놓치기가 쉬웠다.

당연히 나는 영국에 있는 본사에 이 문제를 알고 있는지 물어보려고 연락을 했다.

놀랍게도, 나는 정말로 이 제품 라인의 매니저와 연락이 닿았다. 하지만 형식적 소개 인사가 끝난 직후, 내가 무엇 때문에 전화했는지 이유를 말하기도 전에 그가 먼저 내게 말했다. "저희 제품을 좋아해 주셔서 감사합니다만, 사실 저희는 시장에서 그 제품을 철수시키고 있어요. 이유는 모르겠지만, 패키지가 오븐에서 터지는 것 같습니다."

나는 그에게 내가 그 이유를 알 수도 있다고 말했다. 그는 패키지를 교체했다.

그 회사는 나중에 매각되었고, 그 제품은 시장에서 사라졌다.

그래서 나는 그냥 재미로 전자레인지에 CD를 돌려보았다. 굉장한 쇼를 보여주었지만 맛있어 보이진 않았다.

경고

내 변호사는 독자들이 집에서 절대로 이런 짓을 따라 하지 말 것을 당부해야 한다고 말했다. 그러니 여러분이 우리 집에 오면 내가 직접 보여주겠다. 아니면 아마존에서 이 책에 대한 리뷰를 잘 써준 사람에게 우편으로 구운 CD를 보내줄 수도 있다. 물론 수량은 제한적이다.

* 전자레인지로 조리할 수 있는 치킨 알프레도. 저녁에 가족들이 없을 때 한 끼 식사로 간단히 먹을 수 있다.

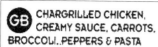 CHARGRILLED CHICKEN,
CREAMY SAUCE, CARROTS,
BROCCOLI..PEPPERS & PASTA
COOKING INSTRUCTIONS:
Keep frozen until ready to use.
These are guidelines only.
Remove outer sleeve and pierce film
with a fork. Ensure product is hot
before serving.

CONVENTIONAL OVEN:
• Preheat oven to 350°F / 180°C /
  Gas Mark 4.
• Place bowl on a tray in the
  oven centre.
• Cook for 30· 35 minutes.
• Remove film immediately
  and serve.

MICROWAVE:
• Place bowl in the microwave.
• Heat on full for 6½ mins (750W/D).
• Remove film immediately.
• Stand 1 minute.

* 그래서 이것을 전자레인지에 넣어서 조리하려면 맨 처음 뭘 해야
한다고? "용기를 전자레인지 안에 넣어라."라고 말하지 않았나? 대부
분의 사람들은 그대로 할 것이다. 그런데 안내문의 제일 첫머리에는
먼저 겉 포장을 제거하고 포크로 비닐을 뚫으라고 되어 있다. 이런...
재앙을 위한 조리법이군.

* 여러분이 전자레인지에 돌린 CD가 어떤 모습이 되었을지 궁금할
것으로 생각해서 보여주는 사진이다.

❓ 제품을 [꽤] 쉽게 다룰 수 있게 만들어주는 10가지 간단한 방법들

❶ 만약 어떤 것이 제대로 작동하지 않더라도 사용자들이 대응할 수 있는 몇 가지 다른 방법을 제공할 수 있나?

❷ 이해하기 위해 두 번은 읽어야 하는 어떤 오류 메시지나 지시사항을 발견했는가? 만약 그렇다면 그것은 당신이 글로 하는 의사소통 능력을 향상시킬 수 있는 기회다!

❸ 응답 시간의 속도를 높임으로써 [챕터 2에서 다룬 '내가 세 대의 롤스로이스를 주문해버렸던' 이야기와 같이] 사용자들이 동일한 행동을 반복하지 않도록 할 수 있는가?

❹ 아이들이 열 수 없게 만든 뚜껑, 바리케이드, 또는 사용자들이 자신을 포함한 무언가에 손상을 입히지 않도록 막는 기술 등의 물리적 제지장치를 구축할 수 있는가? 당신은 어떤 손상이 일어날 수 있을지 알고 있나? 손상을 막으려면 먼저 그것이 어떤 것인지 이해해야 한다.

❺ 시스템 경고문과 혼동될 수 있는 오류 메시지나 경보가 있는가? 만약 그렇다면 이것들을 쉽게 구분할 수 있는 좀 더 독창적인 디자인을 할 수 있나? 혹은 아예 이 메시지들을 전부 없애는 건 어떤가?

❻ 당신은 사용자들을 돕는다고 하는 일이 실제로 사용자들에겐 방해가 되는 일이 있지는 않은가?

❼ 당신의 제품에는 다음에 사용할 때는 관련 없을 수 있는 행동을 기억함으로

써 혼란을 일으키는 어댑티브 메뉴와 같은 개인화 기능이 포함되어 있는가?

❽ 사용자가 당신의 제품과 상호작용하면서 유용한 방향으로 갈 수 있게 해주는 인지적 단서와 지표를 제공하고 있는가?

❾ 지시사항을 최소한으로 유지하고 있는가? 예약 확인번호와 같은 정보를 사용자가 필요할 때 언제 어디서나 사용할 수 있게 만들었는가?

❿ '풀 프루프 해결책'에 관한 누군가의 생각이 실제로는 문제를 해결하기 위해 디자인된 문제 자체보다 못한 것은 아닌가? 만약 그렇다면 문제점들을 수정하거나 아예 그 해결책을 삭제할 수 있는가?

📖 당신이 좋아할 만한 다른 책들

사실 여기서 추천할 책은 딱 한 권뿐이다. 두 번째 'Design with Intent'는 책은 아니고 디자인을 통해 사용자 행동에 영향을 미치는 101가지의 패턴을 묘사한 카드 모음집이다. 정말 훌륭한 것이라 추천한다.

- Search Analytics for Your Site, Louis Rosenfeld, Rosenfeld Media, 2011.
- Design with Intent: 101 patterns for influencing behavior through design, Dan Lockton with David Harrison and Neville A. Stanton, Brunel University/Equifine, 2010.

당신은 http://www.danlockton.com/dwi/Download_the_cards 사이트에서 이 카드들을 무료로 다운로드받을 수 있다.

🔍 구글에 검색해볼 것들

- 나쁜 오류 메시지 (Bad error messages)

- 안전장치를 위한 오류 메시지 (Error messages for security features)

- 메타데이터 (Metadata)

- QR 코드 (QR code)

- 목적이 있는 디자인 (Design with intent)

- 우연한 유의어 사전 (Accidental thesaurus)

PART 2

우아함과 명료성

앞으로 다룰 다섯 개의 챕터는 심리적 한도에 대해 다루고 있다. 모든 것이 실제로 어떤 물리적인 면에서 필요한 대로 작동한다고 가정하면, 이제 당신이 해야 할 일은 사용자들이 기대하는 것을 충족시키는 것이다.

그 요령은 사용자들이 예상치 못한 상황으로 놀라는 일이 없게 만드는 것이다. 사용성 비즈니스에서 놀라움은 거의 항상 부정적이다. "이런. 이건 왜 이럴까?" 혹은 "이건 어디서 비롯된 문제일까?" 혹은 "다른 건 다 괜찮은데 이제 뭘 하면 되는 거지?"와 같은 의문 말이다.

서비스 디자인업계의 종사자들은 고객들이 '발견의 여정'을 시작하는 것을 도와주는 일의 영광에 대해 설파할 것이다. '발견'은 좋은 것이다. 그러나 '놀라움'과는 아주 다른 개념이다. 일반적으로 발견은 부가적으로 얻게 되는 뜻밖의 즐거움을 나타내며, 종종 새로운 정보의 형식 속에서 마주하게 된다. 반면 놀라움은 대개 당신이 이미 이해했다고 생각했던 무언가에 대한 지각의 변화를 일으킨다.

그러므로 놀라움은 사람을 당황하게 만들 수 있다.

이 파트에서 다룰 내용

우리는 '우아함과 명료성'에 관한 다음의 측면에 대해 알아볼 것이다.

▶ **가시성**(사용자가 실제로 대상을 볼 수 있는 것)

▶ **이해 가능성**(사용자가 보고 있는 것에 대해 알고, 그것의 작동을 이해하는 것)

▶ **논리성**(사용자가 보는 대상과 따라야 할 절차가 이치에 맞는 것)

▶ **일관성**(게임의 법칙이 사용자가 예상하지 못하게 바뀌지 않는 것)

▶ **예측 가능성**(사용자가 무언가를 할 때 앞으로 어떤 일이 일어날지 분명히 알 수 있는 것)

아마 독자들이 지금까지 이해해왔던 대로, 많은 사용성 문제들은 이 중 하나 이상의 카테고리와 관련되어 있다. 예를 들어 만약 당신이 어떤 것을 비논리적이라고 느낀다면, 그것은 분명 특별히 이해하기도 쉽지 않은 것일 거다. 이러한 문제들을 내가 생각하기에 합리적인 카테고리들 속에 집어넣기 위해 최선을 다했다. 그래도 만약 당신이 하던 방식과는 다르게 서술한 부분이 있다면 양해해주기 바란다. 이 작업에 옳고 그른 방법은 따로 없다. 그러니 내 조언을 당신의 필요에 따라 얼마든지 조정하면 된다.

CHAPTER 6

가시성

"숲속에서 나무 한 그루가 쓰러질 때 그 소리를 들을 사람이 주위에 아무도 없다면, 과연 그 나무는 쓰러지는 소리를 낼까?" 이 사고실험은 영국계 아일랜드 철학자인 조지 버클리(George Berkeley, 고전경험론을 대표하는 철학자로, '지각(知覺)이 됨은 곧 존재한다는 것'을 전제로 추상적 관념의 존재를 부정했음-역자 주) 목사의 1710년 작품,『인지원리론(A Treatise Concerning the Principles of Human Knowledge)』에서 제안한 것이다.[1]

물론, 버클리는 '더욱 높은 존재'의 유무에 대해 고민했으며, 이 문제는 사람들이 앞으로 영원히 토론하게 될 주제다. 하지만 인터랙티브 미디어의 세계에서는 이 문제에 대한 답이 아주 명확하다. 만약 어떠한 물체가 보이거나 인정되지 않는

[1] 버클리보다 앞서, 존 로크(John Locke, 영국의 철학자로서 근대 경험론 아버지라 불리며 자연법과 사회계약론을 주창하기도 했음-역자 주)는 인간이 물질주의적 철학을 받아들여야만 한다고 주장했다. 하지만 버클리는 영리하게 이러한 물질주의를 버리고 모든 것이 마음에 달려있다는 이론을 펼쳤다. 이후, 데이비드 흄(David Hume)의 이론은 이러한 모든 것을 다시 한번 반대로 뒤집어 놓는다. 믿기 힘들겠지만, 이러한 18세기 철학 이론은 오늘날 우리가 웹사이트와 그 밖의 다른 인터랙티브 기기들을 어떻게 인식하는가와 직접적으로 연관되어 있다. 그런데도 당신은 아직까지 교양 과목 교육이 돈 낭비라고 생각하는가?

다면, 그것은 간단히 존재하지 않는 것이다. 좀 더 직설적으로 말하자면, 링크가 링크로 인지되지 않으면, 대중들은 그것을 클릭하지 않을 것이고, 옵션이 누군가에 의해 인지되지 않으면, 그것은 존재하지 않는 것이라고 보면 된다.

이것이 바로 이 챕터의 제목이 '가시성'인 이유다. 가시성은 '우아함과 명료성'을 만드는 것과 관련해 가장 중요한 요소 중 하나다.

가시성을 잃어버리게 되는 네 가지 경우

당신이 찾고 있는 것이나 어디 있는지 알아야 할 것이 눈에 보이지 않는다면, 심각한 사용성 문제에 직면했다는 뜻이다. 만약 당신이 제품디자인을 하는 사람이라면, 소비자들이 당신의 속마음을 읽거나, 중요한 정보를 찾으려 인터넷을 뒤질 만한 인내심(혹은 그럴 생각 자체)을 가지고 있다거나, 약관에 쓰여 있는 깨알 같은 글씨를 읽으려 한다든지 등의 고객 활동에 급격한 영향을 미칠만한 무언가를 할 것이라고 절대 예상하지 마라.

다음과 같은 일들이 발생할 때 물건들은 '비가시적'으로 변해 버린다.

▶ 사람들이 찾는 곳에서 필요한 정보를 이용할 수 없을 때
▶ 필요한 정보가 다른 무언가에 의해 물리적으로 차단되어(가려져) 있을 때
▶ 심지어 필요한 정보가 잘 보이는 곳에 있더라도 인식되지 않을 때

* 나는 자동차 제조사들이 쓸모없는 '개선'을 이렇게나 많이 한다는 사실에 항상 놀라곤 한다. 예를 들면, 이 닛산 차량의 사이드미러 조정 장치는 아예 보이지 않는다. 보통은 운전석 쪽 창문 주변에 있다고 생각하기 마련이다.

* 아, 찾았다! 핸들 뒤 계기판 하단에 숨어 있었다! 우와 진짜 실용적이다. "아 네, 경찰관님. 차 금방 옮기겠습니다. 책에 쓸 사진 한 장만 찍고요..."

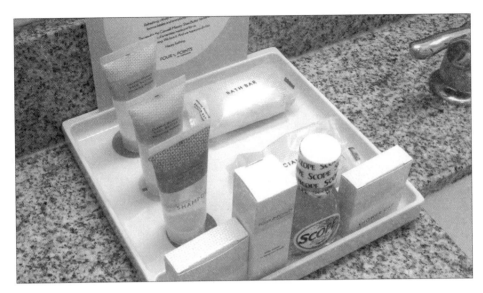

* 조지아 주 사바나에 있는 쉐라톤 포 포인츠 호텔에서 무료로 제공하는 어메니티.

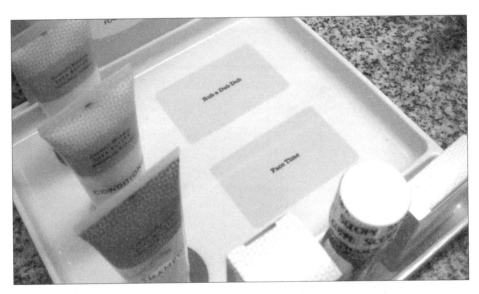

* ...그리고 그 아래에서 당신이 방금 집어 든 물건과 관련된 유쾌한 문구가 눈에 들어
온다. 이것은 객실 관리원이 이 쟁반을 멋지게 정돈할 수 있도록 도움을 줄 뿐만 아니
라 투숙객들에게는 소소한 발견의 즐거움도 제공한다.

▶ 그냥 필요한 정보 자체가 존재하지 않을 때

숲에서는 하루에도 수만 그루의 나무가 소리도 없이 쓰러진다. 이 챕터는 나무들이 다시 시끄럽게 소리를 낼 수 있도록 도와줄 것이다.

* 이 유명한 덴마크 회사에 처음 방문하는 사람들은 리셉션을 찾아가려면 머리를 잘 써야 한다. 리셉션은 정말 쓸데없이 생긴 표지판의 첫 번째 줄에 이 회사의 많은 외국인 방문객을 위해 명료성을 극대화하고자 'Recp'이라고 축약해두었지만 글쎄, 명료해 보이는가?

* 영국 파탁사(Patak)에서 만든 이 훌륭한 커리 소스를 수입한 덴마크 업체는 재료를 번역해 놓은 흰 라벨을 커다랗게 붙여 놓았다. 덴마크어로 뭐라고 적혀 있는 이 흰 스티커는 관련 법규는 완벽하게 충족한 것 같지만 유일하게 볼 수 있는 영어로 된 조리법은 가려 버렸다. #누가이런걸좋아해?

신비로운 '접힘' 현상

과거에 신문들이 '대판형(가로 391mm, 세로 545mm의 보통 크기의 신문-역자 주)'으로 인쇄될 때에는 가판대에 진열하기 위해 접혀있었다. 그러므로 사실 1면의 정보는 누군가가 신문을 집어 들어 펼치기 전까지는 절반밖에 보이지 않았다. 나머지 절반의 정보는 '접힌 면 아래'라 불렀다.

오늘날, 신문 산업은 크기는 더 작지만 접지 않아도 되기 때문에 신문의 1면 전체를 다 보여주는 타블로이드판 형(보통 신문의 절반 정도인 가로 272㎜, 세로 391㎜ 크기-역자 주)을 빠르게 채택하는 추세다.

웹사이트가 처음 나타나기 시작할 무렵, '접힘'의 개념은 새로운 의미를 가지게 되었다. 이제 '접힌 면 아래'는 방문자가 스크롤을 내려야만 볼 수 있는 정보의 영역을 의미한다. 지식이 부족한 많은 디자이너들은 사람들이 스크롤을 내리지 않는다고 생각하는데, 이것은 터무니없는 생각이다(이는 잠시 후에 다시 다루기로 한다). 하지만 그런 추리가 잘못되었다 하더라도, 분명 접힌 면은 존재하므로 우리는 그것을 인정할 필요가 있다. 조금 까다로운 점이 있다면, 물리적 신문과는 달리 웹 브라우저 창에는 '접힌 면'의 정확한 위치를 고정할 수 없다는 것이다.

* 디자인상을 받은 적 있는 덴마크의 두 주요 일간지. 베를링스케(Berlingske)는 더 현대적인 '타블로이드' 형식을 채택했지만, 폴리티켄(Politiken)은 대판형을 고수하고 있다. 신기하게도 폴리티켄은 헤드라인을 접힌 면 아래로 옮겼는데, 이는 저널리즘 역사에서 가장 멍청한 디자인적 결정임이 분명하다.

사람들이 스크롤을 하고 있다!

대다수의 디자인팀은 사람들이 스크롤을 하지 않는다고 생각할 것이다. 하지만 1996년부터 이어져 온 연구 결과를 보면 '사람들은 분명히 스크롤을 한다!' 사실, 2008년 봄에 레이저피시(Razorfish, 세계적인 디지털 광고 에이전시-역자 주)에서 준비했었던 글로벌 솔루션 뉴스레터에 따르면, 독자들의 75퍼센트는 페이지에 들어와 가장 먼저 스크롤부터 내린다고 한다! 이는 독자들이 스크롤을 내리면서 내용을 훑어보아야만 방향성을 잡을 수 있다고 느끼기 때문이다. 대개 한 페이지에서 최소한 50% 정도를 스크롤 한다.

위키피디아(Wikipedia.org)에 방문해 본 적이 있는가? 아마 그럴 것이다. 얼마나 자주 스크롤을 했었는지 생각해 본 적 있는가? 아마 없을 것이다. 내 말이 거의 틀리지 않을 것이다.

최근 나는 아마존 '페이지'를 일부 인쇄한 적이 있다. 그 페이지는 책, DVD 그리고 다른 물건들이 나와 있는 것이었다. 와. 열네 장이라니! 확실히 사람들은 스크롤을 하고 있다. 그것도 아주 많이! 믿지 못하겠거든 직접 출력해 보기 바란다. 그리고 아직도 스크롤이 나쁘다고 생각한다면, 아마존에 편지를 써서 당신들의 웹사이트는 쓸모가 없다고 말하면 제프 베조스(Jeff Bezos, 아마존의 창업자)가 어떤 답을 보내주는지 알려 달라.

접히는 부분을 정확히
보여줄 수 없는 이유

접히는 부분을 찾기 어려운 다음의 몇 가지 이유를 보자.

▶ **접히는 면의 위치는 브라우저 창의 크기에 따라 달라진다.** 큰 스크린에서 브라우저 창을 최대화하면 어떠한 페이지든 많이 볼 수 있겠지만, 창을 작게 하면 그만큼 적게 보일 것이다. 그리고 스마트폰이나 넷북(11인치 이하 크기의 초소형 노트북으로, 인터넷 이용과 문서 작업 등 기본적 기능에 적합하도록 제작됨-역자 주)에서는 일반 컴퓨터 모니터의 크기보다 보이는 부분이 항상 작을 수밖에 없다.

▶ **새로운 툴바가 열릴 때마다 접히는 면은 점점 페이지의 위쪽으로 올라가게 된다.** 툴바는 브라우저 창의 맨 위에 보이는 여러 가지 도움 되는 기능 아이콘들이 있는 줄이다. 여기서 인쇄하기나 저장하기 등 다양한 기능을 빠르게 수행할 수 있지만, 이 툴바가 많이 열려 있을수록 브라우저 창은 공간을 더욱 많이 차지하게 되며, 그에 따라 웹페이지는 더욱 아래 공간으로 밀릴 수밖에 없고, 이것이 접히는 면을 원래보다 위쪽에 오도록 만든다.

▶ **화면의 해상도가 낮을수록 접힌 면은 더 위쪽에 형성된다.** 화면의 해상도는 브라우저 창에서 보이는 것을 엄청나게 바꿀 수 있다. 오늘날에는 표준 해

상도가 1024×768 픽셀[1]인 것이 일반적이지만, 시력이 좋지 않은 사람들은 해상도를 그보다 훨씬 낮게, 보통 800×600으로 설정하곤 한다. 이것이 브라우저 창에 표시되는 정보의 양을 줄이기도 한다.

* 몇 개의 툴바만을 열어 두면 LiGo의 웹사이트는 이렇게 보인다. 왼쪽 아래에 '제조사별 구매'와 '모델명으로 구매'라고 적힌 두 메뉴를 잘 보아라.

---

[1] 픽셀은 스크린에서 가장 작은 디지털 단위를 나타내는 알록달록한 사각형을 뜻한다. 돋보기로 스크린을 보게 되면, 당신이 보게 될 모든 것이 이 조그마한 사각형들로 이루어진 것을 확인할 수 있다.

* 이런. 툴바 두서너 개(화면 아래의 상태 표시줄을 포함해)를 열었더니 접힌 면이 위로 올라가면서 갑자기 메뉴가 아까보다 짧아졌다. 하지만 내가 보는 것이 전체 화면이 아니라는 것을 알려주는 내용은 화면에서 찾을 수 없다.

* 해상도를 800×600으로 바꾸면 똑같은 화면이지만 훨씬 덜 보이게 된다. 귀찮은 '접힌 면'이 다시 위로, 그리고 가로로도 이동했다.

접힌 면이 중요할 때

'숲에서 쓰러지는 나무들'을 기억하는가? 우리는 사용자들이 가장 중요한 것들을 손쉽게 확인할 수 있기를 원한다. 웹사이트에서 이 말은 사람들이 페이지를 열면 가장 잘 보이는 상단에 중요한 것들이 위치해야 한다는 것이다.

다음은 반드시 접힌 면 위에 있어야 할 것들을 간단히 나열해 본 것이다:

▶ 브랜딩과 메인 메뉴

▶ 고객센터의 연락처 정보

▶ 페이지 내 검색창

▶ 장바구니와 결제 링크

▶ 연락처 링크

▶ 언어 변경 기능

▶ 신속한 애플리케이션의 주요 입력창(환율 계산기 등)

▶ 주요 결과물 영역(입력창 근처에 둘 것)

그리고 아래의 것들은 (대개) 페이지 가장 하단에 배치해도 문제가 없는 것들이다:

▶ 법적 공지

▶ 개인정보 보호 정책

▶ 실제 주소와 전화번호

　물론 이러한 목록에도 예외 사항은 존재한다. 이 예외 중 가장 중요한 것은 주소와 전화번호의 배치다. 만약 당신이 사업체를 운영하고 고객들이 직접 전화하거나 방문하는 일이 운영에 중요하다면, 전화번호와 주소는 접힌 면 위쪽에 보여야 할 것이다. 오늘날에는 많은 사람들이 스마트폰으로 주소를 찾기 때문에 이러한 중요한 정보를 최대한 잘 보이게 만들어야 한다. 하지만 만약 당신이 디자인 업체를 운영한다면, 실제 주소는 크게 중요하지 않을 것이다. 그러니 무엇 때문에 페이지 위쪽의 가치 있는 공간을 낭비하겠는가?

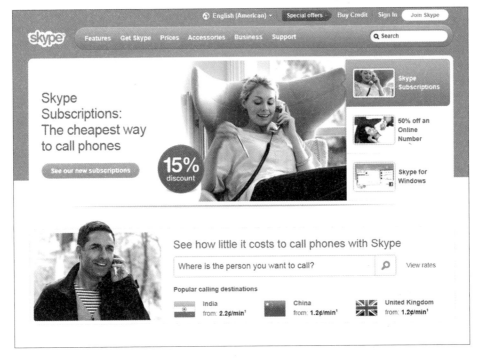

* 이것은 스카이프의 시작 페이지다. 언어 변경 버튼이 상단 우측 잘 보이는 자리에 있다....

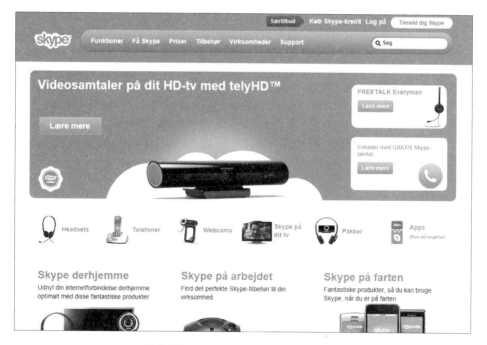

* ...액세서리(Accessories) 버튼을 누르기 전까지는 말이다. 스카이프 웹샵은 내 컴퓨터가 덴마크에 위치한 것을 파악하고 자동으로 기본 언어를 변경한다. 또 이 혼란을 가중시키기 위해 언어 선택 버튼은 페이지 맨 아래쪽에 배치해 아예 눈에 띄지 않게 만든다. 이런.

접힌 면이 중요하지 않을 때

이제 나는 수년간의 상세한 산업 연구를 바탕으로 한 몇 가지 간단한 관찰 결과를 공유하려 한다(농담이 아니고 진지하다).

첫 번째로, 접힌 면을 정확히 찾아내는 것은 불가능하다. 당신이 아무리 훌륭한 예상을 한다고 해도, 방문자의 약 10% 정도만 만족시킬 수 있을 것이다.

두 번째로, 홈페이지는 '스크롤 친화적'으로 만들어야 한다. 그러면 페이지 윗부분에 가능한 한 많은 정보를 집어넣으려고 애쓰지 않아도 된다(이에 대해서는 잠시 후 더 자세히 설명하겠다).

마지막으로, 여러분은 자신의 광고를 접힌 면 위에 배치해야 한다고 주장하는 광고업자들을 많이 만나게 될 것이다. 그러나 사실 만약 페이지가 스크롤하기 좋은 데다 흥미로운 콘텐츠를 제공한다면, 긴 페이지의 하단에 있는 광고는 실제로 상단의 비싼 배너광고만큼 좋거나 혹은 더 나은 클릭효과를 낼 수 있다.

그렇다면, 이 긴 토론에서 얻을 수 있는 것은 무엇일까? 여러분은 우선 웹페이지에 접힌 면이라는 것이 존재하며, 이것이 페이지에 있는 내용의 가시성에 큰 영향을 미친다는 것을 인지해야 한다. 하지만, 이 접힌 면의 정확한 위치에 대해서는 너무 신경 쓰거나 방해받을 필요는 없다. 여러분에게 필요한 것은 '스크롤 친화적'인 생각이다.

* 이것은 배너 광고 배치의 전형적 사례다. 대부분의 사람들은 이러한 광고를 무시하고 주요 내용이 들어간 부분으로 건너뛴다. 만약 사람들이 모두 이런 광고를 본다면, 그것은 일반적으로 그들이 편집된 내용을 확인하고, 페이지 상단의 정신없는 부분들을 스크롤 해서 넘긴 다음이다. 그렇긴 하지만, 이 페이지의 경우 콘텐츠가 들어가는 칸들이 엇갈려 있으므로 상당히 스크롤 친화적인 해결책이라 할 수 있다.

스크롤 친화적
페이지 제작하기

몇 챕터 앞에서, 웹페이지 방문자들이 홈페이지를 돌아다니는 인터랙티브한 여정의 특정 시점에서 어떠한 행동을 해야 하는지에 대한 인지적 단서를 줘야 한다는 것을 설명했다. 이와 유사하게 스크롤 친화적 페이지를 제작

한다는 것은 사용자에게 지금 화면에 보이는 페이지의 레이아웃 너머로 스크롤 하라는 강한 신호를 보내는 것이다.

전통적인 그래픽 디자이너라면 이것을 싫어하지만, 여기서 요령은 정렬되지 않게 배치하는 것이다. 다시 말하면, 그 사악한 접힌 면이 있는 곳마다 방문자들이 스크롤 해야만 볼 수 있는 것이 더 많다는 것을 알게끔 페이지 레이아웃이 내용(예를 들면 사진)을 자르고 들어가 있게 만드는 것이다.

이처럼 정렬되지 않은 상태를 만들기 위해서는 모든 것들이 수평으로 가지런히 배치되어야 한다는 관념에서 탈피해야 한다. 대신, 웹페이지에 있는 세로 칸(column)들을 마치 각각 살아 움직이는 것처럼 만들어야 한다. 눈, 코, 입, 팔다리가 이리저리 아무렇게나 붙어있는 모습 같아서 시각디자이너들이 비명을 지를 만큼 정렬되지 않아도 좋다. 실제로 이러한 경우가 너무 자주 있는 일이기 때문에, 우리가 최소한 사용성에 관해 관심을 가져보면, 출력했을 때 괜찮아 보였던 것이 언제나 스크린으로 잘 변환되는 것은 아님을 알 수 있다.

스크롤 친화적인 환경을 만드는 요령 하나는 그래픽적으로 따분한 곳의 내용을 잘라내 버리는 것이다. 보통 웹페이지 아래쪽 가장자리가 깔끔해 보일수록 스크롤 친화력은 더 떨어지는 경향이 있다.

불친절한 스크롤
친화적 페이지

이제 당신이 올바른 시각적 신호를 발산하는 디자인을 만들었다고 가정해보자. 하지만 이와 동시에 그 디자인이 서로 관련 있는 두 정보를 물리적으로 분리시켜 버린다고도 생각해보자. 이러한 상황 역시 문제가 될 수 있다. 예를 들어 환율 계산기의 경우처럼, 만약 페이지 상단의 입력창에 정보를 입력해야 한다면 그 결과를 나타내는 창도 입력창이 있는 부분과 화면의 동일한 영역에서 보이는 것이 좋을 것이다. 이것이 중요한 이유로는 두 가지가 있다.

첫 번째로, 만약 화면에 어떠한 변화가 있다면 당신은 방문자들이 그것을 알아채기를 바랄 것이다. 하지만 이 변화가 '화면 바깥', 즉 보이지 않는 곳에서 일어난다면 방문자들은 변화가 실제로 있었는지 알아챌 수 없을 것이므로 똑같은 정보를 계속 다시 제출하다가 포기하고 싶어질 것이다. 이는 내가 전에 언급했던 피드백 문제와 밀접한 연관이 있지만, 이 상황에서는 피드백이 없는 것은 아니다. 단지 피드백이 어디에 있는지 보이지 않을 뿐이다('숲에서 쓰러지는 나무들'을 기억하라).

두 번째로, 스크롤 친화적인 페이지가 구축되어 있다 하더라도, 당신은 방문자들이 필요 이상으로 스크롤을 하는 것은 원하지 않을 것이다. 제출 버튼이 화면에서 살짝 벗어나 있는 것 때문에 스크롤을 아주 조금씩 내려야 하는 것은 엄청나게 짜증 나는 일이다. 스크린이 작아질수록 점점 더 많은 버튼, 입력창, 출력창 등이 아마도 페이지의 상단과 하단에서 모두 반복되어야 할 필요가 있다고 유추할 수 있는데, 이는 챕터 3에서 내가 언급했던 비행기 탑승권의 바코드 배치 사례와 밀접하게 관련이 있는 인체공학적 고려사항이다.

스크롤, 메뉴 길이 그리고 모바일 폰

보통 스마트폰에 있는 스크롤은 상당히 직관적인 편에 속하지만, 좀 저렴한 모델의 휴대폰에서는 선택사항 목록을 스크롤 하려면 아직도 물리적 버튼을 이용해야 하는 경우가 있다. 가시성의 측면에서, 눈에 보이는 것보다 더 많은 것이 목록에 있는지 보는 것은 언제나 쉬운 일이 아니다.

과거 삼성 울트라 터치와 같은 몇몇 휴대폰은 터치나 커서 버튼에 의해 메뉴가 활성화되었을 때 오직 스크롤 바만 표시했었다. 스크린을 잠시 가만히 두면, 스크롤 바는 다시 사라진다. 각 메뉴 아이템에 번호가 매겨져 있긴 하지만, 첫 화면에서는 다른 메뉴들도 더 이용할 수 있다는 시각적 신호를 확인할 수 없다. 일부 노키아 휴대폰은 마지막 줄에 더 보기(More)라는 옵션 버튼과 함께 아래로 향하는 화살표를 배치함으로써 이러한 문제를 해결했다.

내 경험에서 우러나온 규칙은 다음과 같다: 만약 당신이 어떠한 이유로든 사용자가 스크롤을 하도록 만들기 위해서는, 확실한 시각적 단서를 제공하라! 만약 작은 스크린을 사용할 때 볼 수 있는 메뉴 항목의 수가 제한되어 있다면 (거의 항상 그럴 것이니까) 특정 범주의 총 메뉴 항목 수를 스크롤 하지 않고 화면에 표시할 수 있는 개수까지로 제한하는 것이 좋다. 사용자들이 스크롤을 하지 않는 것이 아니라, 스크롤 해야 한다는 사실을 몰라서 안 할 뿐이다.

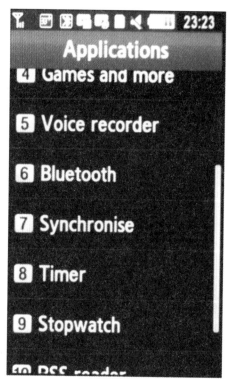

* 이 삼성 휴대폰은 메뉴 항목에 번호까지 할당해주는 친절함을 보여줬다. 하지만 첫 번째 스크린은 메뉴 항목이 몇 개인지에 대한 정보는 제공하지 않으며, 스크롤 바가 보이지도 않는다. 두 번째 스크린은 시각적인 단서를 좀 더 제공해주긴 한다-여기까지라도 도달하기만 한다면 말이지만. [사진 제공: 앤더스 슈뢰더(Anders Schrøde)]

중요한 것을 광고처럼
보이게 만들지 마라

1998년, 라이스대학교의 잰 벤웨이(Jan Benway)와 데이비드 레인(David Lane)은 그들이 배너맹(banner blindness)이라고 이름 붙인 흥미로운 현상을 발견했다. 사람들은 페이지에서 배너광고가 위치할 가능성이 높은, 특히 페이지 상단의 60픽셀 안에 있는 가장 중요한 링크를 자주 놓치는 경향이 있었다. 그 이전 해에는, 자레드 스풀(Jared Spool) 외 연구팀이 콘텐츠와 기능성 검색을 하는 사용자들이 배너 광고처럼 밝은 색으로 깜빡거리는 것들 역시 무시해버리는 경향이 있다는 사실을 알아내기도 했다.

이런 발견에서 알 수 있듯이, 아이러니하게도 뭔가를 눈에 띄게 하려고 애쓰는 것이 오히려 역효과가 나는 경우도 종종 생긴다는 것이다.

꽤 오랫동안 사용성 분야의 전문가인 제이콥 닐슨(Jakob Nielsen)은 그의 강의에서 실험 대상자가 화면 가운데 있는 커다란 빨간색 버튼을 눌러야 함에도 이를 발견하지 못하는 사용성 테스트 영상을 보여주곤 했다. 실험 대상자는 메인 메뉴를 확인하고 눌러야 하는 커다란 빨간색 버튼만 제외하고 거의 모든 버튼을 누르는 모습을 보여준다. 이 광경에 웃음이 날 수도 있겠지만, 이는 사실 많은 사람들의 슬픈 자화상 같은 비디오다. 또한, 디자이너가 사용자들과 공감하지 못한다면 절대로 좋은 제품을 디자인할 수 없다는 것을 상기시켜주는 영상이기도 하다.

시간이 흐르면서, 광고업체들은 광고를 콘텐츠처럼 만들어 사람들이 이를 클릭하게 만드는 다양한 트릭들을 개발해왔다. 이런 것은 실제로 효과가 있다. 그러므로 그 반대의 효과도 가능하다는 사실에 놀라지 마라. 만약 사용자들이 당신의 콘텐츠를 읽고 사용하기를 원한다면, 그 콘텐츠를 광고나 상황별 메뉴, 또는 완전히 새롭고 전혀 원하지 않은 방향으로 내모는 것처럼 보이는 어떤 것으로 만들지 마라.

USATODAY.com과 배너맹

파란만장한 미국의 일간 신문 USA투데이는 오랜 세월 동안 배너맹과 관련한 문제들과 싸워왔으나 그 결과가 항상 성공적이었던 것은 아니다.

내가 USATODAY.com의 새로운 디자인을 처음 알게 된 때는 2000년 4월, 보스턴에서 열린 어느 회의에서였다. 내가 기억하는 뒷이야기는 다음과 같다.

1990년 후반, USATODAY.com은 각종 인터뷰와 사이트 통계를 통해 대부분의 사람들이 스포츠, 날씨 그리고 주식 이렇게 세 가지에 주로 관심을 가진다는 사실을 알게 되었다. 그래서 이 세 가지 요소를 웹페이지 최상단의 눈에 잘 띄는 화려한 색상의 박스에 모두 집어넣기로 했다.

결과가 어땠을까? 아무도 클릭을 하지 않았다. 이것이 바로 배너맹이다.

발 빠른 디자인 리뉴얼과 몇 년간의 수정을 거친 후, 2007년 3월에 USATODAY.com은 두 번째 중대한 변화를 실행하기로 했다. 그 일은 바로 온라인 신문을 더욱 독자 참여적이고, 소셜미디어 친화적으로 만드는 것이었다. 이번에는 사람들이 기사에 대한 댓글들을 달도록 독려하는 배너가 웹페이지 최상단에 자리하고 있었다. 이들은 이것을 '네트워크 저널리즘'[1]이라고 불렀다. 그리고 정작 그 페이지의 메인 메뉴는 배너 왼쪽에 얇은 줄의 형태로 남았다. 더 가관이었던 것은 비록 얇기는 했지만 실제 배너광고가 메뉴 제목과 주요 콘텐츠 영역 중간에 들어가 있었다는 것이다.

정보통신산업에서는 새로운 유행어가 생기면 사람들이 그 시류에 편승하려고 하는 현상을 '반사적 반응 디자인'이라고 부르기도 한다. USA투데이의 경우에는 네트워크 저널리즘이 그 용어에 해당되는 것이었다.

그리고 마침내 USATODAY.com은 사용자를 혼란스럽게 했던 배너광고 아닌 배너들을 없애고, 매력적이면서 기능성까지 높아 보이는 페이지 표제를 채택하게 되었다.

---

[1] 이 용어는 버즈머신(Buzzmachine)의 창립자이자 뉴미디어의 열렬한 지지자인 제프 자비스(Jeff Jarvis)가 만들었다.

* 2007년 봄에 보았던 USATODAY.com 사이트의 모습이다. 상단의 배너는 네트워크 저널리즘을 촉진하기 위해 디자인되었다. 그러나 불행히도, 이 때문에 메인 메뉴는 왼쪽 구석에서 찾기도 힘든 작은 형태로 있었다. 설상가상으로 맨 위에 있는 머리말은 주요 콘텐츠 영역에 자리 잡은 페덱스(FedEx) 광고가 잘라먹기까지 했다!

* 수년간의 경험 끝에, 드디어 USA투데이는 사용성의 기본 법칙을 깨달은 것처럼 보인다. 이것이 2012년 2월의 사이트 모습이다.

맛보기 서비스의 함정

웹브라우징(인터넷 사이트에서 자신이 필요한 콘텐츠를 찾아내는 것-역자 주) 경험의 총합은 상품을 구매하고, 서비스를 지속적으로 이용하고, 심지어 어떤 사이트에 가입하고 싶은 우리의 욕구에 큰 영향을 미친다. 하지만 우리는 모두 맛보기만 보여주다가 정말 좋은 것들이 나오기 시작할 때 지불 장벽(인터넷에서 돈을 지불해야 콘텐츠를 볼 수 있도록 해둔 것-역자 주)과 같은 것이 나타나 그 이상 둘러보는 것을 제한해버리는 사이트들이 있다는 것을 안다. 거기서부터는 그 좋은 것에 접근하려면 등록하고 개인 정보를 제공하거나, 돈을 내거나 아니면 다른 행동을 수행해야 한다. 마치 사람들이 중독될 수 있도록 무료로 샘플을 던져 주며 유인하는 마약상의 비즈니스 모델과 유사하다. 그리고 이 기술이 자주 사용되는 것을 보면, 다른 분야에서도 이러한 접근법이 효과를 발휘할 수 있을 것 같다.

최근에 나는 스텀블히어(Stumblehere.com)라는 사이트에서 더 특이한 경험을 했다. 이곳은 안내 광고 사이트(광고를 구인, 구직 등 여러 항목으로 구분해 제공하는 사이트-역자 주) 중 일반적으로 평이 좋은 편이었다. 하지만 최근 이 사이트에 접속했을 때 클릭을 할 때마다 매번 사이트 가입 요청 팝업에 시달렸다. 뭘 하려고 해도 팝업창이 계속 뜨는 바람에 사이트를 제대로 둘러 볼 수가 없었다. 결국, 찾고 있던 정보를 구하지 못했으며, 그렇다고 가입을 한 것도 아니고, 이런 일련의 사태를 사용성을 다룬 이 책에까지 담게 되었다. 혹시 마케터들이 말하는 '윈-윈-윈(win-win-win)' 상황이라는 것을 들어본 적 있나? 이건 완전히 '망하고-망하고-또 망하는(lose-lose-lose)' 상황이다.

영화 〈제리 맥과이어〉에서, 제리의 잠재적 고객은 "Show me the money(쇼 미 더 머니; 얼마나 줄 수 있는데?)"라고 말한다. 사용성 비즈니스에서 성공하려면 당신 역시 고객들에게 그 가치를 보여줘야 한다. 그러니, 무언가 숨기려고 하지 마라.

* 이 웹사이트는 내가 클릭만 하면 팝업창이 나타났다. 결국 내가 찾던 것은 찾지도 못했고, 가입은 커녕 내 책의 '나쁜 예'의 샘플이 되었다.

* 주택 개조 시장에 나와 있는 이러한 자동문들은 사실은 전혀 자동이 아니다. 더 끔찍한 것은 문을 여는 버튼은(당신이 양손에 물건을 가득 들고 있음에도) 알아보기도 힘들어서 사람들에게 어디를 눌러볼지(혹은 걷어차거나 팔꿈치로 찍어볼지) 알려주는 손으로 쓴 표지판이 별도로 필요한 지경이다.

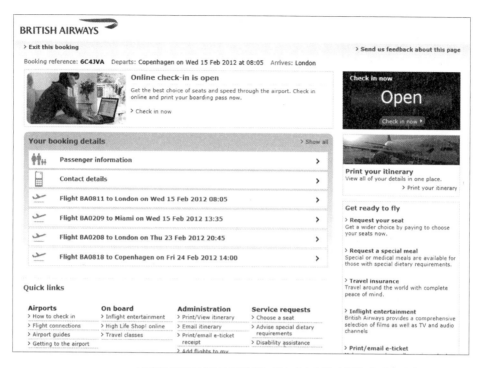

* 브리티시에어의 웹사이트에 있는 탑승 수속 창은 오른쪽 맨 위에 있다. 하지만 많은 승객들은 메인 콘텐츠 영역에서 직접 제공하는 선택사항들을 고생스럽게 찾아 헤맨다. 아마도 탑승 수속 창이 눈에 너무 잘 띄고 다른 색상으로 되어있기 때문에 이 창 역시 배너맹의 피해를 본 것이라 생각한다.

깨달음을 주는 엘리베이터 조사

가시성이라는 주제를 다루면서 내가 가장 선호하는 방법은 낯선 건물에서 막 엘리베이터를 타고 올라가 어떤 층에서 내렸다고 가정해보는 것이다. 엘리베이터에서 내린 다음에는 무엇을 해야 할지 알아봐야 한다. 내가 필요한 정보가 눈에 보이는가? 내가 어디로 가야 할지 알려줄 표지판이나 어떤 다른 단서가 있는가? (옛날에는 엘리베이터 운행을 도와주는 사람이 있었다. 백화점 같은 곳에서는 그 사람들이 각 층에 무엇이 있었는지를 안내하곤 했다: "2층입니다. 여성복, 신발 그리고 란제리 코너입니다.")

그래서 만약 당신이 그 엘리베이터 운행을 도와주는 역할이라고 생각해본다면(실제 상황이든, 아니면 은유적으로 당신의 '승객들'을 다른 웹페이지로 데리고 갈 때든) 승객들에게 무슨 말을 할 것인가? 무슨 말을 하든 간에, 그것은 모두의 눈에 띄는 자리에서 분명한 헤드라인, 커다란 표지판, 또는 당신이 생각하기에 효율적으로 소통하는 데 도움이 될 만한 어떤 확실한 형태로 표현되어야 할 것이다. 건축가들은 물리적 환경에서 표지판을 만들 때 '길 찾기(wayfinding)'에 대해 이야기한다. 하지만 그 원리는 웹사이트, 레스토랑 메뉴 그리고 다른 수많은 것들에 적용할 때에도 마찬가지다. 핵심은 바로 가시성이다!

* 스위스 취리히 공항에서 사람들이 이 층에 오는 이유는 주로 화장실 때문이다. 하지만 화장실 안내 표지판은 엘리베이터 맞은편이 아니라 옆에 붙어있고, 강한 역광 때문에 잘 보이지도 않는다. 따라서 사람들은 엘리베이터에서 내리고 나면 어디로 가야 할지 헤맨다.

* 베를린의 유명 백화점 카데베(KaDeWe)는 방문객들이 에스컬레이터를 타고 이동할 때 그들이 도착하는 층이 어디인지 알 수 있게 해준다. 최소한 내려가는 사람들에게는 좋은 해결책이다. 올라가는 사람에게는 조금 가시성이 떨어지지만.

셜록, 에드워드, 도널드 노먼
그리고 기(氣)

어쩐지 철학적 인용으로 시작된 챕터는 철학적 인용으로 끝내는 것이 적절해 보인다.

중국의 풍수지리 사상은 잡동사니들이 우주의 생명력인 기(氣)가 자유롭게 흐르는 것을 막는다고 한다. 관련 없는 것들을 싹 정리하는 것이, 오히려 정말 필요하고 중요한 것을 더 쉽게 찾을 수 있게 해준다는 데 동의하는 사람들은 수도 없이 많다. 상상 속의 위대한 탐정 셜록 홈스는 "불가능한 것을 제거하고 나면, 남는 것이 무엇이든 그것이 아무리 사실 같지 않더라도 틀림없이 진실이다."라는 말을 종종 했다. 디자이너들 역시 탐정이다. 그들은 불가능한 것과 무관한 것들을 제거함으로써 진실과 마주한다.

하지만 미국의 저명한 교육자 에드워드 터프티(Edward Tufte, 정보 시각화 분야의 권위자-역자 주)가 지적했듯, 정보에 관해서는 (무언가를 없애거나 설명을 '단순화'함으로써 발생하는) 정보의 '해상도'를 줄이는 것에 의존하면 안 된다. 그리고 존경받는 디자이너 도널드 노먼은 단순함을 요구하는 이들에 대해 "우리는 단순함을 갈망하는 동시에 복잡성 또한 필요하다."라고 비판한다.

이러한 이야기를 꺼낸 요지는 우리가 무언가를 계속 눈에 잘 띄게 하고 싶기는 하지만 그 방법으로 관련성 있는 것, 심지어 가끔 관련 있는 것들도 꼭 제거할 필요 없이 가장 적절한 선택으로 사람들을 이끌 수 있는 디자인을 만들기를 바란다는 것이다.

이를 잘 설명하는 내가 아주 좋아하는 사례가 있다. 오스트리아의 저명한 기업인 보센도르퍼(Bosendorfer)의 연주회용 그랜드 피아노에 있는 건반 이야기다. 약 100년 전, 이탈리아의 피아니스트 페루치오 부소니는 오르간 음악을 더욱 정확하게 연주할 수 있도록 표준 건반에 추가 저음 건반을 달아달라고 요청했다(긴 오르간 파이프는 긴 피아노 줄로 치환된다). 보센도르퍼는 요청에 따라 표준인 88 건반

외에도 92 건반과 97 건반 모델 두 가지 모두를 도입했다. 하지만 이상한 문제가 발생했다. 추가 건반이 피아니스트들을 혼란스럽게 했던 것이다. 그래서 보센도르퍼는 추가했던 건반을 가려버림으로써 피아니스트의 시야를 방해하지 않도록 했다. 복잡성을 줄이는 대신, 보센도르퍼는 오히려 그 복잡성을 수용했으며, 정말 말 그대로 그것을 적절한 관점에서 보이도록 한 것이다.

'가시성'에 대해 생각할 때는 셜록, 에드워드, 도널드 그리고 우리의 기(氣)에 대해 생각해볼 필요가 있다.

* 대부분의 피아노는 가장 낮은 A 음으로 끝나는 88개의 건반으로 이루어져 있다. 보센도르퍼의 이 연주회용 그랜드 피아노는 건반 4개를 추가해서 F 음까지 내려가는 92개의 건반을 가지고 있다. 하지만 이러한 추가 건반이 악기의 중심에 앉아야 하는 피아니스트의 정상적인 착석 위치를 방해하고 주변 시야도 왜곡하는 바람에 보센도르퍼는 추가된 건반 중 두 개의 흰색 건반을 검은색으로 만들었다. 이는 사용성을 개선하기 위해 가시적인 것을 비가시적으로 만든 흥미로운 경우다.

출장 여행의 '특전'

부다페스트에 있는 우리 지사가 한 컨퍼런스의 연설을 부탁하기 위해 나를 초대했다. 나는 고급 호텔인 소피텔에 묵게 되었다. 게다가 인맥을 동원해 다뉴브강과 그 유명한 부다페스트의 체인 브릿지가 내려다보이는 방이었다. 너무나 아름다웠다.

내가 묵은 방은 확실히 시설이 잘 갖춰져 있었는데 그중에는 신형 네스프레소 커피메이커도 있었다. 아침에 진한 커피를 마시고 하루를 시작하기를 좋아하는 내게 이는 더없이 반가운 것이었다. 연설은 잘 진행되었다. 그 이후에는 자연히 의무적인 술자리와 저녁 식사가 있었다. 난 사회적 책임을 다하기 위해 최선을 다했다. 그런데 불행히도 다음 날 아침 일찍 비행기를 타야 했다. 그래선지 저녁 시간이 흘러갈수록, 방에 있는 네스프레소 기계가 점점 더 좋아 보였다.

다음 날 아침, 난 새벽을 맞이하면서 커피메이커를 향해 비틀비틀 걸어갔다. 커피 캡슐을 넣고 시작 버튼을 눌렀지만... 기계는 작동하지 않았다. 아니면 플러그가 꽂혀 있지 않았거나 아니면 다른 이유일 수도. 어쨌든, 작은 빨간 불빛, 거품 소리 등 커피가 끓고 있음을 나타내는 어떤 징표도 없었다.

나는 찾을 수 있는 모든 전기 스위치를 껐다 켰다. 내가 점점 더 필사적이게 될수록, 네스프레소 머신은 마치 참선에 들어간 철학자처럼 더 고요했다. 나는 플러그를 끼우는 곳을 찾기 위해 벽에서 서랍장을 밀어냈다. 평소 아침 5시 30분에는 있을 수 없는 어마어마한 노력을 들였다. 그러던 중, 나는 호텔 책상 위에서 늘 볼 수 있는 어수선하게 놓여진 여러 안내문 중 하나를 발견했다. "전기 포트의 스위치가 켜지지 않으면, 침대 옆 스위치를 사용하세요."

그래. 음… 굳이 왜 스위치를 이렇게 떨어뜨려 놓은 걸까? 사실, 신경을 쓰고 싶지도 않다. 그냥 커피를 마시고, 얼른 짐을 싸서 비행기를 타러 가고 싶을 뿐이다.

나는 방을 가로질러 전기와 관련된 모든 것들을 조금씩 눌러보고 움직여 봤지만 소용이 없었다. 심지어 침대까지 움직여 보았다. 그제야 침대 헤드에 있는 작은 황동 스위치 두 개를 발견했다. 이 스위치에는 작은 '벨' 모양이 그려져 있었기 때문에 이것을 누르면 객실 청소부가 올 줄 알았다. 하지만 카페인이 충전이 절실했던 나는 결국 그 둘 중 하나를 누르기로 했다. 나중에 졸음에 겨워 방으로 온 청소부에게 팁을 주며 사과를 하더라도 말이다. 놀랍게도, 네스프레소 기계에는 불이 들어왔고, 소리를 내며 끓기 시작했다. 그리고 내 하루는 더 나아지게 되었다.

여기에서 배울 수 있는 교훈: 주변 환경이 친숙하지 않을수록, 더욱 분명한 시야에 물건들이 있어야 한다. 만약 사람들이 그 물건을 사용하기를 기대한다면 말이다. 가시성이다, 여러분, 가시성 말이다!

* 헝가리 부다페스트에 있는 소피텔의 룸들에는 최고의 커피 메이커와 전기 포트가 비치되어 있다. 아, 네스프레소는 상쾌한 아침을 시작하게 해주는 완벽한 방법이다... 특히 밤늦게 자고 난 다음 날에 그렇다.

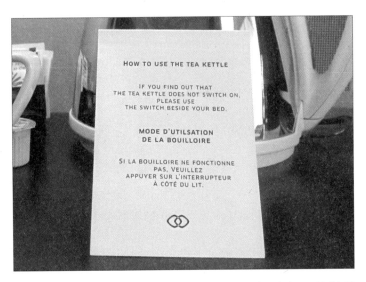

HOW TO USE THE TEA KETTLE

IF YOU FIND OUT THAT
THE TEA KETTLE DOES NOT SWITCH ON,
PLEASE USE
THE SWITCH BESIDE YOUR BED.

MODE D'UTILSATION
DE LA BOUILLOIRE

SI LA BOUILLOIRE NE FONCTIONNE
PAS, VEUILLEZ
APPUYER SUR L'INTERRUPTEUR
À CÔTÉ DU LIT.

* 이런. 커피머신을 켜고자 노력하고서 10분이 지난 뒤에야 나는 전기 포트 옆에 놓인 이 안내문을 발견했다. 침대 옆에 있었던 진짜 스위치를 찾기까지는 몇 분이 더 걸렸다.

* 이렇게 조그만 버튼들이 침대 헤드에 설치되어 있었다. 비록 방 안의 다른 스위치처럼 생기지는 않았지만 이것으로 커피머신을 켤 수 있었다. 이 스위치를 처음 봤을 때 호텔 메이드를 호출할 때 사용하는 것으로 생각해서 무시했었다. 종 모양 그림 때문이다. 눈에 잘 띄지도, 논리적이지도 않은 해결책이다.

❓ 찾아봐야 할 10가지 비가시적 사항들

❶ 당신의 제품 정보가 실제로 사용 불가능한 상태임에도 사용 가능하다는 신호를 보내지는 않는가? 아니면 당신이 사람들이 볼 수 없는 어딘가에 그것을 숨겼던 것은 아닌가?

❷ 무언가가 물리적으로 사용자의 정보에 대한 시야를 가리고 있지는 않은가? 팝업창? 물리적 장애물? 아니면 그 밖의 것? 일단 제거하라!

❸ 중요한 정보가 배너광고나 기타 관련성이 미심쩍은 그 밖의 무언가와 같이 무시해도 될 법한 것처럼 보이지는 않는가?

❹ 당신은 사용자들이 어떤 종류의 작업을 완료하는 데 필요한 중요한 정보를 포함하는 것을 잊어버리지는 않았는가?

❺ 제품(또는 서비스)에 '접힘' 속성이 있나? 만약 그렇다면 사용자가 필요로 하는 정보는 모두 접힌 면의 동일한 부분에 그룹화되어 있는가? 아니면 그 접힘 면이 이름과 주소, 입력과 출력 등을 따로 떨어뜨려 놓고 있지는 않은가? 또 주요 연락처 링크와 같이 중요한 것이 접힌 면 아래에 가려져 있지는 않은가?

❻ 화면상의 기다란 페이지는 사용자들이 스크롤을 하게끔 강력한 신호를 보내고 있는가?

❼ 인터넷에서 일정 금액을 지불해야 콘텐츠를 볼 수 있도록 한 것이 오히려 무료 콘텐츠에 대한 사용자 경험을 방해하고 있지는 않은가?

❽ 웹사이트에 있는 모든 페이지, 빌딩에 있는 모든 문 그리고 당신의 제품에 대한 새로운 시각과 전망은 '깨달음을 주는 엘리베이터 조사'에 나오는 요구사

항을 충족시킬 수 있는가?

❾ 당신의 디자인팀이 제품을 더 나아지게 하려고 어수선함을 줄이고 있는가, 단지 더 예쁘게 만들려고 줄이고 있는가? 더 나아지는 게 더 낫다.

❿ 사용자가 업무를 수행하는 데 도움이 되는 일반적인 용어 대신 내부에서 또는 독점 브랜드 용어를 사용하고 있지는 않은가? 예를 들어, '보험 가입하기' 대신에 '토털 유연성 플랜(Total Flexibility Plan)에 가입하기'라고 말하지는 않는가?

📖 당신이 좋아할 만한 다른 책들

나는 여기에 나열한 여섯 권의 책들의 주제가 진짜 뒤죽박죽인 점을 인정한다. 하지만 이 책들은 내가 모두 아끼는 것들이며, 비록 일부는 꽤 모호한 방식으로 연관되어 있지만 어쨌든 모두 이런저런 방식으로 가시성과 관련되어 있다.

- The Image of the City, Kevin Lynch, MIT Press, 1960
- Wayshowing, Per Mollerup, Lars Muller Publishers, 2005
- Ambient Findability, Peter Morville, O'Reilly, 2005
- Handheld Usability, Scott Weiss, John Wiley & Sons, 2002
- Visual Explanations, Edward R. Tufte, Graphics Press, 1997
- Designing for Small Screens, Studio 7.5, Ava, 2005

🔍 구글에 검색해볼 것들

- 배너맹 (Banner blindness)

- 모바일 메뉴 (Mobile menus)

- 접힌 면의 통념 (The myth of the fold)

- 웹에서 광고하기 (Advertising on the web)

- 길 찾기 (Wayfinding)

- 아이트래킹 (Eyetracking)

- 신문 디자인 (Newspaper design)

CHAPTER 7

이해 가능성

영어에는 기본적으로 같은 의미를 가진 표현들이 놀라울 만큼 많다. 다음 표현들을 보자.

- ▶ Get my drift?: 내 말 알아들었어요?

- ▶ Did I make myself clear?: 내 말이 무슨 말인지 알겠어요?

- ▶ Are you with the program?: 그 프로그램이 이해가 되나요?

- ▶ Are the dots connected?: 잘 진행되어가고 있나요?

- ▶ Are we talking the same language?: 우리 지금 말이 통하고 있는 거죠?

사용성의 측면에서, '이해가능한' 상황이라면, 이 질문들에 대한 답은 모두 "네."여야 한다. 그렇지 않다면, 처리해야 할 일이 있다는 것이다!

엔지니어가 손잡이와 버튼이 어떻게 기능하는지 알고, 디자이너가 모든 아이콘이 의미하는 바가 무엇인지 알고, 웨이터가 특정 요리를 만드는 데 30분이 걸린다는 것을 안다고 가정해보자. 하지만 내가 이 사람들과 함께 공유하는 준거의 틀이 없다면 사용성은 다음과 같은 문제를 겪을 것이다. 잘못된 버튼을 누르고, 목적 없이 클릭해대고, 식사는 예상보다 더 오래 걸려 화가 날 것이다.

"준거를 공유한다."라는 개념은 사실 이 챕터에서 내가 말하고 싶은 유일한 핵심이다. 다른 한편으로는 매우 중요하기도 하다. 게다가 당신이 사물을 공유된 준거의 관점에서 보기 시작한다면, 믿을 수 없을 정도로 많은 어이없는 사용성 문제를 피할 수 있을 것이다. 어쩌면 앞 챕터의 내용도 새로운 시각으로 볼 수 있을지 모를 일이다.

* 내 아버지는 1939년에 가까스로 조국을 벗어났던 오스트리아계 유대인이다. 이것은 1938년 3월 13일에 있었던 합병 국민투표 용지다. 이를 보면 유권자들에게서 기대했던 것에 대해 의심의 여지가 없어 보인다. 공유 준거 수립의 무시무시한 사례 중 하나다.

'공유 준거'란 무엇인가?

가장 기본적으로 설명하면, 공유 준거는 어떤 것을 사용하는 사람이 그것을 만든 사람과 그것에 대한 기본적인 이해를 공유한다는 것을 의미한다. 우리도 지금 같은 생각인 거지? 그러길 바란다!

인터랙티브 미디어에서는 당신이 마음대로 이용할 수 있는 다음의 세 가지 도구가 있다.

- ▶ 말
- ▶ 이미지
- ▶ 사운드

그 밖의 모든 곳에서는 당신의 오감 모두가 일상생활 속을 돌아다니면서 공유 준거를 형성하는 데 도움을 준다. 이것이 어떻게 일어나는지 살펴보자.

단어에 대한 약속

아무리 그래픽 기술이 화려하게 진화해도, 아무리 무언가를 직관적으로 생각한다 하더라도, 단어는 우리 주변을 둘러싼 세계를 이해하는 것을 돕는 데 여전히 매우 중요한 역할을 한다. 그래서 일반적으로 책에는 그림보다 단어가 더 많다. 심지어 아이폰의 멋진 아이콘들 역시 단어와 함께 조합되어 있다. 또한 단어는 대부분의 사용 설명서, 메뉴, 제품 설명서, 마케팅 자료, 홍보 자료 등의 기본을 이룬다. 식자율이 한 국가의 발전 수준을 나타내는 핵심 지표로 여겨질 만큼 단어를 사용하는 능력은 매우 중요하다.

사용성의 측면에서 기억할 것은 딱 2가지다:

▶ 당신이 무엇을 말하든 그것을 명확하게 말하라.

▶ 모든 사람이 당신이 쓴 것을 그대로 읽으리라 생각하지 마라.

* 이것은 2005년에 캡쳐한 오래된 스크린샷이다. 박스에 체크를 하면 어떤 일이 일어날까? 삼성은 이 바보 같은 오류를 찾아내는 데 약 1년이 걸렸다. [사진 제공: Mark Hurst]

에릭의 '백열전구' 테스트

몇 년 전, '웹을 위한 글쓰기' 강의를 시작했을 때, 나는 간단한 게임을 개발했다. 일단 손을 들고 마치 가상의 전구를 손에 쥔 것처럼 포즈를 취한다. 그리고 강의실에 있는 사람들에게 내가 들고 있는 것을 말해주는 것이다.

"제 손에는 평범한 60W 전구가 있습니다. 이것은 돌려서 끼우는 방식으로 표준 E27 모델입니다. 'E27'은 1909년에 에디슨(Edison)이 전기연결부에 맞게 도입한 표준 부품 체계인 '에디슨 27㎜를 의미합니다. 좋습니다. 자, 저는 평범한 60W 전구를 가지고 있습니다. 모두 제 손에 무엇이 있는지 알겠습니까?"

지난 15년 동안, 나는 수천 명의 사람들과 이 게임을 수백 번도 더 했다. 그 누구도 내가 무엇을 들고 있었는지 모른다고 대답한 적이 없었다.

그런 다음 나는 하얀색 반투명 백열전구를 들고서 이것이 내가 들고 있다고 생각한 것이 맞는지 묻는다. 모두들 그 전구가 진짜 내가 묘사했던 것이라고 동의한다. 그러나 내가 그들을 속인 것이다.

E27 전구와는 관련 없는 역사적 사실을 모두 추가함으로써, 나는 그들이 내가 설명할 때 포함하지 않은 완전히 다른 세부 사항에 초점을 맞추어야 한다는 사실을 잊게 만든다. 즉, 나는 청중들의 허를 찌른 것이다.

게임을 진행하는 동안 나는 전구를 담은 작은 가방을 나눠 준다. 진짜 전구(하얀색 반투명)를 든 후에 사람들에게 가방에 들어있는 전구가 내가 가진 전구와 같은 것인지 확인해 달라고 요청한다. 각각의 전구가 내 묘사와 일치하기는 하지만 내가 들고 있는 전구와 똑같은 건 없다.

그렇다면 나는 어떤 세부 사항들을 말하지 않았던 것일까? 질문으로 제시해 보겠다.

▶ 전구는 투명한 것인가, 색이 있는 것인가, 아니면 반투명한 것인가?

▶ 특정 색온도가 있는 '일광' 전구인가?

▶ 암실용 특별 전구인가?

▶ 인광 물질을 감지하는 것은 자외선 전구인가?

▶ 110V인가 220V인가?

▶ 새 것인가, 사용 중인 것인가?

이쯤 되면 이런 생각을 할 것이다. "이 사람한테는 확실히 '평범한' 것이 남다르군. 뭐 암실용 전구? 에이, 농담도 심하네." 정확히 그것이 문제다. 평범하다는 것은 너무 많은 다양한 것들을 의미할 수 있다. 공유 준거가 될 순 없는 것이다!

당신이 실제로 웹사이트, 카탈로그, 브로슈어, 교육용 소책자 등을 위한 카피를 쓰는 사람이라면 여기서 다른 중요한 교훈을 얻을 수 있다.

세부 사항(또는 경쟁 우위를 점하는 고유의 기능)을 설명하는 데 너무 몰두해 기본적인 설명을 포함하는 것을 잊어서는 안 된다. 이것은 생각보다 흔한 실수다.

* 이 전구들은 모두 60W, 표준 E27형이다. 하지만 똑같이 생긴 건 하나도 없다. 나는 카피라이터들이 카탈로그와 웹사이트를 위한 콘텐츠를 작성할 때 우리 독자들이 이미 알고 있는 사실을 얼마나 당연하게 여기는지 보면 항상 놀란다.

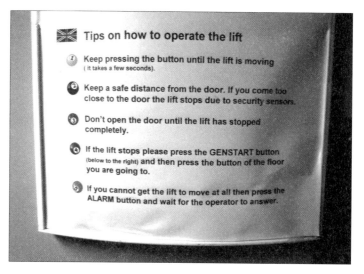

* 여기 실제로 설명이 필요했던 덴마크의 한 엘리베이터에 있는 안내문이다. 공유 준 거가 (몇 개의 언어로) 설정되어 있지만, 근본적인 사용성 문제는 해결하지 않았다.

효과적인 '공유 준거'를 만드는
다섯 가지 열쇠

이것은 '웹을 위한 글쓰기' 수업을 들었던 학생들에게 주었던 리스트다.

▶ 어떤 것도 당연시하지 마라.

▶ 사람들이 가질 만한 의문을 예상하라.

▶ 사람들이 물어볼 생각을 하지 않았던 질문에 답하라.

▶ 방문자의 상황에 대한 맥락 속에서 내용을 검토하라.

▶ 커뮤니케이션 환경-경험을 둘러싼 시간과 공간-은 주어진 시간에 필요한 (혹은 제공되는) 정보의 성격에 영향을 미칠 것이다.

이 내용을 빨리 정리해보자.

먼저 사람들이 당신이 설명하는 것에 대해 같은 수준의 지식이나 관심을 가지고 있지 않다고 생각하라. 그러므로 분명한 세부 사항을 포함한 모든 것을 구체화해야 한다. 뻔한 것을 반복하는 것은 당신의 제품과 서비스, 심지어 당신의 아이디어의 잠재적 구매자들에게 확신을 심어주기 위함이다.

팁 하나: 설명서를 소리 내어 읽은 다음 당신의 친구들에게 물어보게 하라. 이 연습은 당신이 포함시키는 것을 간과할 뻔했던 정보에 대해 많은 것을 알려준다. 예를 들어 설명서를 읽거나 사진을 보고도 답할 수 없는 질문이 있다면 무엇인가

가 빠졌고 당신의 공유 준거가 만족스럽게 설정되지 않았다는 것을 의미한다.

만약 당신이 어떤 종류의 시나리오/이야기/상황의 맥락 속에서 정보를 본다면, 공유 준거를 개선할 방법을 많이 찾을 수 있을 것이다. 온라인이라면 아마도 더 상세한 설명과 더 정밀한 그래픽을 의미할 것이고, 오프라인이라면 사용자의 특정 상황을 관찰하거나 상상해야 하는 경우가 많다. 사례를 살펴보자.

가령 당신과 당신의 파트너가 한 번도 방문해본 적이 없는 레스토랑에서 식사할 계획을 세운다고 치자. 다음은 당신의 고객이 경험했을 법한 몇 가지 접점에 대한 간략한 설명으로, 이 모든 것이 공유 준거의 여부와 직접 관련이 있다.

온라인으로 예약을 했다면, 예약서 작성은 쉬웠는가? 예약 확인은 얼마나 빨리 받을 수 있었는가? 아니면 전화로 예약을 했나? 그렇다면 전화번호는 어떻게 찾았는가? 레스토랑은 어떻게 갔나? 직접 운전해서? 걸어서? 다른 사람의 차를 타고? 아니면 택시로? 레스토랑은 찾기 쉬웠나? 웨이터가 당신의 좌석을 준비해두었나? 아니면 '잠시만 기다리시면 좌석을 안내해드리겠습니다.'라는 안내문이 있었나? 그것도 아니면 마음대로 가서 앉았나? 웨이터가 즉시 메뉴를 가져왔는가? 메뉴는 읽기 쉬웠는가? 그것을 읽기에 조명은 적당했는가? 메뉴는 이해할만한 것이었나, 아니면 낯설고 복잡한 조리 용어를 사용했는가?[1] 음식의 양은 어떤가?

---

[1] 이것은 호주의 괴짜 식도락가 폴 라파엘(Paul Raphael)이 쓴 가짜 메뉴다: '수입 엉겅퀴 장식을 올리고 가마에서 구워지지 않은 토기에 담은, 미지근한 물에 수비드 방식(저온진공)으로 익힌 트와이스 핑거드 해리스 랜치 와규 비프'

스타터 메뉴를 주문했나? 만약 그렇다면, 스타터가 결국 식사가 되어버리지는 않았나? 웨이터의 메뉴 설명이 믿을만했는가 아니면 추가 질문을 해야 했는가?

심지어 이렇게 간단한 시나리오에서도 고려해야 할 것이 아주 많다. 공유 준거의 문제가 있는 것이다. 서비스 디자인의 문제도 있고 길 찾기의 문제도 있다. 건축상의 문제도 있다. 그리고 사용성이라는 용어의 가장 넓은 의미에서 최적화할 기회가 아주 많다.

이것은 내 리스트의 가장 마지막 지점인 커뮤니케이션 환경으로 바로 연결된다. 만약 당신이 온라인으로 레스토랑을 살펴보고 있다면, 레스토랑에서 직접 얻을 수 있는 감각적 피드백("우와. 저 사람들이 먹는 것 좀 봐. 나도 저거 먹어야겠다.")을 얻지 못한다는 것은 분명하다. 다시 말해, 공유 준거를 세우는데 필요한 정보를 제공하는 경험은 거의 항상 해당 경험이 어디서 발생하느냐에 따라 달라진다.

* 언제든 당신이 흔한 대상이나 인터페이스에 붙어있는 추가 안내문을 본다면, 해결 책이 필요한 기본적인 디자인 문제가 있음을 확인할 수 있을 것이다. 사진은 강력한 인 지적 신호를 사용자에게 보내는 데 실패했던 문손잡이다.

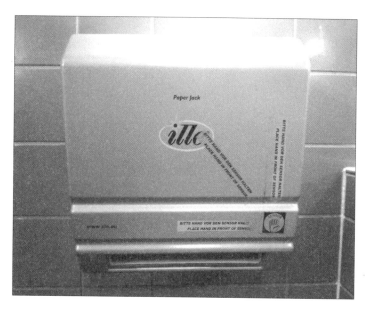

* 이 손 건조기의 '자동' 기능은 분명 매우 비직관적이라서 사람들에게 추가적인 설명 을 해주는 스티커가 세 개나 붙어있다.

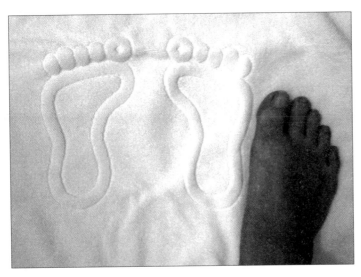

* 모스크바의 한 호텔에 있는 이 욕실용 매트는 그것이 수건이 아니라 욕실용 매트라
는 분명한 신호를 보낸다. 예상치 못한 장소에서 만난 아주 훌륭한 공유 준거다.

컴포트 존 만들기

나는 여행이 아주 많은 사용성 문제들을 상기시키므로 항상
흥미롭다고 앞서 언급했었다. 나는 내가 무엇을 해야 하는지 이해하기 위해 종종
컴포트 존을 벗어난다. 이렇게 당신의 비즈니스 장소를 방문한 사람은-온 · 오프
라인 관계없이- 마치 여행자처럼 그들의 컴포트 존을 벗어나 있는 것이다. 그러
니 그들을 환영해주어라. 그들의 손을 잡아라. 그들이 목표에 도달하고 문제를 해
결하는 데 필요한 안내를 제공하라.

당신은 로마나 파리 같은 흥미진진한 도시들에서도 관광객들이 맥도날드에

모여든다는 사실을 알고 있었는가? 그런 도시들은 빅맥(맥도날드를 대표하는 햄버거 메뉴-역자 주)보다 더 섬세한 식도락 경험을 제공하기로 유명한데도 말이다. 이는 맥도날드가 낯선 일상을 마주하며 생기는 스트레스로부터 휴식이 필요한 사람들의 컴포트 존을 상당히 훌륭하게 제공하기 때문이다. 맥도날드에서 주문하는 것은 셰보이건(Sheboygen, 미국 위스콘신 주의 동부-역자 주)에서부터 상하이까지 거의 똑같다. 이것이 많은 성공적인 프랜차이즈 뒤에 숨겨진 비밀이다.

당신의 이야기를 하는 것을 두려워하지 마라

아마도 온라인 디자인에는 가장 위험한 통념 세 가지가 있다.

- ▶ "우리 고객들은 이걸 이미 알고 있어. 그러니 한 번 더 말할 필요 없어."
- ▶ "웹사이트의 텍스트는 10줄을 넘지 말아야 한다."
- ▶ "사람들은 웹사이트에서 스크롤을 내리지 않는다."

첫 번째 통념은 강력한 공유 준거(shared reference)를 만들 아주 많은 기회들을 놓치게 하는 원인이다. 예를 들어 전구가 110V인지 220V인지, 세금이 가격에 포함되어 있는지 등을 명시하는 것을 잊어버리는 것이 이에 해당한다.

두 번째는 지난 90년대 중반에 포키 컴퓨터(pokey computers)가 포키 다이얼 접속 모뎀을 통해 장황한 텍스트를 다운받곤 할 무렵, 사용성 전문가 제이콥 닐슨이

한 말이다. 당시는 이것이 적절한 충고였다. 하지만 오늘날에는 통하지 않는다. 사이버공간의 시간은 빠르게 흘러가도 어쨌든 정보는 영원히 남는다. 하지만 내 말만 그대로 받아들이지도 마라. 2004년에, Marketingexperiments.com은 긴 텍스트가 짧은 텍스트보다 40% 이상이나 더 나은 결과를 낸다는 것을 보여주었다!

세 번째 발언은 틀렸다는 것이 여러 차례 입증되었다. 사실, 아마존의 평균적인 페이지는 인쇄된 종이로 약 14쪽 정도다. 사람들은 분명히 스크롤을 내린다. 레이저피시(Razorfish, 세계적 디지털 광고 에이전시-역자 주)의 2008년 보고서를 보면 거의 75%의 사람들이 무언가를 하기 전에 가장 먼저 스크롤부터 내린다는 것이 나타나 있다. 사람들은 페이지를 대충 살펴본 다음에야 세부적으로 읽는 것에 집중한다. 그들은 자신이 찾고자 하는 것과 관련된 키워드(명사)와 촉발 단어(형용사)를 검색한다. 예를 들면, '다림질이 필요 없는 셔츠'에서 '다림질이 필요 없는'이 촉발 단어, '셔츠'가 키워드다.

신기하게도, 루이스 캐럴의 소설 『이상한 나라의 앨리스』에서 하트의 왕은 웹 텍스트의 적절한 길이를 정확하게 정의했다: "처음부터 시작해 끝까지 계속해라: 그리고 멈춰라." 요약하자면, 당신의 이야기를 간단명료하게 하라. 빈칸을 채워라. 세부 사항을 놓치지 마라. 견고한 공유 준거를 아우르는 컴포트 존을 구축하라.

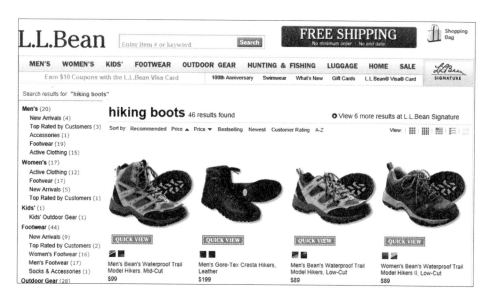

* LL 빈(LL Bean)은 아주 우수한 공유 준거를 만들었다. 그들은 신발 한쪽을 뒤집어 서 바닥을 보여줌으로써 이런 부츠 종류에서 핵심 특징인 밑창을 잠재 고객이 볼 수 있 게 했다.

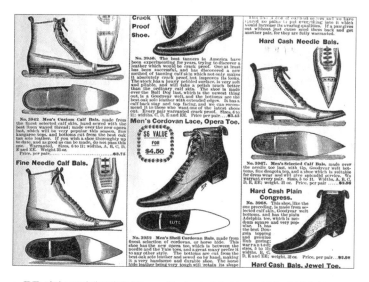

* 물론 시어스로벅앤드컴퍼니(Sears, Roebuck & Co.)는 100년도 더 전부터 공유 준 거를 만드는 것이 얼마나 중요한지 알고 있었다. 사진은 1897년 카탈로그에 실린 신발 광고의 전형이다.

* 이 아리송한 광고는 코펜하겐 버스의 뒷면에 있던 것이다. '530g'은 무거운 것인가 가벼운 것인가? 나는 집에 와서 내 투박한 윙팁스(가죽으로 만들어져 끈으로 묶는 신발-역자 주)의 무게를 달아 보았는데, 겨우 491g이었다. 몇 년 뒤, 나는 그 신발이 앞코가 쇠로 된 안전 부츠였다는 사실을 알게 되었다. 그렇다면 가벼운 것이 맞다! 결국은 공유 준거다.

사진과 기타 시각적 보조물들

때때로 한 장의 사진은 천 마디 말의 가치가 있다. 이미지는 당신의 말에 향기를 불어넣는다. 이미지는 말로 하기 어려운 이야기를 구체화해 주는 중요한 역할을 한다. 설명만 듣고 웨딩드레스를 고르는 신부를 상상할 수 있는가? 단어는 사실과 수치를 전달하는 데에는 훌륭하다. 하지만 모호한 것을 전달하거나 대상의 감성적 측면을 전달하는 데에는 종종 사진, 그래픽, 그리고 이미지가 더 낫다. 그리고 만약 특별한 기능과 관련이 있는 사진이라면 천 마디 이상의 가치가 있다.

'주머니나 파우치에 쏙 들어가는' 아주 작은 휴대용 캠코더를 상상해보라. 그럼, 주머니나 파우치의 크기는 과연 얼마만 한가? 이때 실제로 손에 들고 있는 캠코더 사진이 있다면 크기를 가늠하는 데 도움이 될 것이다. 이 경우, 손은 크기에 대한 기준을 제공한다. 일반적으로, 잘 알려진 크기의 물체를 제시하는 것은 사람들이 낯선 물건의 크기를 이해하는 데 도움이 된다.

사진이 적절히 활용되는 또 다른 경우는, 무언가가 어떻게 사용되고 착용되는지 등을 보여줄 때다. 특히 가방처럼 등에 메고 사용하는 진공청소기처럼 약간 특이한 방식의 제품을 사용하는 경우 유용하다.

마지막으로, 사진과 이미지만으로 당신이 전달하고자 하는 이야기를 충분히 설명할 수는 없다는 점을 기억하기 바란다. 메시지를 효과적으로 전달하기 위해 하나 이상의 공유 준거를 사용하는 것을 주저해서는 안 된다.

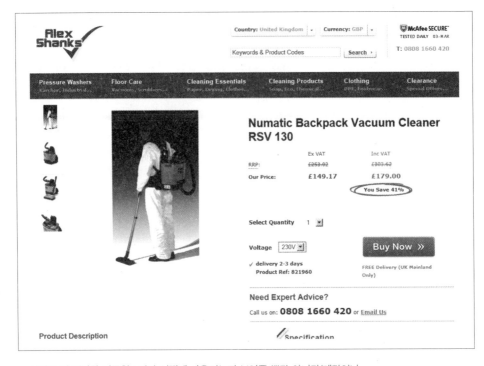

* 사진은 이 기발한 진공청소기가 어떻게 사용되는지 보여줄 뿐만 아니라(계단이나 혼잡한 공공장소를 청소할 때 훌륭하다) 그 크기를 알려 주기도 한다. 페이지 아래로 스크롤 하면 자세한 제품 사양도 볼 수 있다. 전체적으로 잘 만들어진 공유 준거다!

* 베를린에서 GPS 데이터는 버스가 언제 도착하는지 알려주는 데 사용된다. 이는 한밤중 추운 버스정류장에서 버스를 기다리는 사람들에게 유용한 공유 준거가 된다.

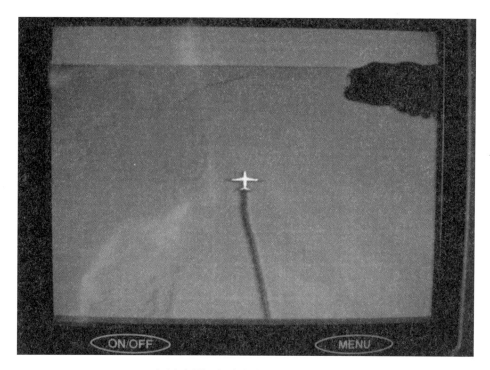

* 스칸디나비아항공은 기내 비행지도를 업데이트해서 조종사의 시야에서 보이는 광경을 지도에 구현하기로 했다. 귀엽긴 한데 별로 도움이 되지는 않는다. 예컨대, 지도 오른쪽에 있는 갈색 덩어리가 실제로는 그린란드라는 것을 알겠는가?

아이콘을 포함한
다른 성가신 것들

1997년에 나는 한 광고 에이전시에서 일하고 있었다. 어느 웹 사이트에서나 예산이 가장 큰 단일 항목은 아이콘을 디자인하는 것이었다. 콘텐츠도, 검색 경로도, 구조도 아닌 아이콘이었다. 왜 그랬는지 모르겠지만 우리는 단어가 적을수록 더 낫다고 생각했다. 당시 아이콘은 우리 모두에게 아주 새로운 표현수단이었다는 것을 명심하자. 그래서 작업을 하면서 많은 것들을 만들어내고 있었다.

지난 15년 동안, 우리는 아이콘이 매력적이긴 하지만 실제로는 아주 형편없는 의사전달 도구라는 것을 깨닫게 되었다. 사실 대부분의 사람들에게 제대로 인지될 가능성이 있는 아이콘은 오직 4개뿐이다.

▶ 돋보기(검색)

▶ 집(home, 홈)

▶ 편지봉투(연락/메일)

▶ 프린터(출력)

그렇긴 하지만, 나는 사용성 테스트를 하는 동안 사람들이 편지 봉투를 보고 그것을 도구 상자, 삭제 버튼, 그 밖의 다른 많은 것들로 생각한다고 들었다. 아이콘은 생각보다 까다로운 것이다.

극히 소수의 훌륭한 디자이너의 입장과는 다르겠지만, 만약 당신이 정말로 아이콘이 필요하다면, 마이크로소프트, 애플, 또는 구글의 디자인과 유사한 것을 사용하는 것이 더 나을 것이다. 사람들은 어떤 사이트나 앱에서 무언가를 배운 것을 다른 사이트나 앱에서도 그대로 사용할 수 있을 것이라 기대한다는 점을 기억하길 바란다.

그러므로 나는 당신이 아이콘에 관해서는 너무 창의적이지 않기를 바란다. 아이콘은 귀엽지만 디자인하는 데 비용이 많이 든다. 그리고 정말 창의적인 아이콘은 클릭한 후에야 일반적으로 이해가 된다. 이러면 아이콘을 만든 의미가 없다. 온라인에서 어떤 것에 관한 콘셉트는 그것이 무엇을 할 수 있는지가 되어야지, 어떻게 보이는지가 되어서는 안 된다는 점을 명심하라. 돈은 정말 의미 있고 중요한 콘텐츠에 써라. 일단 콘텐츠가 잘 준비된 다음에 아이콘과 기타 눈요깃거리를 걱정해도 늦지 않다.

* 우리가 아이콘이 단어보다 더 중요하다고 생각했던 때인 1998년 6월, 덴마크의 일리(Illy, 이탈리안 프리미엄 커피 브랜드-역자 주) 웹사이트. 왼쪽 아래에 있는 아이콘이 무슨 용도인지 알겠는가? 이것이 덴마크의 조명 스위치 모양이라고 말해주면 추측하는 데 도움이 될까? 스위치가 덴마크어로 '콘탁트(kontakt)'라는 사실을 알려준다면?

'빵 상자만큼 크게'

몇 년 전, 나는 실제 빵 상자를 받았다. 솔직히 말해서 나는 절대 그것을 원하지 않았고, 부엌에서 공간을 쓸데없이 차지하는 이유를 알지도 못했다. 하지만 나는 "그것이 빵 상자만큼 큰가?"라는 전통적인 공유 준거의 질문에는 익숙했다. 그래서 나는 무엇을 했을까? 나는 주말 내내 빵 상자에 넣을 수 있는 것에는 무엇이 있을지 생각했다. 가장 이상한 물건은 내 손녀가 쓰는 작은 놀이용 튜브 수영장인 것 같다. 엄밀히 말하면 유아용 수영장을 빵 상자보다 작게 만들 수 있으니까.[1]

하지만 내가 말하고자 하는 점은 이거다. '빵 상자만큼 크고, 달걀껍데기처럼 얇고, 치킨 같은 맛이 나는 것'처럼 어떤 것을 비교 대상으로 삼는 것은 비교 대상의 기준이 이해되고 이치에 맞는 것이라야 한다. 그렇지 않은 경우가 많아서 문제지만.

'치킨'을 예로 들어보자. 내가 "치킨 같은 맛이 난다."라고 쓰면 이건 대체 무슨 의미일까? 그 치킨이 쿠바의 수도 아바나(Havana)에서 먹는 '뽀요 아사도' 같은 맛일까, 아니면 일리노이주 하바나(Havana)에 있는 켄터키 프라이드의 맛일까? 우리의 공유 준거가 되는 레시피는 이처럼 지리적 혜택을 받을 것이다. 그리고 만약

---

[1] 비록 내가 고양이 구스(Gus)를 빵 상자 안으로 들어가게 해보려고 구슬릴 때 내 호기심이 이 녀석을 겁먹게 했지만, 이 책을 만들면서 어떤 동물도 해를 입지 않았다는 점을 확실히 해둔다. 모든 전자 파일은 100% 재활용된 전자로 만들어진다.

당신이 쿠바의 '뽀요 아사도'를 맛보지 못했다면 나의 준거는 아무 의미가 없다. 소통자로서, 내 메시지를 받는 사람들의 마음에 두려움이나 불확실성, 또는 의심의 상태를 조성하는 것이 아니라 진정한 공유 준거를 만드는 것이 내 책임이다.

어떤 것의 크기, 무게, 색깔, 맛, 후각의 측면에서 참조할 것이 필요하다면, 비교 대상을 신중하게 생각해 보라. 국제적으로 생각하는 것도 필요하다.

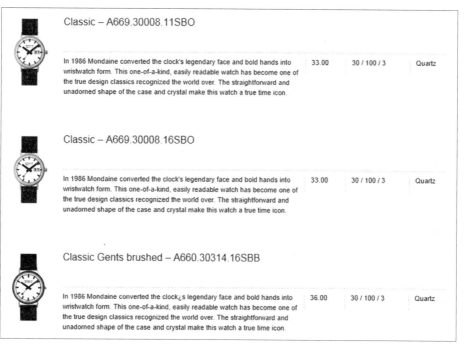

Classic – A669.30008.11SBO

In 1986 Mondaine converted the clock's legendary face and bold hands into wristwatch form. This one-of-a-kind, easily readable watch has become one of the true design classics recognized the world over. The straightforward and unadorned shape of the case and crystal make this watch a true time icon.   33.00   30 / 100 / 3   Quartz

Classic – A669.30008.16SBO

In 1986 Mondaine converted the clock's legendary face and bold hands into wristwatch form. This one-of-a-kind, easily readable watch has become one of the true design classics recognized the world over. The straightforward and unadorned shape of the case and crystal make this watch a true time icon.   33.00   30 / 100 / 3   Quartz

Classic Gents brushed – A660.30314.16SBB

In 1986 Mondaine converted the clock¿s legendary face and bold hands into wristwatch form. This one-of-a-kind, easily readable watch has become one of the true design classics recognized the world over. The straightforward and unadorned shape of the case and crystal make this watch a true time icon.   36.00   30 / 100 / 3   Quartz

* 스위스 철도청 시계의 공식 메이커인 몬데인(Mondaine)의 웹사이트에서 위의 두 시계 간의 차이점을 나에게 설명해줄 수 있는 사람이 있을까? 몬데인은 그들이 다른 사람들과 공유하지 않는 무언가를 분명히 알고 있다.

월드와이드웹에는
해가 지지 않는다

나는 텍사스에서 태어났지만, 인생의 대부분을 유럽에서 보냈다. 텍사스와 유럽은 매우 다르다. 텍사스 사람이 외국에 나가면 정말 놀랄 일이 많을 것이다. 내가 하려는 말은, 사람들이 서로 다른 배경, 기대, 준거 틀 등 다른 점을 정말로 많이 가지고 있다는 사실이다. 당신에게는 '옳고', '일반적'이고 '쉬운' 것이 다른 지역에서 온 사람에게는 언제나 낯설게 보일 수 있다.

다음은 내가 인쇄물과 웹상에서의 커뮤니케이션을 다루며 가장 빈번하게 부딪혔던 몇 가지 문제들이다.

이름(first name)**과 성**(last name)은 서식을 분류하는 데 있어 아주 좋은 기준이다. 성이 이름 앞에 오는 중국에 가기 전까지는 말이다. 사실, 중국까지 갈 필요도 없다. 헝가리 사람들 또한 성을 앞에 둔다. 문제가 보이는가? 이름을 두 칸에 나누어 적어야 하는 기본 연락처 서식에서 성과 이름 중 무엇이 처음에 와야 하는가? 더 넓은 층의 고객들에게 다가가고자 한다면(또는 직원 정보 디렉토리가 핵심인 다국적 인트라넷을 디자인하고 있다면) '성'을 먼저 쓰고 '이름'을 쓰는 것이 아마 더 나은 선택일 것이다.

측정의 단위는 매우 까다로우며 콘텐츠 제공자들이 간과하는 경우가 많다. 만약 인치 또는 센티미터를 의미한다면 그것을 명시하도록 하라. 두 가지 측정 단위를 모두 명시한다면 더욱 좋다. 만약 영국식 열 단위(British Thermal Units, BTU)와 같은 다소 특이한 단위를 쓴다면, 구매자들이 당신이 사용하고 있는 단위가 어떤 것인지-어떤 측정 단위의 약어인지-알 수 있도록 해야 한다. 신기하게도, BTU의 경우에는 대부분 공식 단위 명칭보다 약어를 더 잘 알아듣는다.

통화와 세금은 나를 미쳐버리게 한다. 소비자들에게 가격을 명시할 때, 어떤 화폐 단위를 사용하는지를 알려줘야 한다. 세금도 잊지 말아라. 전 세계의 도시, 국가마다 판매에 대한 세금은 모두 다르다. 예를 들면, 시카고 시티는 가격의 약 10.5%를 판매세로 부과한다. 이 상당한 '숨겨진 비용'은 계산대에 가서야 고개를 내민다. 이는 유럽 사람들에게는 충격이다. 더 비싼 세율에 익숙해져 있기는 하지만, 유럽에서는 이 비용이 가격에 이미 포함되어 있기 때문이다. 또한, 당신이 사용하는 약어를 구매자들이 이해할 수 있도록 해야 한다. 무슨 의미인지 설명하지도 않고 VAT, MwSt, MOMS, HST 등을 꺼내지 마라.[1]

---

1 VAT=Value Added Tax [영국]. MwSt=Mehrvertsteuer [독일]. MOMS=Meromsætningsafgift [덴마크]. HST=Harmonized Sales Tax [캐나다의 파리; 실제로 캐나다는 PST와 GST를 포함한 세 가지 유형의 판매세가 있다. 구글에 검색해보라. 이 각주로는 공간이 부족하다].

* 디자인이 잘 된 동전들에는 그 가치를 보여주는 숫자가 크게 나타나 있다. 이는 각국 고유의 통화에 익숙하지 않은 여행자들이 공유 준거를 세우는 데 큰 도움이 된다.

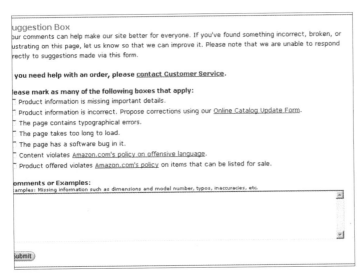

* 몇 년 전, 나는 청중들 가운데 아마존닷컴(Amazon.com)의 관계자들이 있는 상태에서 공유 준거에 대해 강연을 했다. 그 뒤에 그들은 이 간단한 건의함을 만들었다. 최근 디자인을 새롭게 하면서 건의함은 사라졌지만, 그 원칙은 계속 남아서 아마존은 온라인 산업에서 가장 굳건한 공유 준거 중 일부를 만들어냈다.

오디오와 비디오

광대역 인터넷 접속, 고차원적 포맷 표준화 그리고 유튜브
(YouTube)와 비메오(Vimeo) 같은 사용하기 쉬운 제3자(외부) 서비스의 출현으로 진
정한 멀티미디어 콘텐츠를 빠르고 저렴하게 웹사이트에 추가할 수 있게 되었다.
이것들은 특히 유용한 공유 준거 도구들이니 사용해 보기 바란다.

그렇지만 비디오와 오디오를 사용할 수 없는 이유로 종종 언급되는 다양한 접
근성에 대한 사안들(맹인들은 비디오를 볼 수 없다; 청각장애인들은 오디오를 들을 수 없다)도
있다. 그렇지만 만약 당신이 모든 것을 최소 공통분모로 줄여나가기 시작한다면,
당신은 많은 사람들에게 큰 폐를 끼치게 될 것이다. 만일 이것이 정치적으로 정당
한(차별적인 언어와 행동을 피하는) 조직에서 문제가 된다면, 법률을 주의 깊게 살펴보
아라. 정치적으로 정당한 것과 합법적인 것이 동일한 의미가 아니라는 점을 부디
기억하기 바란다.[1]

---

[1] 미국에서는, 장애인보호법 508항[종종 ADA 508로 줄여 쓰는 법]을 들여다볼 필요가 있다. 다른 곳에서
는, 월드와이드웹컨소시엄[W3C]에 있는 권고를 확인하라. '필수'가 아닌 '권고'라는 단어가 사용되었음에
주목하라.

누구를 위해 벨은 울리나

좀 오래전에, 남자들 몇 명이 런던에서 온라인 휴대폰 포털 사이트를 운영하고 있었다. 그들은 사용성과 관련한 도움을 받기 위해 내게 전화를 걸어왔다. 그들의 사업은 웹사이트에서 실제 물건을 파는 것에 기반을 두었기 때문에, 공유 준거에 대한 모든 것이 그들에게 중요한 것이었다.

그들: "판매량을 늘리고 싶은데, 뭘 해야 할까요?"

나: "음, 지금 보니까 제조사의 설명을 그대로 반복하고 있네요. 소비자들이 제품에 확신을 갖지 못하면 구매할 가능성이 떨어지죠. 온라인에서 직접 제품 설명을 하는 것이 훨씬 더 나을 겁니다."

그들: "좋아요. 하지만 모든 핸드폰을 하나하나 실제로 조사할 만큼 시간이 없는데요?"

나: "흠. 그렇다면 사용자들에게 직접 리뷰와 추천사를 쓰도록 하는 건 어때요?"

그들: "그러다가 악평을 쓰면 어떡하죠? 그건 안 될 것 같은데요."

나: "사용자들이 당신 회사가 아니라 제조사에 실망을 표현하는 게 낫지 않을까요? 정직함은 좋은 정책이란 말도 있잖아요."

그들: (긴 침묵) "우린 팔아치워야 할 오래된 재고품들이 있어요."

나: (훨씬 더 긴 침묵) "네, 적어도 전체적인 기술 사양(tech specs)은 제공할 수 있을

겁니다. 예를 들면, 지금 여러분은 핸드폰이 듀얼 밴드(이중 대역)인지 트라이 밴드(세 가지 주파수)인지를 명시하지 않고 있잖아요."

그들: "저희 회사의 모든 핸드폰은 트라이 밴드예요."

나: "사실 몇몇 제품은 트라이 밴드가 아니잖아요. 그리고 당신은 홈페이지 어디에도 모든 제품이 트라이 밴드라고 명시하고 있지 않아요."

그들: "아니, 왜 이렇게 일을 어렵게 만듭니까? 우린 그냥 핸드폰을 좀 더 많이 팔고 싶을 뿐입니다. 왜 이런 멍청한 질문을 자꾸 하는 거죠? 그냥 색깔이나 좀 바꾸든가 할 순 없어요?"

우리는 다시는 그들을 클라이언트로 받지 않았다. 후에 나는 이 회사가 "핸드폰에 대해 궁금한 사항이 있으면 언제라도 물어보세요. 궁금한 점을 모두 해결해 드립니다!"라는 슬로건을 채택했다는 사실을 알게 되었다. 그러나 이 멋진 마케팅 정책에도 불구하고, 이 회사는 결국 폐업하고 말았다. 한 사기꾼에게는 작은 발걸음이지만, 고객들에게 있어서는 위대한 도약이다. (역자 주: 1969년 7월 20일, 닐 암스트롱이 인류 최초로 달에 상륙하면서 한 말)

❓ 묻고 답해야 할 10가지 질문들

❶ 글로 표현한 당신의 서술은 어떠한가? 정확하고 포괄적인가? 아무 페이지나 고른 다음 그 페이지가 '전구' 테스트를 통과하는지 보아라. 이 테스트를 당신의 회사와 관련이 없는 가족이나 이웃을 대상으로 시도해보라.

❷ 제품이나 서비스를 주로 사용하는 3명을 규정하라. 그들 각각이 당신의 상품과 모든 경로에서 어떻게 상호작용하는지를 묘사하는 짧은 이야기를 만들어라. 개선될 수 있는 접점이 보이는가?

❸ 축약어, 사내 용어, 또는 당신의 상품을 사용하는 사람들이 이해하지 못할 수도 있는 어려운 단어를 사용하고 있는가? 이 언어를 없애거나 개선할 수 있는가?

❹ 적절한 공유 준거를 만들어내지 못하는 이미지들을 찾아낼 수 있는가? 이 이미지들을 다시 조정해 더 나은 크기 감각, 기능 등을 제공하게 할 수 있는가?

❺ 만약 가격이 표시되어 있다면 환율, 세금, 배송료, 또는 레스토랑의 서비스료 등의 포함 여부를 사람들이 알 수 있는가?

❻ 당신이 살고 있는 지방이나 지리적 지역 밖에 있는 사람들이 이해하기 어려운 온라인 페이지나 오프라인 프로세스가 있는가? 몇몇 단어를 추가해 그것들을 더 이해하기 쉽게 만들 수 있는가?

❼ 서술적 표현을 동반하지 않는 아이콘을 갖고 있는가? 만약 그렇다면, Alt 속성(이미지가 렌더링이 안 될 때 나타날 문자열을 지정하기 위한 값-역자 주)을 포함해 단어를 조금 추가해 주어라.

❽ 시각디자인의 관점에서 본격적인 공유 준거의 제작을 방해하는 물리적 제약이 있는가? (예를 들면 텍스트 상자가 담아야 할 모든 텍스트를 담기에는 너무 작은 것) 그와 같은 요소를 다시 디자인하는 것이 가능한가?

❾ 사람들이 당신의 제품과 서비스를 이해하도록 돕기 위해 비교를 하거나 유추를 하고 있는가? 만약 그렇다면, 사람들은 이 비교를 이해하는가?

❿ 실제로 사람들을 속이는 글 또는 시각적 묘사가 있나? 사람들을 속이는 것이 아니라고 가정할 때, 더 유용한 방향으로 전환하기 위해 무엇을 할 수 있는가?

📖 당신이 좋아할 만한 다른 책들

다음은 내가 정말 사랑하는 책들이다. 모두 글쓰기에 관한 내용이지만 공유 준거를 세우는 데 핵심 사항이 될 것이다. 당신이 그것들에 대해 알고 있기를 바란다.

- Writing That Means Business, Ellen Roddick, iUniverse, 2010
- Web Word Wizardry, Rachel McAlpine, Ten Speed Press, 2001
- On Writing Well, William Zinsser, Quill, 2001
- Letting Go of the Words, Ginny Redish, Morgan Kaufmann, 2007
- Clout: the Art and Science of Influential Web Content, Colleen Jones, New Riders, 2011

Q 구글에 검색해볼 것들

* 공유 준거 (Shared references)

* 인지 부조화 (Cognitive dissonance)

* 웹을 위한 글쓰기 팁 20가지 (20 tips for writing for the web)

* ADA 508

* 캐나다의 판매세 Sales taxes in Canada (그저 이것을 이해하는 것이 얼마나 복잡한

  지만 보아라)

CHAPTER 8

논리성

영화 〈스타트렉(Star Trek)〉에 등장하는, 짜증 날 정도로 좌뇌가 발달한 '미스터 스팍(Mr. Spock)'을 기억하는가? 보통은 그러한 사람이 당신의 창의적인 디자인팀에서 원하는 인물은 아닐 거라 확신한다. 하지만 이 챕터는 논리적이고 이성적인 것에 관한 것이 대부분이다. 그것은 무언가를 이해하거나, 다른 사람이 이해해야 할 것을 디자인하는 데 도움을 주는 것에 상식과 이성을 이용하는 것을 말한다. 실제로 당신은 앞으로 일어날 많은 것들에 대해 정말 엄중한 처신이 필요하다. 그리고 디자이너들이 당신 때문에 창의성을 억압받고 있다고 말할 것이 분명하니 그들을 달래줄 준비도 해라. 아니다. 당신은 그냥 그들이 우아하게 명료한 해결책을 계속 내놓을 거라는 확신만 하면 된다.

논리적 추론의
세 가지 기본 유형

여기서는 당신에게 도움이 될 수 있는 논리적 추론이 어떻게 작용하는지에 대한 몇 가지 배경을 설명하겠다. 다음 몇 단락은 원한다면 건너뛰어도 된다.

아주 일상적인 언어로, 추론에는 세 가지 유형이 있다.

연역적 추론은 우리가 어떻게 '참'-그것이 무엇이든-에 도달하는가. 이것은 A=B 그리고 B=C라면, A=C가 되는 것을 의미한다. 연역적 추론에는 종종 순차적인 무언가가 있는데, 그건 잠시 후 살펴보겠다.

귀납적 추론은 어떤 것이 반드시 참일 필요는 없으나, 참이 될 수 있는 가능성을 제시한다. 이는 우리의 관찰에 근거해 판단을 내리는 것을 도와준다. "조는 운전 경력이 40년이다. 지금까지 한 번도 사고를 낸 적이 없고 딱 한 번, 위반 딱지를 받은 게 전부다. 그러므로 조는 훌륭한 운전자임이 틀림없다." 우리는 실제로 조가 40년 동안 운전을 얼마나 많이 했는지는 모른다. 어쩌면 걷거나 자전거를 더 많이 타고 다녔을지도 모른다. 하지만 조가 정말 훌륭한 운전자일 확률은 높은 것이다.

환원적 추론은 한 상황에서 어떤 것을 배운 다음, 이것을 새로우면서도 유사한 상황에 적용하는 것을 말한다. 낯선 공항을 어떻게 돌아다니는지 이해하는 것처럼 말이다. 게이트에 비행기가 있다. 게이트에는 번호가 있으며 아마 문자도 있을 것이다. 표지판이 길을 가르쳐준다. 다음에 이어지는 두 챕터, '일관성'과 '예측 가능성'에서 이와 관련해 더 이야기하자.

이 세 가지 사고방식은 모두 '사용성'에 대한 우리의 지각에 영향을 미치는 '어떤 것'에 관한 것이다. 내가 말하는 '어떤 것'은 기본적으로 모든 것을 의미한다는 점을 명심하라. 물리적 개체, 상호작용 대상, 서비스 등이 모두 포함된다. 나는 여러분이 이 지식을 내가 지금까지 그랬던 것만큼 유용하게 쓰길 바란다.

마법의 단어 '왜'

우리는 사람들이 직접 생각하게 하지 말고, 그들을 위해 될 수 있으면 앞서서 대신 생각해야 한다. 또한 언제든 누군가가 당신이 만들고 있는 것을 사용하면서 "왜 이렇게 만든 거야?"라고 묻는다면 사용성에 문제가 있음을 당신은 알고 있어야 한다.

논리의 오류가 항상 최악인 것은 아니지만 결코 바람직한 것도 아니다. 다시 말하지만, 당신은 FUD-두려움, 불확실성, 또는 의심-를 유발하는 그 어떤 것도 하고 싶지 않을 것이다.

당신이 이 책의 전반부를 건너뛰었을 수도 있으니, 다시 한 번 다섯 가지 편리함을 위한 고려사항을 언급하겠다.

▶ **기능성**(제품이 실제로 작동하는 것)

▶ **반응성**(사용자는 제품이 작동하고 있음을 알고, 제품도 자기가 작동되고 있음을 아는 것)

▶ **인체공학성**(사용자가 쉽게 보고, 클릭하고, 찔러보고, 비틀고, 끄고 켤 수 있는 것)

▶ **편의성**(모든 것이 사용자가 필요로 하는 곳에 있는 것)

▶ **풀 프루프**(사용자가 실수를 하거나 제품을 부수지 않도록 디자이너가 도와주는 것)

이것들을 미스터 스팍(Mr. Spock)의 눈(귀 끝이 뾰족한 것은 선택 사항)으로 간단히 다시 살펴보자.

기능성과 논리

컴퓨터 화면에 있는 메뉴의 옵션들을 보다가 "왜 저걸 못하게 막아 놨지?"라고 스스로 물어본 적이 얼마나 자주 있나? 아마 아주 많을 것이다. 다음은 내가 지난 몇 년간 스스로 물었던 질문이다.

"항공권 할인 웹사이트는 왜 멤버십 번호를 추가하게 하지 않을까? 왜 일일이 공항에서 말해 줘야 하는 걸까?"

"왜 이놈의 워드프로세싱 프로그램은 내가 조심스럽게 표시해둔 글자의 아래위 문단에 글머리 표를 만드는 거지?"

"왜 이 비디오 프로젝터는 대기 중일 때도 이렇게 뜨겁지? 사용하지 않는데도 배터리가 이렇게 빨리 닳는 이유는 뭐야?"

기능성에 관한 이러한 질문들은 모두 주어진 맥락 내에서는 완전히 논리적이라 할 수 있다.

반응성과 논리

"왜 ...하지 않았을까?"는 반응성 문제와 관련한 질문에서 흔히 보이는 특징이다. 다음의 세 가지 사례 모두에서, 원하는 반응이 일어날 것으로 기대하는 것은 당연하고 논리적이다.

"왜 엘리베이터 버튼을 눌렀는데도 불이 들어오지 않을까?"

"왜 그 호텔은 나에게 확인 이메일을 보내지 않을까?"

"왜 그 접수원은 전화를 받지 않을까?"

* 장애인용 엘리베이터에 있는 이 크고 빨간 버튼을 누르면 엘리베이터가 즉시 멈출 것으로 생각할 것이다. 그런데 왜 10초 동안이나 누르고 있어야 하는 걸까? 정말 사람들이 실수로 '정지' 버튼보다 비상 버튼을 누를 가능성이 더 큰가? 나는 이 디자인 결정의 이면에 있는 논리를 알 수 없었다. 특히 사람들이 비상시에 지시문 같은 것은 읽지 않는 경향이 있기 때문이다.

인체공학성과 논리

챕터 3에서 나는 인체공학성에 대해 논의했다. 훌륭한 인체공학적 해결책이란 결국 훌륭한 상식을 의미한다. 하지만 몇 번이고 계속해서, 우리는 훌륭한 디자인팀이 해결했어야만 하는 하는 바보 같은 사용성 문제에 직면하게 된다.

"왜 이 샴푸 뚜껑은 손이 젖어 있을 때는 열 수 없는 것일까?"

"왜 자동차의 사이드 미러 제어 장치는 내가 조절하는 동안 정상적인 운전 자세로 앉아 있을 수 없을 만큼 멀리 떨어져 있는 것일까?"

"왜 ID와 비밀번호를 입력한 후에 제출하기 버튼은 스크롤을 내려서 눌러야 하는가? 왜 같은 곳에 있지 않을까?"

여기서 뭔가 비합리적이라고 느껴지는 것이 있는가? 시간을 두고 생각해 보면 모든 게 꽤 논리적으로 보일 것이다.

* 나는 이 욕조의 제어 장치를 이해하기가 힘들었다. 안경을 끼고 가까이 들여다봐도 그랬다. 디자이너의 화면에서는 이 아이콘들이 좋아 보였을 수 있겠지만 왜 누구도 구체적인 커뮤니케이션 환경에 대해서는 생각하지 않았을까?

편의성과 논리

편의성과 맥락은 밀접히 연관되어 있다. 하지만 식료품점의 배치에서부터 대화형 스크린의 배치까지, 누군가가 이 요점을 잊어버렸기 때문에 우리 생활이 힘들어진 경우가 얼마나 많았는지 모른다. 아니면 단순한 작업 흐름이 되어야 하는 것이 결국엔 꼬여버리는 그런 경우도.

"왜 포테이토 칩은 과자 코너에 있는데 디핑 소스는 샐러드 드레싱 코너에 있는 것인가?"

"왜 진공청소기 먼지봉투는 진공청소기를 판매하는 웹 페이지와 같은 곳에 올라와 있지 않은가?"

"왜 모든 데이터와 앱을 날리는 초기화를 하지 않고서는 스마트폰에서 이메일 비밀번호를 바꾸지 못하는 것인가?"

나는 이미 당신이 자신을 짜증 나게 하는 것들에 대한 마음속 리스트를 만들기 시작했으리라 확신한다! 그리고 만약 당신이 이런 종류의 사고를 프로젝트에 적용한다면, 당신은 아마 아주 많은 사용성 문제들을 미연에 방지할 수 있을 것이다.

* 코펜하겐에 있는 스캔딕 호텔의 이 뷔페는 서비스 공간의 양쪽에 줄을 서 있는 사람들을 불편하게 만들었다. 포크는 왼쪽 바구니에 있고, 칼은 오른쪽 바구니에 있다. 왜 굳이 이런 혼란을 유발하는가? 대칭적으로 보이려고? 아니 그 전에, 도대체 왜 포크와 칼을 바구니 속에 넣어서 보이지 않게 했을까?

풀 프루프와 논리

다음 질문들은 모두 도움을 갈구하는 외침이다. 그렇기 때문에 우리는 디자이너로서 우리의 제품과 서비스를 사용하는 사람들이 문제에 부딪히기 전에 당연히 도와주어야 한다.

"왜 그 앱은 닫기 전에 내가 데이터를 저장해야 하는 것을 알려주지 않았을까?"

"왜 그 설명서는 평범한 사람들이 이해할 수 없게 되어 있는 걸까?"

"왜 그들은 내가 이런 바보 같은 짓을 하게끔 했을까?"

* 쿠바 아바나에 있는 이 엘리베이터를 타고 1층으로 가려면 비상 버튼을 눌러야 한
다. 커다란 스티커가 공유 준거의 역할을 하지만, 그냥 숫자 '1'을 비상 버튼에 붙여 놓
는 것이 더 간단한 해결책 아니었을까.

디자인 부조화

부조화(dissonance)는 음이 서로 조화롭지 않다는 의미로 음악에서 유래한 용어다. 그런 뜻에서 디자인 부조화는 사물의 실제 기능과 조화를 이루지 못하는 어떤 종류의 인지적 신호를 보내는 것이라고 할 수 있겠다.

지금 생각해 보면 결과가 그저 재미있을 뿐인 이야기가 있다. 한번은 발리에서 살충제 깡통으로 만든 조리용 체를 구입한 적이 있다. 어쩐지 나는 음식을 준비하면서 독극물과 닿았던 것을 재료로 쓴다고 생각하니 무척 웃겼다. 여기에는 제품이 겪을 수 있는 잠재적으로 나쁜 PR 이외에 진짜 사용성 문제는 없다. 그러나 다른 경우에, 큰 오해를 일으키는 결과를 초래할 수도 있다. 예컨대, 내 아내는 포장 팩에 차를 마시고 있는 여성이 그려진 목욕용 녹차 소금을 집에 가져온 적이 있다. 제조사는 오해의 소지가 다분한 포장 디자인을 변호하기 위해 이것은 마실 수 있는 것이 아니라고 말하는 큰 경고문을 출력해 팩 앞에 붙여두었다. 이것은 모든 평범한 논리로는 설명하는 것이 불가능한 고전적인 디자인 부조화다. 그 디자인은 누군가를 심각한 상태로 만들 수 있는 잠재적 문제를 가지고 있었다. 그리고 이 문제는 단지 시각적인 부분을 간단히 바꾸는 것으로 쉽게 해결할 수 있는 것이었다.

여기서 시사하는 바는 간단하다. 당신의 디자인은 사람들이 이미 가지고 있을 법한 심적 모형을 뒷받침하는 것이어야 한다. 당신은 사람들이 당신 제품을 처음 경험하면서 잘못된 방향으로 인도되기를 원하지는 않을 것이다.

* 발리에서 가져온 이 조리용 체는 오래된 살충제 깡통으로 만들어졌다. 실용적인 해결책은 확실히 맞다. 그러나 또한 디자인 부조화의 아주 좋은 사례다.

* 이 일본산 목욕용 소금팩에 있는 일러스트레이션은 마시는 녹차가 들어있다는 것을 암시한다. 이런 이유로 아래에 '음식 아님!'이라고 표시해 부인하고 있다. 당신이 공유 준거를 만들고 싶다면 시작부터 잘못된 방향으로 사람들을 인도해서는 안 된다.

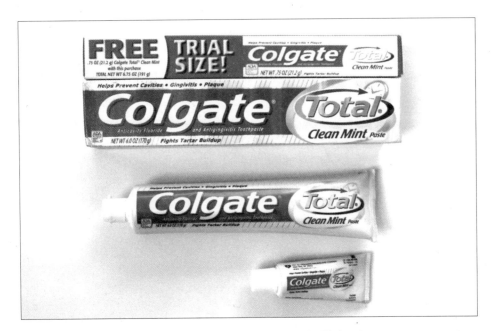

* 비록 '무료 체험분 사이즈(Free trial size)'라고 겹쳐진 상자의 위쪽에 명확히 표시
되어 있지만, 실제 튜브의 크기는 너무 차이가 난다. 왜 오해를 불러일으키는 패키지로
고객들을 실망시키는가?

* 옛날에 이 조그만 나무들은 초록색이었고 솔잎 향이 났다.
왠지 '새 자동차' 냄새가 나는 파란색 '나무'는 다소 어색하다.
디자인 부조화가 사용성에 영향을 미치지 않는 드문 사례 중
하나기 때문에 여기에 이 사진을 공유한다.

유스케이스(Use case)

챕터 7에서 나는 사용자 시나리오에 대해 간략하게 말했는데, 그것은 대개 서술적인 이야기 형태일 것이며, 아마도 챕터 4에서 언급했던 하나 이상의 페르소나와 연결되어 있을 것이다. 이제 세 번째 도구인 유스케이스(use cases, '사용 사례도'라고도 함)를 빠르게 살펴보자.

유스케이스는 박스와 화살표를 이용해 다양한 작업이 어떻게 완료되는지 그 흐름을 보여주는 계통도(또는 구성도)를 말한다. 이러한 것들은 종종 시나리오(때로는 '사용자 이야기(user story)'라고 불리기도 하는)에서 식별된 니즈로부터 생성된다.

전체 결과의 80%는 전체 원인 20%에서 비롯된다는 파레토의 법칙[1] 역시 여기에 적용된다; 약 20%의 가능한 유스케이스는 당신의 제품-특히 온라인 상품-에서 일어날 수 있는 일의 80%를 설명해준다. 그 원인의 20%를 대표하는 아주 기본적인 사례들은 흔히 '맑은 날의 케이스(sunny day cases)' 또는 '행복한 길(happy paths)'이라고 불린다. 원인의 80%를 대표하지만 20%의 결과에만 적용되는 극단적인 케이스(그러면서도 많을 것이다)는 놀랄 것도 없이 '비오는 날의 케이스(rainy day cases)'라고 불린다.

당신이 트위터 같은 소셜미디어 사이트에 가입한다면, '계정 생성'은 명확히

---

[1] 1906년에 이탈리아의 경제학자 빌프레도 파레토는 이탈리아 영토의 80%를 20%의 사람들이 소유하고 있다는 것에 주목했다. 후에 그는 정원에 있는 20%의 완두콩 콩깍지에서 전체 완두콩의 80%가 수확되고 있음을 관찰했다.

맑은 날의 케이스다. '비밀번호 변경' 또한 마찬가지다. 반면 '다중 사용자 기업 계정에서 개인 저자를 확인하는 것'은 비 오는 날의 사례 중 하나로, 너무나 대표적인 것이라서 트위터는 아직 이것을 다루지 않고 있다.

여기 당신이 혼자서도 간단한 유스케이스로 효과를 내는 방법이 있다. 맑은 날의 케이스 중 핵심적이라고 생각되는 것의 리스트를 작성하라. 이것들을 확인했다면 다음으로 그것들 각각에 이름을 붙이고, 흐름을 펼쳐내기 시작하면 된다.

"케이스 1, 차 만들기(Make tea). 일단 주방으로 간다. 가스레인지로 가서 주전자를 집는다. 싱크대로 가서 주전자에 물을 채운다. 주전자를 가스레인지 위에 올린다. 불을 켠다. 물이 끓으면 찻주전자를 꺼낸다..."

또한 아주 기본적인 상호작용만을 도표로 작성하는 훨씬 간단한 흐름을 만들 수 있지만, 같은 수준의 세부 사항으로 들어가지는 마라. 당신이 무엇을 선택하느냐는 당신이 전적으로 어떤 종류의 명확성을 요구하는가에 달렸다. 일반적으로 유스케이스는 다음 세 가지 기본 단계 중 하나에서 생성될 수 있다.:

▶ 기본 작업 흐름은 표시하지만 세부 사항은 거의 보여주지 않는 일반적인 흐름

▶ 다양한 상호작용을 보여주는 터치포인트 및 서비스 디자인 흐름

▶ 통상적인 순서와 방법을 계획하는 데 사용될 수 있는 흐름도

만약 당신이 쇼핑카트나 예약 엔진과 같은 기존 루틴의 흐름을 계획하는 경우, 이상하다고 생각되는 절차를 발견하게 될 것이다. 그렇다면 그것은 아마도 인간의 연역적 추리 과정과 상충하기 때문에 사용성 문제를 일으키는 무언가를 찾아낸 것이다. 사람들은 의사결정을 할 때 컴퓨터처럼 단정적이지 않기 때문에 때때로 이러한 과정은 다소 정상이 아닌 것 같다. 하지만 컴퓨터는 흐름의 설계를 지시한다. 컴퓨터의 사고는 이진법적이다. 검은색/흰색. 켜기/끄기. 0/1. 이는 사람들과는 전혀 다른 점이다.

흐름이 끊기는 예를 하나 들어보면, 회원 가입이나 로그인 없이 사람들이 쇼핑카트에 물건을 담아두게 한 다음 로그인하면 '리셋'되어 카트에 담은 물건이 다 사라지고 없는 쇼핑몰 사이트가 있다.

이러한 유스케이스 흐름은 실제로 아주 상세해질 수도 있다. 그러나 내 목적은 당신을 전문가로 만드는 것이 아니다. 하지만 당신이 이런 흐름 중 하나를 피상적으로만 다룬다고 해도 의심의 여지 없이 개선할 수 있는 무언가를 발견할 것이다. 또 만약 이 기법이 당신에게 정말 매력적이라면, GatherSpace.com 웹사이트에 있는 '효과적인 유스케이스와 사용자 스토리 사례 작성하기(Writing Effective Use Case and User Story Examples)'를 확인하라.

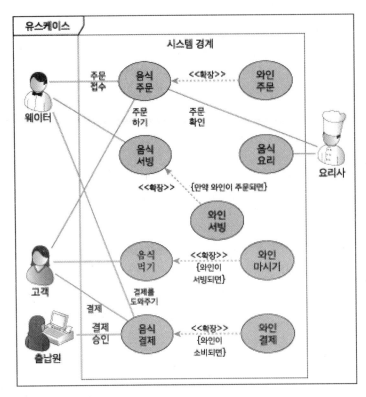

레스토랑이 어떻게 기능하는지를 보여주는 간단한 유스케이스 도식화 다이어그램.
[제작: Kishorekumar62. Marcel Douwe Dekker에 의해 변경됨. 이 파일은 저작물
이용 허락을 받은 것임]

선형 프로세스

앞서 언급했던 '차 만들기' 유스케이스의 사례는 이러한 과정
의 상당수에 명확한 선형성이 존재함을 보여주기도 한다. 물을 끓이기 전에 찻주
전자를 꺼내고 차를 찾는 행위는 언뜻 이해가 안 되는 면이 있다. 구조상으로 우
리는 물이 끓기까지의 시간을 이용하고 싶기 때문이다. 나는 흐름과 관련한 대다

수의 논리적 문제가 사실상 선형적이라고 생각한다.

수년 간, 나는 다음과 같은 것들을 우연히 발견했다.

▸ 탑승권을 출력하고 난 후까지도 내게 좌석 선택을 물어보는 것을 잊어버린 항공사 사이트

▸ 교통수단의 유형을 선택하기도 전에 경로를 선택할 것을 요청한 길 찾기 웹 사이트

▸ 결제 과정을 절반 가까이 진행했을 때야 내가 사는 지역으로는 배송이 안 된다는 것을 처음 알려 준 전자 상거래 사이트

▸ 내가 선택한 메뉴가 그 날은 제공되지 않는다는 사실을 20분을 기다리게 하고서야 말해준 레스토랑

▸ 활성화 키가 인쇄되어 있는 포장지를 버리고 난 뒤에야 나에게 그 '일회용' 활성화 키를 저장해두라고 알려준 소프트웨어 제품

이 리스트는 끝이 없다. 그러나 당신은 흐름의 선형성에 준 약간의 변화가 그 것들을 쉽게 바로잡을 수 있음을 알 수 있을 것이다. 미스터 스팍이 말하는 것처럼, "매우 논리적으로."

여섯 번의 우회

2011년 여름, 나는 마이애미에서 캐딜락 CTS를 렌트했다. 옮겨야 하는 박스가 많이 있었기 때문에 큰 차가 필요했고, 자연스럽게 고급차종 목록을 보게 되었다. 게다가 나는 잘 알지 못하는 곳으로 운전을 해서 가야 했으므로, 차에 내장형 내비게이션 시스템이 있다는 것도 기뻤다.

캐딜락의 내비게이션 화면은 계기판에서 마법처럼 솟아오르며 나타난다. 전원을 어떻게 켜는지만 알고 있다면. 내비게이션 관련 표시가 있는 버튼이 몇 개 있었지만 라디오를 켜기 전까지는 그 화면을 사용할 수가 없었다. 알고 보니, 이 이상한(또한 나에게는 비논리적인) 장치는 지금은 업계의 표준이 된 '인포테인먼트(infotainment)'라는 라디오와 내비게이션이 통합된 장치에 포함된 것이었다. 이건 내가 독립형 시스템을 가진 15년 된 자동차를 가지고 있기 때문에 어쩔 수 없는 것이었다.

마침내 켜기/끄기 기능을 알아낸 후, 다음 과제는 주소를 입력하는 것이었다. 놀랄 만큼 많은 타이핑을 해야 했으며, 엉뚱한 도로명들이 제안되었고, 일을 제대로 해결하기도 전에 다른 문제들이 발생했다. 내가 선택한 사항을 가까스로 지웠거나 다른 멍청한 짓을 한 후에 말이다. 어찌 되었든 간에, 나는 이 과정을 여러 번 다시 시작해야만 했다.

이제는 이 책을 읽는 여러분 중에서도 내비게이션이 내장된 CTS를 많이 소유하고 있을 것이며 그 차를 무척 아끼고 있으리라 확신한다. 내가 한 이상한 행동들을 만회하기 위해, 내가 발견한 것을 하나 공유하겠다. AV, INFO, CONFIG 이 세 개의 버튼을 동시에 누르면 숨겨진 추가 기능을 볼 수 있다! 흥미롭지 않은가? 꽤 논리적이기도 하다....음....

다음으로 해야 할 일은 A 지점에서 B 지점까지 안내를 받으며 차를 타고 이동하는 것이었다. A는 플로리다 파인크레스트의 마이애미 남쪽이었고, B는 포트 로더데일의 북쪽이었다. 이제 이 여정의 출발이 어렵지 않아야 하는데... 진입로에서 왼쪽으로 돌아서 코너까지 직진한 후 SW 67번가로 우회전하면 되었다. 하지만 그 내비게이션은 분명 자신의 성능을 뽐내고 싶어 하는 것 같았다. 내비게이션은 다음과 같이 안내했다.

"SW 102번길로 우회전하십시오." ('좌회전'이어야 했지만 그냥 따라가야겠다.)

"잠시 후 우회전입니다." (...두 번째로군.)

"SW 64번가로 우회전하십시오." (아, 네가 뭘 하려는지 알겠다.)

"400m 동안 직진하십시오."

"잠시 후 우회전입니다."

"SW 104번 길로 우회전하십시오." (알겠다. 네가 이제야 거의 정상으로 돌아왔구나.)

"800m 동안 직진하십시오."

"잠시 후 우회전입니다."

"SW 67번가로 우회전하십시오." (마침내 경치 구경은 끝났군.)

진입로에서 간단히 돌아 나오는 것 대신에, 내비게이션은 내가 블록 전체를 돌아가게 했다. 이게 큰일이냐고? 낯선 곳이 아니라면 물론 별일도 아니다. 포트 로더레일에 도착했을 때쯤엔, 난 이 차가 실제로는 플로리다에 와본 적이 한 번도 없고 그냥 나를 재밌게 해주려고 아무 말이나 꺼냈을 거라고 믿게 되었다. 어찌 됐든 인포테인먼트 시스템이니까, 그렇지 않나?

솔직히, 이 내비게이션 경험 중 유일하게 논리적이라고 할 수 있는 부분은 차가 길을 잃어버렸을 때였고, 결국 길을 물어보기 위해 주유소에 들렀다. 그리고 지도를 샀다.

❓ 묻고 답해야 할 10가지 질문들

① 프로젝트를 검토하면서 "우리가 왜 그랬지?"라고 묻게 만드는 기능적인 문제가 있는가?

② 왜 무언가가 일어났는지(또는 일어나지 않는지) 궁금하게 만드는 대응성 질문이 있는가?

③ 인체공학성은 어떠한가? 불필요하게 스크롤 하기를 강요받거나 무언가를 달성하는 데 너무 많은 도움이 필요한 것은 아닌가? 기억하라, 만약 당신이 "왜"라고 묻는다면, 중요한 것을 추적하고 있는 과정일 수 있다.

④ "왜 더 쉽게 만들 수 없지?"라고 스스로 묻게 만드는 편의성과 관련된 어떤 상황을 발견할 수 있는가?

⑤ 당신은 실수한 순간이 있는가? 그랬다면, 그 실수를 피할 방법을 생각해낼 수 있는가? 가족 구성원, 친구, 또는 동료에게 같은 것을 보도록 부탁하고 그들이 어떻게 반응하는지 지켜보는 것은 어떤가?

⑥ 당신의 제품 중에 보이는 것과 실제로는 매우 다른 어떤 것이 존재하는가? 당신은 디자인 부조화를 줄일 수 있는 뭔가를 할 수 있는가?

⑦ 당신의 제품을 위해 서너 개의 맑은 날의 유스케이스를 계획해보도록 하라. 이제 간단한 흐름을 만들어라. 불명확해 보이는 어떤 것이 존재하는가? 그 흐름은 펼쳐내기 어려운 것인가? 만약 그렇다면 중요한 사용성 결함을 발견한 건지도 모른다.

⑧ 흐름의 논리는 어떠한가? 당신이 목표에 가까이 다가갈 수 있는 각각의 단계

가 있는가? 아니면 당신을 불필요한 접선으로 떨어트려 놓는 흐름이 있는가? 만약 그렇다면, 이런 우회로들을 제거할 수 있는가?

❾ 공유 준거를 형성한다는[챕터 7 참조] 관점에서 당신의 제품을 보아라. 보이지 않는 프로세스에서의 더 나은 커뮤니케이션이 다른 사람들에게 더 논리적으로 보이게 만들도록 도움이 되는 곳이 있는가?

❿ 인터넷 브라우저에 있는 뒤로 가기 버튼이 이미 진행 중인 루틴을 '차단'하지 않도록 항상 확실히 하라.

📖 당신이 좋아할 만한 다른 책들

생각하는 방식에 관한 책은 꽤 무거운 느낌으로 다가올 수 있다. 하지만 여기 소개하는 다섯 권의 책은 상당히 재밌다. 여러분도 즐겁게 읽기를 바란다.

- A Mind of Its Own: How Your Brain Distorts and Deceives, Cordelia Fine, Icon, 2005

- Predictably Irrational: The Hidden Forces That Shape Our Decisions, Dan Ariely, HarperCollins, 2009

- Irrationality, Stuart Sutherland, Constable and Co., 1992

- The Design of Everyday Things, Donald A. Norman, Doubleday Business, 1990 [한국어판: 디자인과 인간심리, 학지사, 1996]

- Nudge, Richard H. Thaler and Cass R. Sunstein, Penguin, 2009 [한국어판: 넛지, 리더스북, 2009]

🔍 구글에 검색해볼 것들

- 논리 (Logic)

- 파레토의 법칙 (Pareto Principle)

- 연역적 추리 (Deductive reasoning)

- 귀납적 추리 (Inductive reasoning)

- 환원적 추론 (Retroductive inference)

- 디자인 부조화 (Design dissonance)

- 유스케이스 사례 (Use case sample)

- 유스케이스 다이어그램 (Use case disgram)

CHAPTER 9

일관성

그 어떤 인기 보드게임 리스트를 보더라도 '모노폴리(Monopoly)'는 일반적으로 거의 최상위에 랭크되곤 한다. 게임을 구성하는 개별 재산의 이름은 버전에 따라 달라질 수 있지만, 보드의 기본적인 레이아웃은 거의 똑같고, 개별 재산의 상대적 가치 역시 그대로 유지되며, 인쇄된 규칙 역시 세트를 제작한 사람이 누구든 간에 놀랍도록 일관성이 있다.

일관성은 기능적 디자인의 간결함과 명확성을 달성하는 열쇠 중 하나다. 우리는 무언가가 사용자가 예상한 대로 행동하도록 만들기 위해 그 무언가의 심리적 요소를 다루고 있다는 사실을 기억하라. 우리가 친애하는 모노폴리의 플레이어들이 (게임을 시작하기 전에 합의한 특별한 '하우스 룰'을 포함한) 합의된 규칙에 따를 것이라고 예상하는 것과 마찬가지다. 갑작스레 변하는 규칙을 보며 즐거워하는 것은 리얼리티 TV 쇼뿐이다.

일관성은 우리 주변의 세상을 조금 더 이해하기 쉽게 만듦으로써 우리의 삶을 좀 더 단순하게 만들어준다.

명심할 것

뛰어난 인터페이스 디자이너(이자 애플 직원)인 브루스 토그나지니(Bruce Tognazzini)는 일전에 이렇게 썼다. "일관성의 부재: 반드시 서로 다르게 동작해야만 할 때 시각적으로 일관성이 없는 것은 어떤 것들이 똑같이 동작할 때 시각적으로도 동일하게 보이는 것과 마찬가지로 중요하다."

이 챕터를 읽는 동안에는 이 중요한 요지를 염두에 두고 있어라.

동의어의 유혹

몇몇 단어들은 종종 같은 것을 의미하기도 하는데, 영어에서는 이런 것들을 동의어(synonyms)라고 부른다. 예를 들어, 차, 자동차, 차량은 대체로 모두 같은 대상을 의미한다. 동의어는 언어를 다르게 표현해 더 흥미롭게 만들어주기 때문에 작가들에게는 아주 중요하다. 하지만 웹사이트나 표지판에서 동일한 정보를 전달하는 데 매번 다른 단어를 사용하는 것은 심각한 문제를 초래할 수 있다.

예를 들어, 만약 버튼에 '제출하기(Submit)'라는 라벨을 사용했다면 사람들을 헷갈리게 하고 싶은 것이 아니고서야 '전송(Send)'이나 '채택(Accept)' 등으로 갑자기 바꿔서는 안 된다. 같은 맥락에서, 공공시설의 표지판 역시 표준화되어야 함을 의미하기도 한다. 코펜하겐 공항은 몇 해 동안 Disabled Toilet(장애인 화장실, '사용할 수 없는 화장실'로 해석될 수도 있음)과 Handicap Toilet(장애인 화장실)이라는 두 개의 다른 표지판을 세워놓았다. Disabled Toilet은 항상 웃음을 자아냈다. "그래서, 도대체 언제쯤에야 저 고장 난 화장실을 고치겠다는 거야?"

요약하자면, 창의성을 위한다거나 일을 대충 하지 않겠다는 등의 이유만으로 당신의 용어들을 마구 혼용하지는 마라. 나름의 언어 규칙을 수립한 후에는 그것을 고수하고, 특히 서식과 대화 상자(다이얼로그 박스)와 관련된 사항에는 더욱 그렇게 하라.

그렇긴 하지만, 때때로 중복 링크(동일한 페이지에 나타나 동일한 장소로 연결되는 링크)는 약간 다른 표현을 쓸 수도 있다. 예를 들어, 헤더의 링크는 '연락처'로 표기하고 텍스트가 삽입된 링크는 "질문이 있으시다면 주저하지 마시고 '물어 보세요.'"라고 쓸 수 있다. 두 링크가 상당히 비슷하기 때문이 이것이 꼭 나쁜 것만은 아니다. 그렇지만 방문자들을 '전구'라는 꽤 구체적인 링크에서 더 넓은 범주인 '예비 부품' 링크로 이동시킨다면 당신은 문제에 직면할 수도 있다.

동질성 유지하기

우리가 개별 단어들을 표준화하기를 원하는 것과 마찬가지로, 사람들에게 제공하는 선택사항들을 쉽고 직설적으로 만들기를 원한다. 예를 들어, 당신은 다음

중 어느 집단에 속하는가?

- ▶ 성인 남성
- ▶ 성인 여성
- ▶ 어린이

그다지 어려운 질문은 아니었을 것이다, 안 그런가? 이것은 (이 단어들이 웹사이트의 메뉴 라벨이라고 생각해보면) 개별 단어가 서로 겹치는 부분 없이 분명히 구분되는 동일성 목록이다.

2번째 챕터에서 나는 컴퓨터 제조사들이 온라인으로 우리에게 제공하는 몇 가지 얼빠진 선택사항들을 보여주었고 그러한 것들이 FUD라 명명한 두려움, 불확실성, 의심을 어떻게 불러일으키는지도 설명해주었다. 그런 것들이 비동일성 목록이다. 다음과 같은 예가 있다.

- ▶ 남성
- ▶ 여성
- ▶ 안경을 낀 사람들

갑자기 선택이 아주 많이 어려워졌다. 그러니 웹사이트의 메뉴부터 레스토랑의 메뉴판과 식료품점의 안내판까지, 사용 가능한 선택지들을 디자인할 때의 요점은 선택지들을 가능한 한 분명하고 일관성 있게 만드는 것이다.

* 이것은 2007년 초에 본 미국 온라인 신발 소매점 자포스(Zappos)의 메인 페이지 모습이다. 여기에는 아주 많은 것들이 있고 비동일성 메뉴들도 아주 많다.

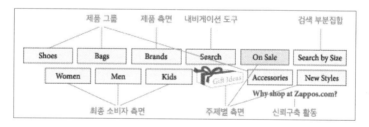

* 처음 봤을 때는 상단의 메뉴가 나름 합리적으로 보인다. 하지만 하나하나 살펴보면 이것이 엉망진창이라는 것을 금방 알게 될 것이다.

* 하지만 2007년 말까지 자포스는 이 난장판을 정리하기 시작했다. 두 번째의 커다란 메뉴가 다음과 같은 상품들을 기반으로 한 것이다. '플립 비디오, 안경, 핸드백, 아동, 시계, 부츠...' 잠시만! 이 가게 지금 '아동'을 판매하는 건가? 내가 어린 아기도 살 수 있다는 건가? 특급 배송은 9개월 미만을 얘기하는 건가?

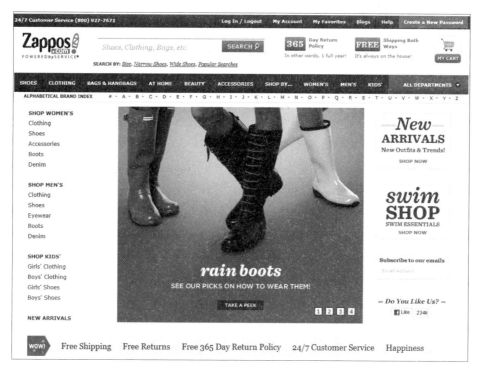

* 오늘날, 자포스는 깔끔한 외관과 효율적인 메뉴 구성을 보여주고 있다. 좋다, 아직은 약간 잘못된 부분들이 보이긴 하지만 더 이상 심각한 문제를 만들 것 같지는 않다. 잘 했어, 친구들!

환원적 추론의 중요성

마지막 챕터의 내용을 다시 요약하자면, 환원적 추론은 우리가 어떤 상황에서 배운 것을 새롭지만 비슷한 또 다른 상황에 적용하는 논리적 사고의 과정이라 할 수 있다. 그래서 대부분의 사람들이 레스토랑에서 어떻게 주문하는지, 대여한 차를 어떻게 운전하는지, 어떻게 영화티켓을 구매하는지, 모임이나 사회생활을 할 때 어떻게 처신해야 하는지 알고 있는 것이다. 예절은 우리가 어릴 때 배우고 일생에 걸쳐 낯설지만 관련된 상황에서 적용하는 것의 좋은 예다.

환원적 추론에 대한 사용자의 의존도는 사용성을 어떻게 경험하는지에 있어 중대한 역할을 한다. 예를 들어, 사용자가 어떤 웹사이트에서 보고 사용했던 아이콘과 비슷한 아이콘을 다른 웹사이트에서 보게 된다면, 그 아이콘이 어떤 기능을 할지 직관적으로 이해하는 데 도움이 될 것이다. 하지만, 만약 당신 사이트의 아이콘이 너무도 다른 기능을 한다면, 방문자들은 놀람과 동시에 좌절하게 될 것이다.

사람들이 목적지까지 효율적으로 빠르게 도달하기를 기대한다면 길 찾기와 건물 표지판에서도 일관성은 여전히 중요하다. 그렇긴 하지만 건물 표지판은 건축가들이 다른 사람의 입장을 거의 고려하지 않고 자신의 디자인 콘셉트를 부여하는 사례 중 하나다. 그리고 그러한 사실이 표준화의 필요성을 끄집어 낸다.

Les recettes

- Entrées
- Plats
- Desserts
- Les recettes d'Audrey

Secret de fabrication

- Notre domaine
- Notre moulin
- Nos grands crus

* 프랑스 니스에 있는 니콜라스 알지아리(Nicholas Alziari)는 세계 최고의 올리브유를 생산한다. 하지만 사이트에 내장된 구글의 자동 번역 기능은 회사에 아무런 도움이 되지 않고 있다(사진 속 박스를 보라). 프랑스어 사이트에는 제대로 적혀있다...

* ...그러나 (다른 것들 중에서도) 영어 버전은 완전히 엉터리다. 'Recettes(레시피)'는 '수입'으로, 'Entrees(전채 요리)'는 '투입'으로 번역되어 있다. 직역하자면 틀린 것은 아니지만 이 페이지의 맥락에 맞는 것은 아니다. 결과적으로, 이 웹사이트를 사용한 경험은 어떤 언어로 보느냐에 따라 크게 달라지므로 아주 일관성이 없다.

표준화는 일관성을 증진시킨다

1915년 즈음부터 미국 전역에는 렌터카 회사들이 설립되기 시작했다. 이러한 기업 대부분은 헨리 포드(Henry Ford)의 상징인 '모델 T'를 빌려주는 데 중점을 두었다. 하지만 모델 T는 인기 만큼이나 운전하기도 쉽지 않은 차였다.

모델 T의 액셀러레이터(스로틀)는 좌측에 있는 플러그에 가해지는 전기 스파크를 줄이거나 늘리는 두 번째 '타이밍' 레버와 함께 핸들 우측에 달려있었다. 페달은 세 개였는데, (바닥에 달린 레버와 함께 사용되는) 클러치, 브레이크 그리고 후진할 때 쓰는 세 번째 페달이 있었다. 자동스타터 역시 없어서 크랭크를 돌려서 시동을 걸어야 했다.

헨리의 디자인은 1908년부터 1927년까지 거의 바뀌지 않은 채 유지되었다. 하지만 그동안 자동차의 조작은 훨씬 더 간단해졌다. 사실 1916년에 출시된 캐딜락은 우리가 현대의 자동차에서 보는 표준 변속 패턴을 세계 최초로 선보인 자동차였다.

렌터카 업체들은 이러한 발전을 따라가려고 발 빠르게 움직였다. 그들에게는 신규 개별 고객들에게 운전 강습을 할 시간이 없었기 때문에 이런 기술은 환영할 만했다. 그리고 그들은 제너럴 모터스(General Motors)와 같은 자동차 제조사들에게 광범위한 자동차 제어 장치들을 표준화하도록 압박했다. 1920년대 말에는 대부분의 자동차가 현대의 자동차들과 마찬가지로 표준 변속기로 작동하게 되었다. 여기에는 포드에서 1927년 5월에 선보인 완전히 새롭게 디자인된 모델 A도 포함되어 있었다. 포드는 자동 스타터를 도입해 이 기능을 수용한 마지막 미국 제조업자가 되었다.

인터넷 이어(도그 이어dog year처럼-역자 주: 인터넷 기술이 매우 빠르게 변함을 의미함)에서 조차 인터랙션 디자인은 여전히 젊은 산업이다. 우리는 어쩌면 모델 T 단계를 넘었을 수도 있지만, 우리가 생각하는 것만큼 발전하지도 못했을 수 있다.[1]

오늘날, 월드와이드웹 컨소시엄(W3C)은 정보처리 상호 운용성, 휴대성, 이동성을 지원하기 위해 필요한 기술 표준을 규정하려고 시도하고 있다. 국제표준협회(ISO)는 제조, 관리 그리고 서비스 표준(ISO 9000 등)을 정의하는 데 도움을 주고 있다.

표준화의 요점은 창의성에 제동을 거는 것이 아니라, 해결책에 명확성을 세우는 것이다.

---

[1] 나는 한 때 '1 인터넷 이어(Internet year, 인터넷 시대의 기술과 비즈니스가 매우 빠른 속도로 급변함을 나타냄-역자 주)'가 단일한 경기 순환, 혹은 약 4.7년에 얼추 들어맞는다고 계산했다. 나는 2009년 9월에 블로그에 이에 관한 포스팅을 했다. 구글에서 영어로 '인터넷 이어 기간 계산하기(Caluating the length of an internet year.)'를 검색하면 이 내용을 찾아볼 수 있다(www.fatdux.com이라는 사이트에 있음-역자 주).

* 포드 자동차의 모델 T를 운전하는 것은 오늘날 운전자 대부분에게 어려운 일일 것이다. 사진은 1914년식 모델에 있는 3개의 풋 페달이다.(왼쪽부터 오른쪽으로) 클러치/기어 변속기, 후진 기어, 브레이크. 액셀러레이터(스로틀)는 실제로 운전대에 있는 레버다.

* 1910년대와 20년대에 걸쳐, 렌터카 대리점들은 주행 제어 장치를 표준화하도록 자동차 제조사들을 압박했다. 오늘날 누구든 수동기어를 조작할 수 있는 사람이라면, 1931년식 모델의 캐딜락의 시동을 걸고 운전하는 데 큰 어려움이 없을 것이다.

일관성을 당연시하지 마라

당신은 '초록'은 '가라.'는 의미고, '빨강'은 '멈춰.'라는 의미라고 생각할 것이다. 하지만 항상 그런 것은 아니다. 예를 들어, 나는 카메라 배터리 충전기를 세 개 가지고 있다. 배터리를 충전하기 시작할 때, 나는 이런 것들을 본다.

▶ 소니(Sony): 붉은 표시등

▶ 캐논(Canon): 황색 표시등

▶ 라이카(Leica): 녹색 표시등

배터리가 완전히 충전되었을 때, 라이카와 소니의 불빛은 꺼지지만, 캐논의 불빛은 녹색으로 바뀐다. 디지털카메라를 3대씩 가지고 있는 사람은 많지 않겠지만, 대부분이 충전이 필요한 디지털 기기를 최소 3개는 가지고 있을 거라는 것은 확신한다. 그리고 당신은 깊이 생각하지 않고도 그 모든 신호를 어떻게 해석할지 학습했을 것이다. 하지만 보라, 만약 당신이 이러한 물건들을 디자인하는 데 관여한다면, 한두 가지 생각해 볼 가치가 있는 것이 있을 것이다.

공공장소의 표지판에 있는 화살표에 대해 깊이 생각해 본 적 있는가? 대부분의 사람들은 그런 적이 없겠지만, 그 화살표들이 얼마나 일관성 없는지 알게 되면 놀랄 것이다. 예를 들어, 위를 가리키는 화살표는 정면을 의미할 수 있다. 하지만 아래를 가리키는 화살표 역시 같은 의미를 지닐 수 있다. 이는 위아래 모두 각각 무엇이 있는지 화살표로 표시한 표지판을 이해해야 할 때 무척 혼란스럽다.

다음에 당신이 쇼핑센터, 공원, 기차역, 혹은 공항을 가게 된다면 이처럼 흥미로운 비일관성을 찾아보아라.

문손잡이부터 온도조절장치에 이르기까지, 특히나 일관적이지 않은 다른 것들도 많다. 만약 당신이 새로운 관습을 만든다면 자존심이나 무지로 인해 네모난 바퀴를 만들고 있지는 않은지 확인하라.

* 1930년대 말, 영국의 왕립 공군(Royal Air Force)은 현재 RAF 'basic 6'이라고 불리는 계기비행 조작 장치를 정의했고, 그것들을 조종 계기판 중앙의 표준 위치에 장착했다. 이는 한 항공기에서 조종사를 훈련시키면, 다른 항공기에도 어렵지 않게 배치할 수 있음을 의미한다. 이 사진은 스핏파이어(Spitfire) 전투기 MK VIII의 조종사 매뉴얼에 있는 삽화다. [저작권: Crown]

* 스페인의 마드리드국제공항의 화살표. 아래를 가리킨다...

* ...하지만 러시아 모스크바의 셰레메티예보 국제공항의 화살표는 위를 가리킨다....

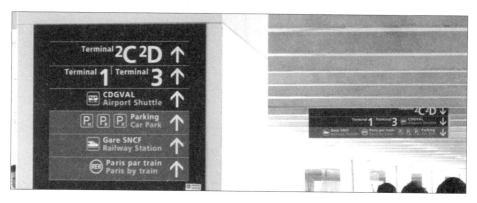

* ...그리고 프랑스 파리의 샤를드골 국제공항의 화살표는 위인지 아래인지 결정을 못 내린 것 같다. 여기에는 각각 고유의 화살표 관습을 사용하는 두 가지 간판이 있다.

* 코펜하겐에 있는 이 표지판은 오후 3시부터 오후 6시까지 주차가 금지됨을 나타낸다. 다른 시간대에는 이 표지판의 한쪽 방향에 1시간 주차는 허용된다. 하지만 어느 쪽을 의미하는가? 신기하게도, 더 오래된 표지판에서는 화살표를 반대로 읽어야 한다. 덴마크 국회의사당에서 35년을 있었지만, 나는 아직도 주차 위반 딱지를 받는다.

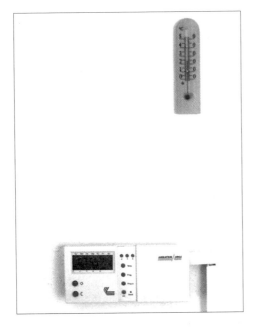

* 당신은 온도조절장치와 같이 어디서나 볼 수 있는 것들의 디자인은 높은 일관성을 보여줄 것으로 생각할 것이다. 우크라이나에 있는 한 호텔에 설치된 이 온도조절장치는 고객이 해독하기에는 너무나 어려워서 소유주가 구식 온도계도 함께 달아놓았다.

하나의 버튼에는 하나의 기능만

이 책의 앞부분에서 나는 예전에 가지고 있던, 전면 패널에 버튼이 46개나 장착된 말도 안 되는 VHS 플레이어를 언급했다. 음, 그 기기가 사용성 문제가 많이 있긴 했지만 그래도 다기능 버튼 같은 건 없었다. 사실, 만약 한 가지 버튼이 여러 가지 다른 기능을 할 것으로 예상된다면, 만족스럽지 못한 결과를 자초하고 있는 것이다. 사람들은 항상 기계나 웹사이트가 갑자기 '다른 모드'가 되어버리는 것을 이해하지 못한다.

예를 들어, 내 TV에서는 리모컨의 메뉴 버튼을 사용해서 스크린 메뉴를 띄우거나 닫을 수 있다. 그래. 이건 이해할 수 있다. 하지만 메뉴를 둘러보며 탐색할 수 있는 버튼이 4개 더 있다. 왼쪽 화살표 버튼은 메뉴가 열려 있을 때는 뒤로 가기 기능을 한다. 메뉴가 닫혀있을 때는 누를 때마다 12개의 화면 비율(와이드 스크린, 16:9 영상 확대, 자막 확대 등)로 전환이 된다. 왼쪽 화살표와 오른쪽 화살표를 동시에 누르면 설정 메뉴가 나오는데, 이것은 메뉴 버튼을 눌러서 나오는 것과는 다르다. 한 번은 실수로 시스템 언어를 핀란드어로 바꿔버려서 바로잡느라 애를 먹은 적이 있다.

어쨌든, 다기능 버튼은 정말 골칫거리가 될 수도 있다.

애플사는 버튼을 제거하는 것과 다기능으로 인한 문제를 피하는 것 모두에서 뛰어난 성과를 보여주었다. 아이폰에는 버튼이 하나뿐이고 그 버튼은 한 가지 기능만 한다. 그것은 사용자를 핸드폰의 메인 화면으로 돌려보내는 기능이다. 다른 기능은 터치스크린에 나타나는 '소프트' 버튼이라고 불리는 것들로 해결한다. 애플 마우스 역시 버튼이 하나만 있다. (참고로 제록스가 만든 최초의 상업적 마우스는 버튼이 세 개였고 매우 헷갈렸다). 하지만, 그 버튼을 몇 초간 누르면 PC 마우스의 우측 버튼과 같은 2차 메뉴가 나타난다. 이것은 타협점을 찾은 것이라고도 할 수 있겠지만 써보면 효과적이고 금방 익숙해진다.

하지만 버튼이 하나만 있다고 복잡함이 모두 해결되는 것은 아니다. 버튼이 알아보기 쉽게 잘 분류되어 있고(관련된 기능을 나타내주기 위해) 매번 다른 기능을 하지만 않는다면, 버튼이 많은 것이 꼭 나쁜 것만도 아니다.

일관성과 단순함은 언제나 서로 밀접한 관련이 있다. 하지만 단순함과 사용의 편리성을 혼동하지는 말아라.

* 이 위성 방송 수신용 리모컨은 색과 물리적 레이아웃을 사용해 관련 기능들을 효율적으로 그룹화 했다. 반면에, 거의 모든 버튼에 하나 이상의 기능이 있다. 메뉴/확장 버튼의 조합은 문제를 일으키기 딱 좋다. 전반적으로 이것은 내가 본 최악의 디자인은 아니지만, 최고의 디자인도 아니다.

하나의 아이콘에는 한 가지 행동만

버튼에 관한 논의와 밀접히 관련된 것이 바로 아이콘의 기능이다. 예를 들어, 구글의 인기 있는 애플리케이션인 지메일(Gmail)은 구글 오피스(Google Docs)와 마찬가지로 아이콘을 재사용하는 것으로 악명 높다. 이것은 짜증나면서도 난감한 상황을 만든다. 아이콘의 목적은 어떤 기능이 있는지에 대한 빠르고 인지적인 힌트를 제공하는 것이기 때문이다.

물론, 구글만 이런 것은 아니다. 아웃룩(Outlook)과 같은 윈도우(Windows)의 제품군 역시 아이콘을 재사용한다. 그리고 애플 역시 마찬가지다.

이런 주요 기업들조차 수년간의 연구와 사용자들의 불만에도 불구하고 '한 개의 아이콘, 한 개의 기능' 개념을 모범 사례로 채택하지 않았다는 점을 제외하면 더 할 말도 없다. 얘기하면 더 불행하기만 하다.

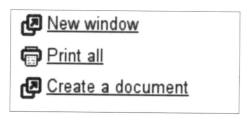

* 이 박스는 현재는 서비스가 중지된 구글 랩(Google Lab)에서 가져온 것이다. 여기에는 똑같이 생겼지만 서로 다른 기능을 하는 아이콘이 두 개 있다. 둘 중 하나는 새 창을 여는 용이고, 다른 하나는 지메일에서 바로 구글 문서(Google Doc)를 만들 때 사용하는 것이다. 이 경우에서 아이콘은 밑에 설명 라벨이 있기 때문에 장식적 목적만으로 존재했음이 분명하다. 설명이 없었다면 아무 의미조차 없었을 것이다.

* 2011년 가을 Google Lab 애플리케이션이 활성화되었을 때의 구글 지메일 화면의 일부. 아이콘 밑에 설명 라벨이 갑자기 사라져버리고 없다. 이런.

하나의 제품에는 한 가지 동작만

나는 마이크로소프트사의 워드 프로그램과 꾸준히 씨름하고 있다. 몇 개의 창들과 팝업은 가장자리들을 드래그해 크기나 위치 조정이 가능하지만, 전부 다 그렇게 할 수 있는 것은 아니다. 여기서의 교훈은 단순하다. 똑같아 보이는 대상은 그 동작도 똑같아 보이도록 해야 함을 명심하라.

이것은 '비가시적' 기능이라 불리는 것이 페이지에 있을 때 훨씬 더 중요해진다. 아마도 이러한 비가시적 기능 중 가장 '가시적'인 것은 단축키라 할 수 있다. 다시 말하지만, 마이크로소프트의 오피스 프로그램이 이 문제의 주범이다. 특히나 당신이 가정과 사무실의 컴퓨터에 각기 다른 언어 버전을 가지고 있거나, PC에서 Mac으로 변경했다면 그럴 것이다. 내 경우, 몇 개의 프로그램은 덴마크어로 되어있었고 나머지는 영어로 되어 있었다. 그리고 단축키도 달랐다.

예를 들어 PC용 MS Office 2010에서 Ctrl+S는 영어와 덴마크어 버전 모두에서 문서를 저장하는 것이었다(덴마크어로 저장 = Gem이다). 하지만 Ctrl+I의 경우 영어 버전에서는 '이탤릭체'로 텍스트를 변환시키지만, 덴마크어 버전에서는 'Indsæt hyperlink'(하이퍼링크 삽입) 기능이었다. 차라리 일관성 있게 덴마크어 버전에서 Ctrl+G('Gem')를 저장 기능으로 사용하는 것이 좋을 법했다. 더 헷갈리는 것은, 왜 덴마크어 버전 Mac의 동일한 기능들은 모두 영어로 된 단축키를 사용하느냐는 것이다.

더 끔찍한 것은 심지어 프로그램이 동일한 언어를 사용하는 동안에도, 당신이 작업 흐름의 어디쯤 있는지에 따라 단축키의 기능을 바꿀 때다. 내 조언은? 사람들의 불평이 예상된다면 일관성 있게 만들자.

덴마크의 속도 제한 표지판

예외적인 상황이 넘쳐나는 세상에서, '예외 없음'이라는 방침을 강하게 주장하며 지나치게 규칙을 추구하는 사람들은 다행히도 극소수다. 하지만 불행히도 그 극소수의 한 예가 덴마크 도로교통부의 한 분과인 도로관리국이다.

다른 많은 나라와 마찬가지로 덴마크의 교통 표지판도 빨간 테두리가 있는 둥글고 흰 표지판에 제한 속도가 명시되어 있다. 속도 제한은 다음과 같이 표준화되어 있다.

- ▶ 시내에서 50km
- ▶ 외곽도로에서 80km
- ▶ 고속도로에서 110km

이 외에 임시로 다른 속도 제한이 필요하면 특별 표지판을 설치한다. 여기까진 좋다.

하지만 바로 여기에 혼란스러운 부분이 있다. 덴마크는 다른 나라들에서는 흔히 볼 수 없는, 두 번째 유형의 표지판 또한 채택했다. 그것은 옅은 회색 버전의 표지판으로, 운전자들에게 일시적 속도 제한이 끝난 지점임을 알려준다. 미국에서도 유사한 것을 볼 수 있는데, 그것은 스쿨존이 끝났음을 알려주는 교통 표지판이다.

이에 관한 논리는 이렇다: "우리가 왜 표준 속도 제한 기준을 알려주어야만 하는가? 사람들이 이 정도는 알고 있어야 하는 거 아닌가? 우리는 예외 상황만을 표시할 것이다."

자, 나는 지금 도로에 집중하며 운전하고 있다. 그런데 갑자기 표지판이 나타나 시간당 70km의 속도 제한이 풀렸다고 알려준다. 그리고 내 머리는 매우 빠른 속도로 생각을 하게 된다. 방금 그 표지판의 의미가 뭐지? 내가 무엇을 해야 하지? 혹시 내가 다른 표지판을 놓쳤나? 이 도로는 어디로 이어지는 걸까? 시내로 들어가게 되나? 그러면 50km로 속도를 줄여야 하는데. 아니면 80km까지 속도를 올려 운전해도 되는 것일까?

속도 제한 구간이 끝났다는 것을 알려주는 표지판 대신 일반적인 제한 속도 표지판을 설치하는 것이 비용면에서도 아무 차이가 없다는 걸 생각하면 이건 정말 말도 안 되는 일이다. 아, 하지만…. "운전자들은 제한 속도를 당연히 숙지하고 있어야 하며 우리가 그런 사실을 알려줘야 할 필요는 없다."

놀라운 논리. 뛰어난 일관성. 형편없는 사용성. 이것은 모든 규칙에는 예외가 있다는 법칙의 예외를 잘 보여주는 사례다.*

* 이 전형적인 유럽의 속도 제한 표지판은 운전자에게 시속 70km가 제한 최고 속도라는 것을 알려준다. 덴마크의 표준 속도 제한은 예외다.

* 이 회색 표지판은 운전자에게 일시적인 속도 제한이 끝났다고 알려주는 역할만 할 뿐이다. 왜 운전자들을 골치 아프게 만들까? 그냥 허용 속도를 명시하는 것이 더 이해하기 쉬울 것 같다. 도로관리국에서 서로 다른 표지판들의 재고를 아주 많이 보유하지 않아도 되니까 비용도 덜 들 것 같다.

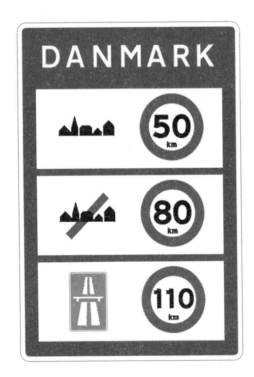

* 이것은 덴마크로 들어오는 운전자들을 위한 공식 표지판이다. 이 표지판은 모든 국경과 국제공항에서 찾아볼 수 있다. 하지만 그 밖의 다른 곳에서는 찾아볼 수 없다. 현지 운전자들은 당연히 이런 것들을 알고 있어야 한다고 단순하게 생각했기 때문이다.

❓ 묻고 답해야 할 10가지 질문들

❶ 똑같아 보이지만 실제로는 다르게 기능하는 것이 당신의 디자인에 존재하는가? 다르게 기능하면 서로 다르게 보이도록 하라.

❷ 동일한 기능을 하지만 다르게 보이는 것이 당신의 디자인에 존재하는가? 동일한 기능이면 동일하게 보이도록 하라.

❸ 당신이 어딘가에서 보았던 유사 제품과 다르게 보이는 것이 당신의 제품에 존재하는가? 간과되었거나 무시되었던 모범적 디자인 사례 같은 것이 있나?

❹ 어떤 대상이나 기능의 일관성이 창의성을 위해 희생되고 있지는 않은가? 이 기능과 대상은 무엇인가? 디자이너들을 대단히 불쾌하게 하지 않으면서도 효과가 빠른 해결책을 떠올릴 수 있는가?

❺ 다른 시간에 다른 것을 하리라 예상되는 물리적 버튼, 손잡이 그리고 레버를 갖고 있는가? 더 많은 버튼이나 레버를 추가하는 것이 괜찮을 수 있는가?

❻ 다른 기능을 위해 재사용되고 있는 아이콘들이 있는 건 아닌가? 만약 그렇다면 그 아이콘들을 다시 디자인하거나 없애라.

❼ 어떤 대상이나 과정의 일관성을 증진시킬 수 있는가? 다른 사람들에 의해 개발된 모범 사례를 채택하는 것과는 완전히 별도로, 제품이나 서비스의 맥락 내에서 기능적인 통일성을 향상시키도록 시도하라.

❽ 당신의 제품은 사용자들이 그것을 어떻게 사용하는지 이해하기 위해서 유사한 제품이나 서비스에 대한 사전 지식을 필요로 하지는 않은가? 만약 그렇다면 사용자들은 당신의 제품을 마주하면서 이 유사성을 인지할 것인가? 사용

자들에게 그들이 어딘가에서 본 듯한 지식을 끌어낼 수 있는 강력한 시각적 단서를 주어야 함을 명심하라.

⑨ 버튼이나 다른 통제장치의 색상이나 물리적인 그룹화를 이용함으로써 사용자들이 직관적으로 그것들이 어떤 식으로 연관되어 있는지를 바로 확인할 수 있는가?

⑩ 근본적인 일관성 문제를 신속하게 고치기 위한 방편으로써 어떤 지점에서 뭔가를 '덧대었던' 적이 있는가? 실제로 문제를 고치는 것이 가능하며 그 덧댄 부분을 없앨 수 있다면 아마 지금이 그렇게 할 때다(챕터 8에 나오는 쿠바의 엘리베이터 사진을 보라. 잘못된 '덧대기'의 훌륭한 사례다).

📖 당신이 좋아할 만한 다른 책들

놀랍게도, 이 챕터의 주제와 관련된 책이 생각보다 많이 없다. 하지만 다음의 책들은 내가 이야기한 바를 분명히 다루고 있다.

- Living with Complexity, Donald A. Norman, MIT Press, 2011 [한국어판: 도널드 노먼의 UX 디자인특강, 유엑스리뷰, 2018]
- Simple and Usable, Giles Colborne, New Riders, 2011
- Everything is Miscellaneous: The Power of the New Digital Disorder, David Weinberger, Time Books, 2007

🔍 구글에 검색해볼 것들

- ◆ 디자인 일관성 (Design consistency)

- ◆ 다기능 버튼 (Multifunctional buttons)

- ◆ 하나의 제품 하나의 동작 (One object one behavior)

- ◆ 길 찾기 (Wayfinding)

- ◆ 아이콘 디자인 (Icon design)

- ◆ 모델 T를 운전하는 법 (How to drive a Model T)

- ◆ 인터넷 이어의 길이 계산하기 (Calculating the length of an Internet year)

CHAPTER 10

예측 가능성

대부분의 사람들은 예측 가능성과 일관성을 거의 같은 의미라고 생각한다. 하지만 나는 이들이 명확하게 다르다고 생각한다. 일관성은 어떤 것이 항상 똑같은 작업을 하는 것이고, 예측 가능성은 그것이 당신이 예상한 대로 작동하는 것이다. 간단한 사례를 하나 들어보자.

우리 집에 있는 전기 스위치는 모두 똑같이 생겼으며, 모두 같은 기관(미국의 안전규격 인증기관 UL-Underwrite's Laboratories)의 인증을 받은 것들이다. 이것이 일관성이다. 그러나 내가 한 번도 가본 적 없는 곳을 여행할 때는 보통 문 옆에 방의 조명을 조절할 수 있는 스위치 같은 것이 있지 않을까 추정한다. 이것이 예측 가능성이다. 이런 장치들이 어떤 식으로든 *끄고 켜는* 버튼일 가능성은 정말 크다.[1]

---

[1] 물론, 스위치의 기능이나 위치를 예측할 수 있다는 보장은 없다. 챕터 6에 있는 '전선으로부터의 이야기'를 보아라. 아니면 구글에 'Light switches(조명 스위치) - Mumbai, India'라고 검색해 봐라. '스티브(Steve)'가 쓴 정말 재밌는 기사가 나올 것이다. 그의 다른 기사들도 한번 보길 바란다. 그는 서비스 디자인에도 적용될 수 있는 사용성에 관한 훌륭한 일화를 아주 많이 가지고 있다.

늘 그렇듯, 적절한 공유 준거(챕터 7을 보라)는 많은 예측 가능성 문제의 중심에 있다. 그리고 환원적 추론(챕터 8과 9를 참고하라) 역시 중대한 역할을 한다.

* 이 싱크대 마개는 닫혀있으면 수도꼭지 근처 어딘가에 있을 법한 레버나 핸들로 움직여야 할 것처럼 보인다. 자포자기한 심정으로 이 마개를 눌러봤을 때야 이 마개가 가운데를 축으로 회전한다는 것을 알 수 있었다. 디자인 부조화란 이런 것이다.

* 시스티나 성당에서 피어오르는 검은 연기(젖은 밀짚을 추기경들이 사용한 투표용지와 함께 태우는 것-역자 주)는 교황 선거회의에서 새로운 교황을 찾지 못했음을 의미하는 것이다. 새로운 교황이 선출되면 흰색 연기(마른 밀짚을 태우는 것)를 피운다. 그러나 베네딕토 16세가 새로운 교황으로 선출되었을 때는 최신 화학물질이 구분하기 힘든 회색 연기를 만들어냈다. 아뿔싸.

예측 가능성을 높이는
여섯 가지 방법

우리는 습관의 동물이다. 변화는 흥미롭기도 하지만 많은 면에서 파괴적이다. 그래서인지 일관성과 예측 가능성은 자주 함께 엮여 있다. 이것은 또한 일관성과 예측 가능성이 '새롭고 혁신적인' 방법으로 뭔가를 하고자 하

는 창의적인 사람들을 슬프게 만드는 이유이기도 하다.[1]

좌우간 여기에 내가 여러 해에 걸쳐 발견한 예측 가능성을 높이는 몇 가지 방법이 있다.

- ▶ 사람들이 하려는 것이 무엇이든 시작하기 전에 무엇을 기대해야 하는지 알려 주어라.
- ▶ 당신이 사람들에게 기대하는 바가 무엇인지 알게 하라.
- ▶ 사람들에게 다단계 프로세스 안에 얼마나 많은 단계가 있는지 알려 주어라.
- ▶ 실제로 진행 중인 과정에서 바라는 결과를 이해하고 있음을 명심하라.
- ▶ 사람들이 찾기를 기대하는 곳에 그것을 두어라.
- ▶ 보이지 않는 조건에 대한 주의를 주는 가시적 신호를 만들어라.

이제 이 주제들에 대해 더 자세히 알아보자.

기대치 확인하기

이 챕터의 첫 부분에서, 나는 예측 가능성이란 뭔가가 당신이 예상한 대로 하는 것을 의미한다고 했다. 기대하는 것을 안다는 것은 실제로 상호작용이 일어나기 전에 기대치를 설정하는 것이다.

---

[1] 다음 챕터에서 나는 '새롭고 혁신적인' 것에 대한 약간의 논평을 했다. 쓰고 보니 좀 불평을 한 것 같은데, 용서해 주기 바란다.

외국이나 낯선 도시로 휴가를 떠나기 전에 여행 가이드북을 사본 적이 있는가? 아마 그럴 것이다. 낯선 음식점에 가기 전에 당신은 옐프(Yelp)나 트립어드바이저(TripAdvisor)에 있는 댓글을 분명히 확인할 것이다. 이와 비슷하게 이베이(eBay)에서 피드백 평점을 보고 나서 판매자를 신뢰할 수 있는지를 판단한다. 아마 당신도 이 책을 사기 전에 아마존에서 리뷰를 찾아봤을 것이다.

* 덴마크의 세무부는 가장 바쁜 시기에 온라인 트래픽을 감당할 만큼 충분한 서버를 가지고 있지 않다. 이 화면은 납세자들에게 그들 앞에 476명이 대기 중이며 대략 1분 뒤인 아침 8시 27분에는 접속이 가능하리란 것을 알려준다.

Education	Princeton University
Recommendations	16 people have recommended ████
Connections	500+ connections
Websites	Company Website
	Blog
	RSS feed
Twitter	🐦 Follow @██████
Public Profile	http://www.linkedin.com/in/██████

* 좋은 학력, 거대한 개인 네트워크, 다수의 추천사. 링크드인(LinkedIn)에 있는 이 개인은 높은 수준의 신뢰성을 보여준다.

브랜딩, 고객 만족
그리고 기대감

마케팅적 의미에서 브랜딩 또한 기대치를 설정하는 것이다. 제품이나 서비스를 시장에 포지셔닝하는 것은 이것의 핵심이다. 예를 들면, 우리는 볼보가 안전한 자동차라고 기대한다. 재규어는 스포티하면서도 편안할 거라고 기대한다. 또 쉐보레는 실용적이리라 기대한다.

고객 만족과 기대감은 밀접한 관련이 있다. 예를 들어, 몇 년 전에 한 설문 조사에서는 특별히 좋은 서비스를 기대할 수 없는 월마트가 서비스 부분에서만큼은 대단한 자부심을 가지는 노드스트롬(Nordstrom)보다 고객 만족 등급에서 더 나은 평가를 받았다. 왜 그럴까? 아무도 월마트에서 진짜 좋은 서비스는 기대하지 않았기 때문이다. 그래서 당신에게 도움이 되는 점원의 어떤 작은 행동도 더 인상적으로 보이는 것이다. 하지만 노드스트롬은 서비스의 기준이 아주 높게 설정되어 있어 고객의 마음에 남기 위해서는 더 큰 노력을 해야만 하는 것이다. 이것은 노블리스 오블리주의 상업적 동의어다.

그러므로 여기서 얻을 수 있는 교훈은 사람들이 기대하고 있지 않다면 기대를 하게끔 도와주라는 것이다. 기대하고 있다면 당신이 그 기대치를 넘어설수록 사람들이 인지하는 사용성도 더 나아질 것이다. 서비스의 세계에서는 기대치를 '충족시키는 것'만으로는 결코 충분하지 않다.

* "다시 오라고?" 언제? 10분 뒤에? 내일? 다음 주에? 이 가게 주인이 나에게 무엇을 기대하는지 추측하기 어렵다.

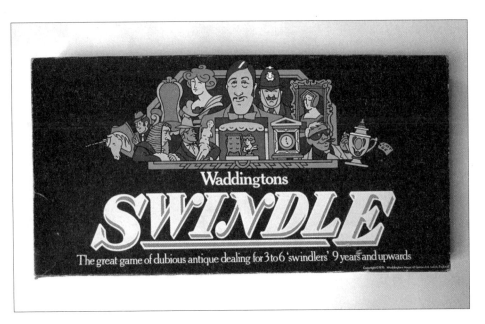

* 아마 이 보드게임을 아는 사람은 별로 없을 것이다. 그래도 이 게임의 상자를 보면 대충 무슨 게임인지, 몇 명이 할 수 있는지, 몇 살부터 할 수 있는지에 대한 정보를 얻을 수 있다. 이를 통해 잠재적인 구매자들이 가족들과 함께 게임을 할 수 있을지 없을지 예측할 수 있게 도와준다. [패키지 일러스트의 저작권은 1976년 Waddingtons House of Games Ltd. 소유]

기대치 설정 돕기

오늘날, 소셜미디어는 당신의 브랜드와 제품, 그리고 당신 자신을 홍보하고 소통하는 데 있어 비용 대비 효율이 높은 방식으로 엄청난 기회를 제공한다. 당신은 고객들과 대화를 시작하기 위해 이 토론의 장을 이용한다(비록 우리가 우리의 아이디어를 홍보하는 것일지라도 우리는 모두 고객을 가지고 있음을 잊지 말자). 당신이 소셜미디어를 사용해 대화를 더 잘 만들수록, 미래에 당신과 소통할 것을 선택할 수도 있는 사람들의 기대감을 더 잘 형성할 수 있다.

물론 위험도 있다. 지난 몇 년 동안, 나는 소셜미디어에서 나타나는 10가지 실수 목록을 작성했다. 주제에서 다소 벗어나긴 하지만 이 자리에서 공유하고자 한다.

1. 거짓말하기(거짓된 콘텐츠를 만들고 홍보하는 것)

2. 무시하기(그래서 고객이 다른 어딘가에서 부정적 대화를 하게 만드는 것)

3. 부인하기(공개적으로 문제를 인정하기를 거부하는 것)

4. 논쟁하기(다른 관점에 대한 존중이 없는 것)

5. 과대선전하기(노골적 홍보, 부적절한 어조)

6. 게임하기(순위를 추가하는 것)

7. 숨기기(뚜렷한 접촉점이 없는 것)

8. 미워하기(부정적인 방식으로 활발히 연계되는 것)

9. 검열하기(부정적인 댓글을 제거하는 것)

10. 소셜미디어를 수용하지 못하는 것

소셜미디어에서는 당신이 어떤 어조를 택하는가가 중요하다. 비록 그것이 더욱 '공식적인' 의사소통에 사용되는 것만큼 격식을 갖춘 것은 아닐지라도, 반드시 당신과 당신의 조직을 정확하게 표현해야만 한다. 그러므로 다섯 번째 항목은 좋은 의도가 얼마나 자주 끔찍하게도 잘못될 수 있는가를 말해주는 것이기 때문에 특히 중요하다. 예를 들어, 내가 챕터 4에서 이야기했던 그 은행을 기억하는가?

자, 여기 최근 트윗된 글이 있다. "안녕하세요. 트위터 사용자 여러분! 불금 맞이할 준비가 되셨나요?" 주요 금융기관이 자신감을 가지기엔 이런 건 그냥 좀 그렇다.

만약 당신이 이러한 실수를 피할 수 있다면, 당신은 아마 의미 있고 신뢰할 수 있는 기대를 만들어내는 일을 훨씬 더 잘 할 것이다.

중요한 정보를
보물처럼 숨기지 마라

기대감을 조성하는 데 가장 효율성이 떨어지는 방법 하나는 안내문을 이용하는 것이다. 사람들은 안내문을 읽는 것을 좋아하지 않는다. 그러니 중요한 정보를 소프트웨어와 함께 제공되는 "Read Me(읽어 주세요)."에 숨기거나, 거대한 사용 설명서 속에 끼워두지 마라. 예를 들어, 사람들이 당신의 제품에서 플러그 앤드 플레이(꽂아서 바로 사용한다는 뜻으로 컴퓨터에 주변기기를 연결할 때 별도의 설정 없이 곧바로 사용할 수 있도록 하는 기능-역자 주) 기능을 기대하고 있다면, 당신은 그것이 정말 플러그 앤드 플레이인지 확인해 보는 것이 좋다. 여기 참고해보면 좋은 이야기가 있다.

나는 최근 새 카메라 한 대와 32GB의 메모리카드를 구입했다. 이전에 사용하던 카메라는 메모리카드를 새 노트북에 있는 슬롯에 넣어 사진을 쉽게 옮길 수 있었다. 그 카드는 USB 스틱을 사용하는 것과 똑같았으며 노트북에 연결하면 '드라이버'로 인식되었다. 하지만 무슨 이유에선지, 새 메모리카드는 노트북에서 인식되지 않았다.

나는 할 수 있는 모든 시도를 다 해 봤다. 구글에 미친 듯이 검색도 했다. 마침내 제품 포럼에 있는 어떤 사람이 메모리카드 드라이버가 구식이라 그럴지도 모른다는 의견을 제시했다. 비록 이것이 실제 해결책은 아니었지만, 해결의 방향을 바르게 잡을 수 있게 되었다. 문제는 메모리카드 리더기 드라이버가 구식이었던 것으로 밝혀졌다. 이 사실을 알고 나자 문제는 쉽게 해결됐다.

그러나 여기에는 예측 가능성에 관한 사용성 문제가 있다. 내 노트북은 출시된 지 겨우 두 달밖에 안 된 제품이었다. 내 기대감은 모든 종류의 메모리카드를 읽을 수 있을 만큼 최신 드라이버를 탑재하고 있으리란 것이었다. 게다가, 내가 샀던 '새' 메모리카드는 사실 내 노트북보다 더 일찍 제조된 것이었다. 그러므로 노트북 자체가 문제가 있을 거라는 생각은 애초에 하지를 않았다. 그리고 챕터 5에서의 풀 프루핑에 관한 논의로 돌아가서, 노트북이 최소한 나에게 그 카드를 인식하지 못했으며, 관련 드라이버를 확인하라는 제안을 왜 하지 않았을까?

이 문제를 해결하는 데 무려 1시간이 걸렸는데, 그 시간이면 내가 좀 더 생산적인 무언가를 할 수도 있었다. 여담으로, 나는 노트북에 제공된 설명서를 뒤져 내부 드라이버를 업데이트해야 한다는 메시지를 찾는 데 3시간 이상을 보냈다. 마침내 내가 관련 정보를 찾은 곳은 보통은 보지도 않고 버려버리는 새 컴퓨터를 사면 끼워주는 여러 지원 CD 가운데서였다.

당신이 기대하는 것을 말하기

사람들이 당신과 당신 제품 그리고 당신의 서비스에 대해 다양한 기대를 한다고 가정해보자. 아마 당신은 자신만의 어떤 기대를 하고 있을 것이다. 예를 들어, 정교한 네트워크 보안 소프트웨어 패키지를 구매하는 사람은 컴퓨터와 네트워크가 어떻게 기능하는지를 알고 있다고 가정하는 것이 타당할 것이다. 반면에, 기본적인 바이러스 예방 소프트웨어 패키지를 구매하는 사람들은 그것이 어떻게 작동하는지 또는 심지어 왜 그것이 중요한지에 대한 생각조차 거의 없을 것이다.("음, 우리 아들이 이것을 사라고 하더라고요…")

여기서 교훈은 사람들이 뭔가를 미리 알아야 한다면, 반드시 그 정보를 전달해야 한다는 것이다. 다음의 척도에 따라 처리하는 것을 고려해 보라.

▶ 사람들이 가질 필요가 있는 구체적인 지식이 있는가?

▶ 어떤 물리적이거나 기술적인 제약이 있는가?

▶ 어떤 지리적 제약이 있는가?

▶ 나이 제한이 있는가?

▶ 먼저 완료해야만 하는 사전적격성 평가 절차가 있는가?

▶ 시간 제한이 있는가?

▶ 사람들이 준비해야 할 필요가 있는 구체적 정보가 있는가?

당신이 이러한 필요들을 미리 잘 전달할수록, 사람들은 좌절감을 덜 겪게 될 것이다. 이 척도들이 실제 생활에서는 어떻게 실행되는지에 대한 간단한 사례들을 제시한다.

- ▶ "기본적인 스페인어(읽기, 쓰기) 실력 필요함."
- ▶ "마이크로소프트 윈도우 XP 이상 버전에 적합함."
- ▶ "미국 외의 지역으로는 배송될 수 없음."
- ▶ "구매자는 반드시 21세 이상이어야 함."
- ▶ "처방전이 있어야만 이용할 수 있습니다. 먼저 의사의 진찰을 받으세요."
- ▶ "이 행사는 2014년 4월 30일까지만 유효합니다."
- ▶ "전화하실 때 미리 계좌 정보를 준비해주시기 바랍니다."

얼마나 많은 단계가 있는지 안내하기

챕터 4에서 나는 이제는 진실이 아닌 경험 법칙, '클릭 세 번으로 끝내기'에 대해 언급했었다(클릭할 때마다 목표를 향해 나아갈 수 있다고 생각하는 한, 사람들은 수없이 많은 클릭을 할 것이다). 그러므로 우리가 가장 예측할 수 있게 만들 수 있는 과정이 종종 사람들이 얼마나 클릭할지 미리 알려주는 것이라는 것은 전혀 놀라운 일이 아니다.

쇼핑카트는 이를 명확히 보여주는 예다. 훌륭한 쇼핑카트는 얼마나 많은 단계가 있는지 당신에게 알려준다. 나쁜 쇼핑카트는 계속해서 완성해야 하는 서식을 보여준다. 항공사는 승객들에게 얼마나 많은 단계가 기다리고 있는지 설명하고 그들이 예약 진행 과정 중 어디에 있는지를 보여주는 데 있어 정말 뛰어나다.

만약 당신이 어떤 다단계 과정을 가지고 있다면, 반드시 그것을 단어와 그림 혹은 둘 중 하나 만으로라도 전달하도록 하라. 이것 말고 더는 할 말이 없다.

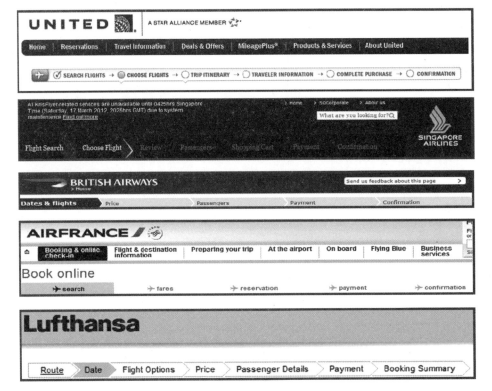

* 사실상 모든 항공사 사이트는 명확하게 표시된 고도로 순차적인 예약 프로세스를 가지고 있다. 여기 있는 이미지들은 5개의 주요 항공사 페이지다. 예약 과정의 각 단계와 주문 처리 프로세스는 모두 유사한 모습이다. 이는 창의성을 억누르지 않으면서도 예측 가능성을 만들어내는 데 도움을 준다.

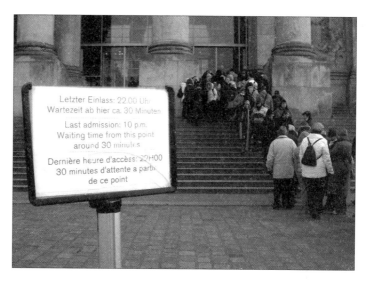

* 베를린에 있는 독일 의회 건물에서는 방문자들이 약 30명씩 그룹별로 묶여 입장하게 된다. 이 표지판은 15분에 한 번꼴로 움직이는 줄에 서 있어야 하는 답답함을 없애준다.

지금 서 있는 곳이
어디인지 알려주기

긴 대기 줄에 오래 서 있었는데 나중에 알고 보니 잘못 서 있었던 경험, 누구나 그런 적이 있을 것이다. 이런 일은 온라인과 오프라인 모두에서 빈번히 일어난다. 사람들이 어떤 한 가지 일을 하다가 실제로는 완전히 다른 일을 하고 있다는 것을 알게 될 때, 그때 항상 사용성 문제가 발생한다. 사람들이 자기가 어떤 과정에 있는지 더 잘 알수록 어떤 유형의 정보를 제공해야 하고 어떤 작업을 수행해야 할지 더 잘 예측할 수 있게 된다.

예측 가능성이 완전히 어긋난 경우를 잘 보여주는 사례가 와인닷컴(wine.com) 사이트다. 이 사이트는 당신이 미국 내 배송 가능한 지역을 선택하지 않는다면 둘러보지도 못하게 되어 있다. 이 사이트를 처음 방문한 사람이라면 다소 낯설고 불친절한 방식일 것이다. 방문자들은 이 정보가 왜 중요한지 모르거나 심지어 이 특정 시점에서 왜 이런 질문이 나오는지도 모른다. 많은 사람들은 의심의 여지없이 구매에 전념하고 있다고 생각한다. 사실 와인닷컴은 방문자의 지역에 배송 제한이 있는지 확인만 하고 있을 뿐인데, 이는 문제에 대한 접근법이 혼란스럽긴 하지만 충분히 합리적이다.

그것이 서투른 처리 방식이라는 증거는 '도움말(Help)' 아래에 있는 '일반적인 질문들(Most Common Questions)' 페이지로 입증되었다. 그 페이지에서 "와인닷컴이 와인을 어디로 배송하나요?"와 같은 질문은 조회 수가 무려 40만 건이나 된다! 리스트에 있는 다른 질문들보다 약 4배나 더 많은 것이다. 확실히 이것은 처음에 잠시 등장하는 화면이 제대로 커뮤니케이션을 하지 않고 있음을 보여준다. 실제로 그 리스트에 있는 상위 10가지의 질문들을 본다면 거의 모든 사람이 공유 준거의 부족에 관한 심각한 사용성 문제를 떠올리게 될 것이다.

당신이 자주하는 질문(FAQ, Frequently Asked Questions) 페이지나 이와 유사한 페이지를 보유하고 있다면 잠시 시간을 내서 이 질문 중 일부가 왜 리스트에 포함되어 있는지 확인해 보아라. 그리고 서버 로그를 찾아보고 사람들이 실제로 얼마나 자주 그 질문들을 보고 있는지 확인하라. 아마 쉽게 수정할 수 있는 공유 준거의 문제가 있을 것이다. 그게 아니면 당신은 FAQ 자체가 아예 필요하지 않을 수도 있다.

* 당신이 와인닷컴에 처음 방문하면 보게 되는 따뜻하면서도 알쏭달쏭한 인사. 사이트를 계속 둘러보기 전에 반드시 답하지 않으면 아무것도 할 수 없다.

MOST COMMON QUESTIONS	VIEWS
⚠ **01. Shipping States** - Where does Wine.com ship wine?	393922
⚠ **01. WINE.COM PHONE NUMBER** - How do I call your CUSTOMER CARE department?	119009
⚠ **03. Shipping Rates** - What do you charge for shipping?	38068
⚠ **01. Changing** - How can I make a change to an order already placed?	32176
⚠ **01. Tracking** - How can I check on an order status and delivery?	19001
⚠ **09. Wine Club Member** - How do I cancel an ongoing, month-to-month subscription?	17958
⚠ **04. WEATHER HOLDS** - Why is my order on hold?	13703
⚠ **05. Promotion Codes** - How do I redeem a promotion code?	13398
⚠ **04. Wine Club** - When are wine club orders shipped each month?	11007
⚠ **04. Multiple Charges** - Why is my online statement showing more than one charge?	8153

< View All Common Questions >

* 보아하니, 와인닷컴의 시작 화면은 정말 성공하지 못한 것이다. 그래서 그런지 40만 명이나 되는 사람들이 배송에 관한 질문을 하기 위해 FAQ를 클릭해 들어갔다. 그리고 그 밖의 다른 질문들은 아주 많은 기타 사용성 문제 역시 존재함을 보여준다.

기대하는 바로 그곳에 두기

항목을 보일 수 있게끔 하라는 것은 쉽게 보이는 곳에 그 항목을 배치하라는 뜻이다. 예측 가능성의 측면에서, 사람들이 (항목을) 찾는 곳에 그 항목을 배치하는 것 역시 중요하다. 예를 들면, 나는 전등 스위치가 문 바로 옆에 있으리라 생각한다. 냄비와 프라이팬은 주방에, 소금은 식탁 위, 후추 근처에 있을 것으로 생각한다. 즉, 나는 필요한 것들이 내가 그것들을 사용해야 하는 곳에서 가까이 있을 것이며 합리적인 방식으로 모여 있으리라고 기대한다. 만약 내가 당신의 집을 방문한다면, 아마도 칼과 포크는 부엌에 있는 가장 위의 서랍에서 찾을 수 있을 것이다.

기본적으로 이는 과거의 경험이 만든 패턴을 인식해 환원적 추론을 장려하는 디자인을 만드는 일에 관한 것이다. 이러한 이유로, 지난 20년 동안 진행되어 온 웹 관련 사용성 연구 및 관련 모범 사례의 상당 부분이 현재 온라인에서 이용할 수 있는 디자인 패턴 라이브러리에 반영되어 있다. 그중 가장 뛰어난 사례는 '야후 디자인 패턴 라이브러리(Yahoo! Design Pattern Library)'로, 원래 에린 말론(Erin Malone)과 크리스천 크럼리쉬(Christian Crumlish)가 수집하여 분류해 두었다.

이 디자인 패턴들은 끊임없이 변화하기 때문에, 각각의 패턴들을 설명하기 위해 많은 시간을 할애하지는 않을 것이다. 단지 완전히 새로운 방향으로 나아가기 전에 다른 이들이 어떻게 문제를 해결했는지 살펴보았으면 한다. 그리고 어떻게 해서라도 그것이 적절하다고 생각되면 새로운 방향으로 나아가라. 디자인 라이브러리가 디자이너들을 속박해서는 안 된다. 라이브러리는 디자이너들이 더 나은 작업을 할 수 있도록 영감을 줘야 한다. 궁극적으로, 이런 종류의 규격화된 요소를 채택하고 여기에 적응하는 사람이 많아질수록, 사람들은 이전에 본 적 없는 사이트를 방문할 때도 화면 배치와 구성요소들의 움직임을 예측하기 더 쉬워질 것이다.

* 사용성 유형의 연구 중 상당수가 소금통-생각보다 규격에 얽매이지 않는다-을 연구
한다고 한다. 이 사진에서 소금통에 적힌 글자는 식사하는 사람들에게 명확한 신호를
전달한다. 그들이 영어를 이해할 수 있다는 전제하에 말이다.

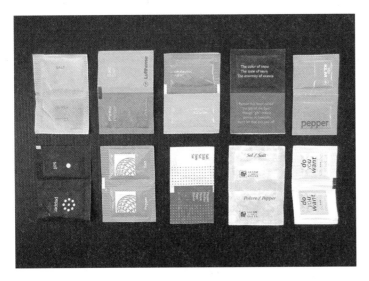

* 여기에 여러 항공사에서 제공되는, 소금과 후추가 함께 들어있는 일회용 포장 10개
가 있다. 모든 포장지는 후추가 아래쪽에 놓이도록 두었다. 조명이 열악하다면 자주 사
용하는 물건이라도 얼마나 일관성이나 예측 가능성이 부족해지는지 보이는가?

보이지 않는 조건들에 대한 경고

라벨, 색상, 배치 및 특징은 사람들이 제품을 이해하고 그것의 기능과 행동을 예측할 수 있도록 제품의 '자취(scent)'를 개선하는 것을 돕는다. 대개 디자이너들이 '자취'에 대해 이야기할 때면, 그들은 화면상의 인터랙티브한 요소를 묘사하기 위해 이 표현을 사용한다. 그러나 잠재적 문제를 피하고 사람들을 오프라인으로 안내할 수 있는 좋은 방법들도 많다.

학교의 화학 실험실에서 나는 중요한 원칙을 배웠다. 유리의 실제 온도가 뜨겁건 차갑건 겉으로 보기엔 똑같다는 것이다. 나는 16살 때 놀라울 정도로 어리석은 실수 때문에 생겼던 흉터가 아직도 있다. 하지만 아마도 이 사건 때문에 어떤 물체가 위험을 암시하는 신호를 보내거나, 무언가를 사용할 때 어떤 일이 일어날지 예측하게 해주는 방식으로 디자인된 제품에 주목하는 경향이 생긴 게 아닐까?

가능하다면, 물리적 디자인의 변경을 고려해 무언가가 다음과 같은 강력한 비언어적 신호를 보내도록 하라.

▶ 만지거나 다가가기에 위험함

▶ 아주 뜨거움

▶ 아주 차가움

▶ 아주 날카로움

▶ 아주 밝음

▶ 아주 시끄러움

물론, 이것이 항상 가능하지는 않다. 하지만 어쨌든 이와 관련한 선택사항을 검토할 가치는 있다.

* 베를린에 있는 아들론 호텔에서는 은색 찻주전자 손잡이에 조그만 종이 덮개를 씌워 놓는다. 이는 손잡이가 뜨겁다는 분명한 신호를 보낸다. 그리고 이것은 잠재적 문제를 기억에 남을 만한 서비스 디자인 경험으로 바꾼다.

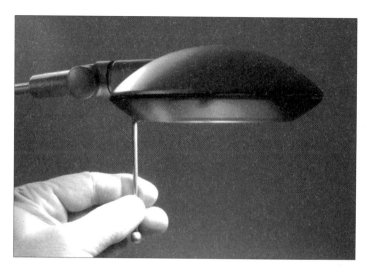

* 이 탁상용 램프에는 특별한 손잡이가 있어서 당신이 빛 가리개를 조절할 때 손을 데지 않게 해준다. 이 손잡이는 여기가 잡아야 하는 곳이라는 신호를 보낼 뿐만 아니라, 뜨거운 전구 가까이 가지 않도록 해서 화상을 방지한다.

* 비록 일부 국제적 상징이 꽤 널리 알려져 있지만, 나는 스페인에 있는 전기 접속 배선함에서 이런 것을 처음 보았다. 배선함이 교회 한쪽 편에 있었기 때문에 이 표지판은 완전히 새로운 의미를 띄게 되었다. 그래서 난 사진에 담았다.

맥도날디제이션에 대한 짧은 소개

짧은 퀴즈다. 다음에 올 것은 무엇일까?

▶ 빅맥

▶ 쉐이크

▶ ???

맥도날드를 한 번도 접한 적이 없는 사람들조차 이 답은 알고 있을 것이다. 개인적으로, 나는 생각할 필요가 없기 때문에 맥도날드를 사랑한다. 나는 어떻게 줄을 서고 주문을 해야 하는지 안다. 내 식욕을 채우기 위해서는 얼마나 많은 양을 주문해야 하는지도 알고 있다. 가격이 얼마쯤 될지도 알고 음식을 준비하기 위한 시간이 얼마나 걸릴지 역시 알고 있다. 먹는 데 어느 정도 시간이 걸릴지까지도 말이다. 이는 마치 우리가 삶에서 가질 수 있는 경험만큼 가능한 예측이다.

하지만 최근에, 두 군데의 다른 지점에서, 치즈를 넣은 쿼터파운더 버거를 더 이상 취급하지 않는다는 것에 정말 깜짝 놀랐다. 이 버거는 40년이 넘도록 맥도날드만 가면 시켰던 내 1순위 햄버거였다.

트레이닝을 잘 받은 점원이 물었다. "구운 치킨이 들어있는 시저 샐러드나 빅

앤태이스티 버거를 드셔보시겠어요?" 음...아니다. 나는 맛집 탐방을 위해 맥도날 드에 갔던 것은 아니었다.

"쿼터파운더는 이제 없나요?" 나는 살짝 두려워하며 물었다.

"저희는 손님들이 메뉴에 지루함을 느끼지 않게 하려고 메뉴를 다양하게 구 성하려고 해요."

세상에! 지금까지 맥도날드가 팔았던 햄버거가 몇 개나 되는데? 도대체 얼마 나 많이 팔았길래 이제는 고객들이 지겨워할 것이라 생각한 걸까? 이 갑작스러운 불확실성은 나를 완전히 당황하게 만들었다. 이는 또한 잘 알려진 사회학적 모델 에도 위배된다.

1993년, 사회학자 조지 리처(George Ritzer)는 오래전 독일의 사회학자 막스 베 버(Max Weber)가 옹호했던 합리화 이론의 근대적 대안을 생각해냈다. 리처는 패스 트푸드점들이 합리화 모델에서 관료주의를 대체했다고 주장했다. 리처는 '맥도 날디제이션'의 네 가지 요소를 다음과 같이 정의했다.

▶ **효율성**: 각 목표를 위해 가장 우수하면서 낭비는 최소화하는 방법 택하기
▶ **신용성**: 질보다는 양을 강조
▶ **예측 가능성**: 환경 및 시간을 아우르는 통일성
▶ **통제**: 사람들로부터 기술을 없애기

직원들에게는 절대 좋지 않은 그림일 것이다. 하지만 예측 가능성의 역할을 보자. 이는 네 가지 요소 중 소비자에게 실제로 어떤 가치를 제공하는 유일한 요소이다.

그러니, 맥도날드여, 만약 당신의 이름을 가진 이 모델의 굴레에서 벗어나고자 한다면, 다른 요소를 바꾸는 데 집중하기 바란다. 그리고 제발 쿼터파운더를 다시 메뉴에서 볼 수 있게 해 달라.

❓ 사람들이 미래를 예측할 수 있도록 도와주는 10가지 방법

1. 당신은 과거 경험에 의존해 사람들을 돕고 있는가? 그렇지 않다면, 인지적 계기를 만들어낼 수 있는가?

2. 사람들이 미리 알아야 할 것들이 있는가? 그것들을 논리적이면서 지나치게 관심을 끌지 않는 방법으로 사람들에게 알릴 수 있는가?

3. 사람들에게 당신이 그들에게 무엇을 기대하는지 알려준 적이 있는가? 그들에게 특별한 재능이 필요하거나 어떠한 전제조건을 충족시켜야 하는가? 만약 그렇다면, 그 과정에 깊게 관여하기 전에 그 점에 관해 분명히 전달했는가?

4. 당신의 물건이 다단계의 과정을 포함하고 있는가? 그리고 사전에 사람들에게 그것이 몇 단계나 있는지 알려주었는가, 혹은 당신의 커뮤니케이션 및/또는 디자인을 미세하게 조정할 필요가 있는가?

5. 실제로 당신의 욕구를 충족시키기 위해 사람들이 완전히 다른 과업을 해결하

게끔 한다고 했을 때, 그 사람들은 하나의 구체적인 과업을 해결하고자 노력하는가? 두 개의 다른 과정을 분리시킬 수 있는가, 또는 제품이 적절하게 기능을 할 수 있도록 만들기 위해 사람들이 당신의 요청을 수행할 필요가 있음을 그들에게 알릴 수 있는가?

❻ 당신의 디자인과 관련된 디자인 패턴을 본 적이 있는가? 당신은 그 모범 사례를 따르고 있는가? 만약 아니라면, 왜 그렇지 않은가?

❼ 발생할 가능성이 높은 위험들-특히 물리적 위험-을 나타내는 어떤 종류의 가시적 신호들을 제공할 수 있는가?

❽ 만약 당신이 소셜미디어 도구들을 사용하고 있다면, 이 챕터의 앞에서 언급된 10가지 실수들 중 무언가를 범하고 있는가?

❾ 당신은 디자인이 효과를 발휘하게 만들기 위해 지시문에 의존하고 있는가? 오직 필요할 때에만 나타나는 작업 관련 메시지들을 만듦으로써 전통적인 매뉴얼과 '사용상의 주의' 등과 같은 설명을 제거할 수 있는가?

❿ 당신이 어떤 물건을 사용하다가 예상치 못한 상황에 부딪히면 어떤 일이 일어나는가? 당신이 예상한 대로 온전히 작동하지 않는 부분이 있는가?

📖 당신이 좋아할 만한 다른 책들

우리는 과거를 검토해봄으로써 미래를 예측한다. 여기서 제시하는 몇 권의 책들은 인지적 전율이 흐르게 할 수 있는 것들이다.

- Designing Social Interfaces, Christian Crumlish and Erin Malone, O'Reilly, 2009
- Search Patterns, Peter Morville and Jeffery Callender, O'Reilly, 2010
- Social Media ROI: Managing and Measuring Social Media Efforts in Your Organization, Olivier Blanchard, Que, 2011
- Why Things Bite Back: Technology and the Revenge of Unintended Consequences, Edward Tenner, Vintage, 1996

🔍 구글에 검색해볼 것들

- 디자인 패턴 라이브러리 (Design pattern library)
- 디자인의 예측 가능성 (Predictability in design)
- 맥도날드화 또는 맥도날디제이션 (McDonaldization)
- 조지 리처 (George Ritzer)
- 전등 스위치 (Light switches-Mumbai, India)

CHAPTER 11

다음 단계들

보고 바토벡의 사용성 계획 3단계를 기억하는가? 이 책의 도입부였는데 당신이 건너뛰었을 수 있으니 여기서 다시 언급한다.

- ▶ 아무도 사용성에 대해 말하지 않는다.
- ▶ 모두들 사용성에 대해 말한다.
- ▶ 아무도 사용성에 대해 말하지 않는다.

추정컨대, 당신의 회사에서는 아무도 사용성에 대해 논하고 있지 않지만, 당신은 지금 책을 읽고 있고 영감을 얻고 있음을 느낄 것이다. 또한 당신이 사용성 개선과 관련해 아무런 도움도 돈도 없이 제한된 시간 속에서 혼자일 것이라 가정해 본다. 여기 약간 슬픈 사실들이 있다.

- ▶ 모든 '제품'의 사용성에 문제가 있다.
- ▶ 그 문제들을 고치는 데 필요한 자원은 늘 부족하다.

이것을 받아들이고 넘어가라. 어떤 것이 왜 안 좋은지에 대해 너무 깊이 생각하지 말고, 어떻게 하면 그것을 더 좋게 만들 수 있는지를 찾아라. 당신은 스스로 많은 것들을 할 수 있으며, 만약 당신의 디자인팀을 동기 부여할 수 있다면 그만큼 더 많은 것이 개선될 것이다. 만약 당신이 "저기 저 테스트에는 황금이 기다리고 있다…"는 사실을 중요 인물들에게 이해시킬 수 있다면 거기엔 정말로 황금이 있을 것이다![1]

게릴라 스타일의 사용성

이제 이 책을 읽고 있는 당신이 그 내용을 어떻게 실전에 적용할지 알려주겠다.

먼저, 특정 '제품'을 마음에 두고 각 챕터의 결론을 짓는 10가지 리스트를 다시 보아라. 이 각각의 리스트에서 당신이 생각하기에 많은 도움과 많은 돈을 들이지 않고도 실천할 수 있는 하나의 항목을 선택하라.

10가지 주제(각 챕터에서 한 가지씩 선정한 과업)로 기본적인 리스트를 갖추고서, 당신이 개선할 것과 그것을 이룰 방법을 적어보라. 어떤 것이 왜 이런 상황인지에

---

[1] 조지아 주에 있는 달로네가는 1828년에 미국의 첫 번째 골드러시가 일어난 곳이다. 달로네가 조세국의 (금속) 분석가인 M.F 스티븐슨 박사는 1849년에 캘리포니아로 향했던 광부들에게 "저기 저 언덕에 황금이 기다리고 있다."는 말을 했다. 이 말은 잘못 인용된 것으로 아주 유명하다. 그는 지역의 광산이 계속 유지되고 그 자신의 고용 역시 유지되게 하려고 자신의 언덕을 언급한 것이었다.

대해서는 너무 걱정하지 마라. 그보다는 그것이 어떻게 될 수 있을지를 생각하라. 그 과정에서 친구, 동료 그리고 가족들에게 당신을 어리둥절하게 만드는 어떤 측면에 대한 그들의 의견을 물어라. 그들의 대답과 제안 중 일부는 바보 같을 수도 있지만, 분명 유용한 점들을 찾을 수 있을 것이다.

이제 당신의 메모를 정리하고 당신이 바꾸기를 원하는 10가지의 아주 구체적인 것들에 관한 리스트를 만들어라. 그러고 나서, 다음의 두 가지 방식으로 이 리스트의 우선순위를 정하라.

▶ 임무 수행에 필수적인 **변화**(전환을 만들거나 중단시킬 수 있는 것들)
▶ **작은 성공, 쉬운 해결책**(점진적 개선안을 제공하거나 잘못된 점을 바로잡기 위해 많은 시간이나 노력이 필요하지 않은 것들)

원래의 리스트에서 당신의 두 우선순위 리스트 모두에서 거의 상단을 차지하고 있는 것이 있다면 바로 이 과업을 먼저 수행해야 한다. 바로 그것이 쉬우면서도 중요한 것이다. 하지만 다른 것들도 잊어서는 안 된다. 일정을 잡고 순서를 정하라.

마지막으로, 스스로를 위한(혹은 당신의 팀을 위한) 마감일을 정하라. 현실적으로 당신이 찾아낸 변화를 완료할 수 있게 해줄 것이다. 그리고 작업을 모두 완료하면 그때가 다시 새로운 10가지 리스트를 시작할 시점이다.

생각나는 대로 말하라

비록 당신이 실제로 사용성 테스트를 수행하지 않을 수도 있지만, 그 방법은 다음과 같다.

적어도 온라인 애플리케이션에서 선호되는 사용성 테스트 방법은 '생각을 소리 내 말하기' 시험이다. 여기서, 테스트 대상은 서식 작성, 특정 정보 찾기, 또는 몇 가지 정보를 바탕으로 판단하기 등 다양한 과제를 완수해야 한다. 이러한 과제들은 '테스트 프로토콜'이라고 알려진 것을 구성한다.

원칙적으로 말하면, 테스트 대상자는 애플리케이션의 목표 그룹 일부와 조직 외부에서 온 사람이어야 이상적이다. 테스트에 진짜 외부인을 참여시키는 것이 불가능하다면 때때로 친구와 가족이 참여할 수도 있다. 필요한 만큼 비판적이지 않은 경향이 있으므로 사내에서 지원자를 구하는 것은 주의해야 한다. 요령이 있는 사람보다는 정직한 사람을 대상자로 찾으면 된다.

테스트 대상자는 과제를 진행하는 동안 생각을 입 밖에 내어 말해야 한다.

예시: "흠. 뭘 해야 할지 모르겠네. 저 크고 빨간 버튼을 클릭하는 것이 좋은 아이디어인 것 같은데. [클릭] 우와. 내가 어떻게 여기로 왔지? 오, 잠깐, 여기 내가 원하는 링크가 있네. [클릭] 어라, 왜 이 페이지로 오는 데 클릭을 두 번 해야 했지? 원하는 정보를 못 찾겠어. 그렇지만 분명 여기 어딘가에 있을 거야...."

이 테스트를 하는 동안, 진행자/관찰자는 테스트 대상자 옆에 앉아서 어떻게 진행이 되는지를 지켜보며 기록을 한다. 만약 테스트 대상자가 할 말을 잃고 침묵하게 되면, 진행자는 그들이 다음과 같은 질문에 답하기를 재촉한다.

- ▶ "지금 무슨 생각을 하고 있나요?"
- ▶ "지금 무엇을 보고 있나요?"-"지금 무엇을 하고 싶나요?"

당신은 이 테스트로부터 많은 것을 배울 수 있다. 그리고 만약 당신의 디자이너들을 참관시켜 이 과정을 관찰하게(그들이 말없이 있을 수 있다면) 한다면, 사람들이 그들의 디자인을 사용하면서 얼마나 힘들어하는지를 보면서 종종 충격에 빠지게 될 것이다. 당신이 팀원 중 누군가의 기분을 상하게 할 것을 두려워하지는 마라. 왜냐하면 이 테스트는 정말로 공정하고 건설적인 비판을 보여주므로 팀원들은 좀처럼 잘못된 방법을 채택하지 않게 된다.

여기서 내가 설명했던 것이 진정한 요점이다. 전문적인 진행자는 내 조언에 대해 타당한 불평을 많이 가지게 될 것이다. 하지만 만약 당신이 예산이 없고 조직 내의 도움이 없다면, 이것이 현실적으로 할 수 있는 방법이다. 실제로 매달 한 시간씩만이라도 이런 방식의 테스트를 수행한다면, 이 방법이 얼마나 가치 있는지 놀라게 될 것이다.

사용성을 비즈니스 사례의
일부로 만들기

당신은 사람들이 당신의 제품을 구입하거나, 당신의 서비스를 사용하기를 원한다. 아니면 최소한 당신의 아이디어에 동의하기를 원할 것이다. 제품, 서비스, 혹은 아이디어의 성공은 궁극적으로 시장이 어떻게 반응하느냐에 달려 있다. 햇살처럼 좋은 사용성은 좋은 것을 훨씬 더 매력적으로 만들어 준다. 그리고 당신의 제품이 더 잘 기능할수록, 당신의 목표가 무엇이든 그것이 성취될 확률도 높아질 것이다.

당신보다 더 지위가 높은 동료들을 설득할 때 당신의 임무는 사용성을 통해 성취할 수 있는 잠재적 이익을 보여주는 것이다. 이를 위해서는 기준치를 설정할 필요가 있다. 결국엔 작업을 시작하기 전에 출발점이 어디였는지 알아야 개선점을 증명할 수 있을 것이다.

만약 당신이 온라인에서만 작업한다면, 구글 애널리틱스와 같은 통계 프로그램을 이용한 확고한 데이터가 있다는 것을 기억하라. 그렇기는 하지만, 정교한 콘텐츠 매니지먼트 시스템(CSM) 역시 온라인 마케팅 툴킷과 아주 대단히 매력적인 '고객 참여 플랫폼'을 포함하고 있다. 그러나 당신의 콘텐츠 매니지먼트 시스템에 이 중 하나가 이미 설치되어 있다면 당신의 조직은 이마도 벌써 사용성에 집중하고 있을 것이다. 현재로서는 당신이 '독자적으로 행동하는 사용성 옹호자'라고 추정할 뿐이다.

어떤 요소들이 어디서 올바르게 돌아가고 어디서 잘못 돌아가고 있는지를 증명하기 위해서는 데이터를 이용하라. 기능성, 디자인 그리고 콘텐츠에서의 조그만 변화가 어떻게 편의성을 개선할 수 있는지를 보여주어라. 예를 들어, 만약 웹사이트 내의 어떤 페이지가 89퍼센트의 '이탈률(사용자가 사이트 내에서 다른 페이지로 이동하거나 정보를 얻지 못하고 나가버리는 확률-역자 주)'을 가지고 있다면, 거기에는 조사가 필요한 무언가가 있다는 것이다. 이것이 단순히 기본적인 정보 전달 페이지고, 그 페이지에 머무는 평균 시간이 2분 정도라면, 아마도 그 페이지는 효과가 있는 것이다. 하지만 만약 그 페이지가 전환 깔때기[1]의 일부분이며, 다른 링크 옵션이 있는데도 불구하고 몇 초 뒤에 사람들이 '뒤로 가기' 버튼을 누른다면 문제가 있는 것이다. 그러니 이탈률 정보와 왜 어떤 것은 잘 돌아가지 않는지에 대한 몇 가지 아이디어로 무장하고, 당신이 제안하는 변화를 실행함으로써 얻을 수 있는 잠재적인 금전적 이득을 보여줄 수 있는 예측을 하라.

미약한 시도라는 것을 인정한다. 하지만 이것이 시작이다. 그리고 당신을 진심으로 도와주는 어떤 지원이 없어도 할 수 있다.

당신이 물질적인 것을 다루고 있다면 제조 과정을 변화시키는 것이 분명 어렵다는 것을 알게 될 것이다. 당신의 아이디어가 채택되게 할 수 있는 정도는 다음의 네 가지 사항에 달려있다.

---

[1] 전환 깔때기란 잠재적 고객을 기본적 정보를 전달하는 웹페이지에서 그들이 결제하거나 개인 정보를 제공하는 화면상의 서식으로 이끄는 경로의 일부분을 의미한다.

- 조직 내 당신의 영향력
- 제조 과정 변경의 난이도
- 당신이 제안하는 변경 사항이 이미 배송된 기존 제품의 보증에 영향을 미치는 정도
- 사용성 개선을 통해 비용을 절감하거나 판매를 증진하는 방법을 보여주는 당신의 능력

때때로, 제품에 붙이는 스티커의 작은 변화도 환상적인 결과를 만들어낼 수 있다. 문서나 포장의 문자만 간단히 변화시켜도 가능하다. 그러니 포기하지 마라. 언제나 쉽게 달성할 수 있는 사용성 성과가 어딘가에는 있다.

만약 당신이 서비스를 취급한다면, 당신의 임무는 서비스를 제공하는 사람들에게 당신의 제안을 채택함으로써 그들이 다음과 같은 것들을 하게 된다는 것을 보여주는 것이다.

- 보다 적은 고객 불만 다루기
- 더 쉬우면서 스트레스도 적은 업무를 즐기기
- 동료들과 고객들 모두로부터 더 존경 받기
- 비용을 줄이기

그리고 이것은 의견 제시가 아니다. 서비스 제공자가 효율적으로 일하기 시작할 때 진짜 일어나는 일이다. 당신은 핵심에 신경을 쓰기 위해 최전방으로 갈 수

도 있다!

이제 당신은 이 책의 공식적인 부분들을 다 읽었다. 다음의 세 가지 이야기는 더 나은 세계를 만들기 위한 당신의 탐구에 유용할 수 있는 것들이다.

발명인가, 혁신인가?

웹스터 사전(Webster's Dictionary)은 혁신을 '새로운 것의 도입; 새로운 생각, 방법, 또는 장치.'라고 정의하고 있다. 그러나 이 정의는 오해의 소지가 있다. 비록 혁신은 대개 새로운 것이긴 하지만, 새롭다고 해서 반드시 혁신적인 것은 아니기 때문이다.

나는 혁신해야 하는 이유는 단 하나이며, 그것은 바로 문제를 해결하는 것이라고 믿는다. 그리고 만약 문제를 해결하지 않으면, 당신이 문제를 만들게 될 것이다. 즉, 혁신은 항상 계획된 과정이다.

이것은 또한 발명이(종종 우연히 일어나는) 실제로 혁신보다 한 단계 앞선다는 것을 뜻한다. 예를 하나 들어보자.

1890년대 내내 굴리엘모 마르코니(Guglielmo Marconi)는 무선 전신을 실험했다. 1894년 겨울에 그는 첫 번째 무선 전파를 전송했다. 그리고 1909년에는 무선 전보의 개발에 공헌한 것을 인정받아 카를 브라운(Karl Braun)과 함께 노벨 물리학상을 공동으로 수상했다. 그러나 이것이 혁신일까?

아니다. 진짜 혁신은 1912년 4월 15일 불운한 증기선 R.M.S. 타이타닉호가 대서양 한가운데서 보낸 무선 조난 신호를 다른 배가 수신한 덕분에 승객과 선원 710명이 구조되었을 때다. 마르코니의 발명이 문제를 해결했다. 여기서 계획된 과정(혁신)은 배가 해안으로부터 멀어지거나 깃발, 신호탄, 뿔피리, 그 밖의 어떤 신호를 사용하는 다른 배들로부터 아주 멀리 떨어졌을 때, 의사소통을 돕기 위해 무전을 채택했다는 것이다.

하지만 타이타닉에 관한 이야기는 여기서 끝이 아니다; 근처에 있던 캘리포니안호의 무선 통신사는 그 시간에 잠들어 버려 긴급 도움 요청에 응답하지 않았다. 그 결과, 1년 내내 연중무휴로 선실 무전국에 담당 인원을 배치하는 새로운 법이 제정되었다. 모범 사례가 탄생한 것이다.

요약하자면, 발명은 혁신으로 이어지고, 이것이 모범 사례를 낳는다. 다음 단계의 혁신은 현재의 모범 사례를 기반으로 한다. 그리고 이 순환은 영원히 계속된다.

로마의 택배 시스템(cursus publicus)이 공공 우편제도로 발전하고 마침내 오늘날 팩스로 보완된 것처럼 일부 혁신은 증대되기도 한다. 각각의 경우에서 이곳저곳으로부터 메시지를 받는 것은 더욱 빠르고 효율적이게 되었다. 그러나 다른 혁신들은 파괴적이기도 하다. 예를 들어, 이메일은 단순히 문서를 보내는 방법을 쉽게 만든 것만은 아니다. 이메일(및 관련 첨부파일)은 우리가 세계 반대편에 있는 동료와도 똑같은 문서에서 작업할 수 있게 해준다.

대부분의 회사들은 상당히 빨리 팩스를 도입했다. 하지만 회사들이 편집 가능한 문서를 다른 사람에게 보내는 것을 편하게 느끼기까지는 몇 년이 걸렸다. 법률적인 측면에서 보면 요즘도 무엇이 '원본'인지에 대해 여전히 논쟁 중이다.

마침내, 당신이 혁신할 때마다(다시 말해 문제를 해결할 때마다) 당신의 행위는 기술적, 사회적 그리고 정치적 결과를 가져오게 될 것이다. 혁신가가 되기를 원하는 사람들은 이것을 알고 있어야 한다. 세 가지 문제가 모두 고려되지 않는다면 혁신적 해결책은 종종 예상치 못한 결과를 낳기도 한다.

이제 당신의 임무는 디자인팀이 발명과 혁신의 차이를 이해하도록 하는 것이다. 단지 다름을 위해 그들이 '새로운' 일을 하도록 내버려 두지 마라. 중요한 것은 문제 해결이다!

* 1894년 굴리엘모 마르코니는 최초로 무선 전송에 성공했다. 그리고 1909년에는 카를 브라운과 함께 무선 전신 개발에 대한 공헌을 인정받아 노벨 물리학상을 수상했다.

사고는 한 가지 이유만으로
발생하지 않는다

만약 당신이 타이타닉이 침몰한 이유를 사람들에게 묻는다면 대부분은 "배가 빙산에 부딪혔으니까요."라고 대답할 것이다. 사실이다. 그러나 그 배는 왜 빙산에 부딪혔을까? 그리고 그것이 왜 침몰로 이어졌을까?

거의 모든 재난에는, 절대 단 하나의 원인만 있는 것이 아니다. 타이타닉의 이야기를 조사해보면 다음과 같은 원인을 발견할 수 있을 것이다.

▶ 그 배는 꽤 빠른 속도인 22노트로 항해 중이었다.

▶ 그 빙산은 당시 그 시기에 일반적으로 있는 위치보다 더 남쪽에 있었다.

▶ 빙산이 있다는 중대한 경고가 무선 통신사에서 선장에게 전달되지 않았다.

▶ 빙산의 흔적이 보이지 않을 만큼 바다는 죽은 듯이 고요했다. 이 말은 빙산을 발견했을 때는 배를 돌리기에 이미 늦었다는 의미다.

▶ 일부 조선(造船) 기사들은 이만한 사이즈의 배를 빠르게 회전하기에는 배의 키(방향 조정장치)가 너무 작았을 것이라고 주장한다.

▶ 배에 사용한 대갈못의 품질이 표준 이하였고 차가운 물에서는 특히 잘 부러졌다.

▶ 물이 새지 않는 칸막이벽이 높게 만들어지지 않아서 배가 침몰할 때 옆 객실로 물이 금방 쏟아져 들어갔다.

▶ 만약 타이타닉이 빙산을 아예 보지 못해서 정면으로 부딪쳤다면, 그 배는 가라앉지 않았을 수도 있다.

이 요소 중 어느 하나라도 조금만 달랐다면 재앙을 피할 수도 있었을 것이다. 하지만 세상사가 그렇게 뜻대로 되지는 않는다.

그러니 내가 당신에게 준비하라고 했던 10가지 리스트를 다시 보아라. 단 한 번의 빠른 해결책이나 쉬운 변화가 기적 같은 결과를 만들어 낼 수도 있다는 사실을 발견하게 될 것이다.

개별적 사건에 근거해 결론짓지 마라

타이타닉은 단 한 번의 관찰에서 도출한 지나친 일반화가 왜 통계적으로 형편없는 모델인지 보여주는 교과서적인 예다. 타이타닉의 사례를 보면, 배가 침몰하던 당시 바다가 평온하고 고요한 상태였고 침몰하는 데 2시간 반 이상이 걸렸으므로 만약 충분한 구명보트만 있었더라면 승객들은 구조될 수 있었을 것이다. 그래서 배에는 모든 사람이 탑승할 수 있는 구명보트를 갖추어야 한다는 결론이 났다.

하지만 타이타닉 사건 이전이나 이후에나 그렇게 뜻밖의 방식으로 가라앉은 배는 없었다. 대부분의 배들은 빠르게 가라앉는다. 종종 보트를 띄우는 것이 불가능할 정도로 무겁게 만들기도 한다. 구명보트들은 갑판 자리를 어수선하게 채우고 있어 띄울 수 있는 보트도 띄우기 어렵게 만든다. 마지막으로 구명보트에 추가된 무게가 배를 불안정하게 만드는 때도 있어서 더 큰 위험에 처하게 되기도 한다.

그리고 이런 것들이 타이타닉이 당대의 다른 배들과 마찬가지로, 승객의 수보다 더 적은 좌석의 구명보트를 가지고 있었던 이유다. 하지만 몇 년 뒤에, 이스트랜드호(S.S. Eastland)는 1915년 3월 4일에 미국 대통령 윌슨에 의해 법으로 제정된 라포렛(LaFollett) 선원 조항의 직접적 결과로 '승객 수에 맞는 보트'를 보유하게 되었다. 이것이 내가 마지막으로 전하게 될 이야기다.

1915년 7월 2일에 시카고에서 출항한 오대호 유람선 이스트랜드호는 허가받은 최대 승선 인원 2,500명을 반영해 추가로 구명보트를 탑재했다. 그리고 1915년 7월 24일에 그 배는 처음으로 화물을 가득 실었고 상부가 너무 무거워진 배는 부두에서 바로 뒤집혔다. 회사 야유회를 가려던 800명 이상의 웨스턴 일렉트릭사(Western Electric) 직원들이 익사했다. 단 한 대의 구명보트도 띄울 수 없었다.

그러니 통계적 증거가 거의 또는 전혀 없는 '모범 사례'라 불리는 것에 주의하라. 이것은 또한 고객 만족도 조사와 웹 분석 애플리케이션에서 독립된 통계를 해석할 때 또는 팀원 한 명의 강경한 의견을 듣고 성급하게 결론을 내리지 않도록 주의하라는 의미다.

* 타이타닉호의 접이식 엥겔가르트(Engelhardt) 구명보트. 총 710명의 사람이 이 배가 아닌 다른 배, 카르파티아(Carpathia)호 덕분에 구조될 수 있었다. 1912년 4월 15일 저녁, 카르파티아호는 세계 최초로 SOS 신호에 영웅적으로 대응했다.

THE EASTLAND DISASTER.
CHICAGO. JULY. 24·1915.

* 처음으로 최대한도까지 화물을 실은 이스트랜드호는 시카고 강 부두 옆에서 뒤집혀버렸다. 800명이 넘는 사람들이 익사했다. 이 배의 구명보트 무게가 그 사고 원인 중 하나였음이 밝혀졌다.

📖 당신이 좋아할 만한 다른 책들

이 책들이 뒤죽박죽 섞여 있다는 점은 인정한다. 그러나 모두 (이상한 방식으로) 관련이 있다.

- Actionable Web Analytics: Using Data to Make Smart Business Decision, Jason Burby and Shane Atchison, Wiley, 2007

- Eastland: Legacy of the Titanic, George W. Hilton, Stanford University Press, 1995

- Getting Them to Give a Damn: How to Get Your Front Line to Care about Your Bottom Line, Eric Chester, Dearborn, 2005

- Handbook of Usability Testing: How to Plan, Design, and Conduct Effective Tests, Jeffrey Rubin and Dana Chisnell, Wiley, 2008

- The Innovator's Dilemma: When New Technologies Cause Great Firms to Fail, Clayton M. Christensen, Harvard Business School Press, 1997

- The Innovator's Solution: Creating and Sustaining Successful Growth, Clayton M. Christensen and Michael E. Raynor, Harvard Business School Press, 2003

- The Last Log of the Titanic: What Really Happened on the Doomed Ship's Bridge?, David G. Brown, McGraw Hill, 2001

- Measuring the User Experience: Collecting, Analyzing, and Presenting

Usability Metrics, Tom Tullis and Bill Albert, Morgan Kaufmann, 2008

* Rocket Surgery Made Easy: The Do-It-Yourself Guide to Finding and Fixing Usability Problems, Steve Krug, New Riders, 2010 [한국어판: 사용성 평가, 이렇게 하라!, 위키북스, 2010]

Q 구글에 검색해볼 것들

* 생각을 소리 내어 말하기 테스트 (Think-aloud test)

* 사용성 평가 프로토콜 (Usability test protocols)

* 사용성 테스트 촉진 (Usability test facilitation)

* 게릴라 사용성 (Guerilla usability)

* 웹 애널리틱스 (Web analytics)

* 온라인 비즈니스 모델 (Online business models)

* 서비스 디자인 ROI (Service design ROI)

* 혁신 (Innovation)

* 클레이튼 크리스텐슨 (Clayton christensen)

* 재난 시나리오 (Disaster scenarios)

* RMS 타이타닉 (RMS Titanic)

* 이스트랜드호 침몰 사건 (Eastland disaster)

이 책의 각 챕터 마지막에는 추천 도서 목록이 덧붙어있다. 일부 도서는 중복될 위험이 있지만 제품 디자인, 서비스 디자인, 웹디자인, 사용자 경험 디자인 그리고 기타 관련 분야에 진지하게 관심이 있는 모든 이들에게 훌륭한 기본적 서재를 구성해주리라 생각되는 도서들을 소개한다.

애널리틱스

- Measuring the User Experience: Collecting, Analyzing, and Presenting Usability Metrics, Tom Tullis and Bill Albert, Morgan Kaufmann, 2008
- Search Analytics for Your Site: Conversations with Your Customers, Louis Rosenfeld, Rosenfeld, 2011
- Social Media Metrics: How to Measure and Optimize Your Marketing Investment, Jim Sterne, Wiley, 2010
- Social Media ROI: Managing and Measuring Social Media Efforts in Your Organization, Olivier Blanchard, Que, 2011
- Web Analytics an Hour a Day, Avinash Kaushik, Sybex, 2007

인지과학

- 100 Things Every Designer Needs to Know About People, Susan M. Weinschenk, New Riders, 2011

- How We Decide, Jonah Lehrer, Mariner, 2009

- Irrationality, Stuart Sutherland, Constable and Co., 1992

- A Mind of Its Own: How Your Brain Distorts and Deceives, Cordelia Fine, Icon, 2005

- Neuro Web Design: What Makes Them Click, Susan M. Weinschenk, New Riders, 2009

- Persuasive Technology: Using Computers to Change What We Think and Do, B.J. Fogg, Morgan Kaufmann, 2003

- Predictably Irrational: The Hidden Forces That Shape Our Decisions, Dan Ariely, HarperCollins, 2009

콘텐츠 개발

- Clout: The Art and Science of Influential Web Content, Colleen Jones, New Riders, 2011

- Killer Web Content: Make the Sale, Deliver the Service, Build the Brand, Gerry McGovern, A&C Black, 2006

- Letting Go of the Words: Writing Web Content That Works, Ginny Redish, Morgan Kaufmann, 2007

콘텐츠 전략

- Content Strategy at Work: Real-World Stories to Strengthen Every Interactive Project, Margot Bloomstein, Morgan Kaufmann, 2012
- Content Strategy for the Web, Kristina Halvorson and Melissa Rach, New Riders 2012
- The Web Content Strategist's Bible: The Complete Guide to a New and Lucrative Career For Writers Of All Kinds, Richard Sheffield, CreateSpace, 2009

디자인 리서치

- Contextual Design: Defining Customer-Centered Systems, Hugh Beyer and Karen Holtzblatt, Morgan Kaufmann, 1998
- Observing the User Experience: A Practitioner's Guide to User Research, Mike Kuniavsky, Morgan Kaufmann, 2003

산업 디자인

- The Design of Everyday Things, Donald A. Norman, Basic Books, 2002
- Designing for People, Henry Dreyfuss, Simon and Schuster, 1955
- Handbook of Human Factors and Ergonomics, Gavriel Salvendy, Wiley, 2006
- Living with Complexity, Donald A. Norman, MIT Press, 2011

정보구조 (IA)

- Information Architecture: Blueprints for the Web, Christina Wodtke and Austin Govella, New Riders, 2009

- Information Architecture for the World Wide Web, Peter Morville and Louis Rosenfeld, O'Reilly, 2006

- Pervasive Information Architecture: Designing Cross-Channel User Experiences, Andrea Resmini and Luca Rosati, Morgan Kaufmann, 2011

[일반적인] 인터랙티브 디자인

- Designing for the Digital Age: How to Create Human-Centered Products and Services, Kim Goodwin, Wiley, 2009

- Designing Interactions, Bill Moggridge, MIT Press, 2007

- Designing the User Interface: Strategies for Effective Human-Computer Interaction, Ben Shneiderman and Catherine Plaisant, Addison Wesley, 2005

- The Elements of User Experience: User-Centered Design for the Web, Jesse James Garrett, New Riders, 2003

[구체적 주제의] 인터랙티브 디자인

- Brave NUI World: Designing Natural User Interfaces for Touch and Gesture, Daniel Wigdor and Dennis Wixon, Morgan Kaufmann, 2011

- Defensive Design for the Web: How to Improve Error Messages, Help, Forms, and Other Crisis Points, Matthew Linderman with Jason Fried (37 signals), New Riders, 2004
- Designing Gestural Interfaces: Touchscreens and Interactive Devices, Dan Saffer, O'Reilly, 2008
- Designing Interfaces, Jenifer Tidwell, O'Reilly, 2005
- Designing Search: UX Strategies for eCommerce Success, Greg Nudelman, Wiley, 2011
- Designing for the Social Web, Joshua Porter, New Riders, 2008
- Designing Social Interfaces: Principles, Patterns, and Practices for Improving the User Experience, Christian Crumlish and Erin Malone, O'Reilly, 2009
- Designing Web Navigation: Optimizing the User Experience, James Kalbach, O'Reilly, 2007
- Designing Web Interfaces: Principles and Patterns for Rich Interactions, Bill Scott and Theresa Neil, O'Reilly, 2009
- Forms that Work: Designing Web Forms for Usability, Caroline Jarrett and Gerry Gaffney, Morgan Kaufmann, 2009
- Sketching User Experiences: Getting the Design Right and the Right Design, Bill Buxton, Morgan Kaufmann, 2007

- The User Is Always Right: A Practical Guide to Creating and Using Personas for the Web, Steve Mulder with Ziv Yaar, New Riders, 2006
- Web Anatomy: Interaction Design Frameworks that Work, Robert Hoekman, Jr. and Jared Spool, New Riders, 2010
- Web Forms Design: Filling in the Blanks, Luke Wroblewski, Rosenfeld Media, 2008
- What Every Intranet Team Should Know, James Robertson, Step Two Designs, 2009

프로젝트 관리

- A Project Guide to UX Design: For User Experience Designers in the Field or in the Making, Second Edition, Russ Unger and Carolyn Chandler, New Riders, 2012
- User Experience Management: Essential Skills for Leading Effective UX Teams, Arnie Lund, Morgan Kaufmann, 2011

프로토타이핑과 문서화

- Communicating Design: Developing Web Site Documentation for Design and Planning, Dan Brown, New Riders, 2012
- Paper Prototyping: The Fast and Easy Way to Design and Refine User Interfaces, Carolyn Snyder, Morgan Kaufmann, 2003

- Prototyping: A Practitioner's Guide, Todd Zaki Warfel, Rosenfeld, 2009

서비스 디자인

- This Is Service Design Thinking: Basics, Tools, Cases, Marc Stickdorn and Jakob Schneider, BIS, 2011
- WAYMISH: Why Are You Making It So Hard For Me To Give You My Money?, Ray Considine and Ted Cohn, Waymish Publishing, 2000

사용성

- Don't Make Me Think: A Common Sense Approach to Web Usability, Second Edition, Steve Krug, New Riders, 2006
- Handbook of Usability Testing: How to Plan, Design, and Conduct Effective Tests, Jeffrey Rubin and Dana Chisnell, Wiley, 2008
- Simple and Usable Web, Mobile, and Interaction Design, Giles Colborne, New Riders, 2011
- Prioritizing Web Usability, Jakob Nielsen and Hoa Loranger, New Riders, 2006

UX 불변의 법칙
사용성 좋은 디자인의 10가지 비밀

개정 1판 발행일 2021년 2월 1일

펴낸곳	유엑스리뷰
지은이	에릭 리스
옮긴이	현호영
디자인	임지선
편 집	황정란
주 소	서울특별시 마포구 월드컵로1길 14 딜라이트스퀘어 114호
이메일	uxreviewkorea@gmail.com

ISBN 979-11-88314-69-0

파본은 구입하신 곳에서 교환하여 드립니다.